SIMTAIL

심승아
심플디테일
소방관계법규

스타트업
핵심지문 OX

메가 소방

SIMPLE DETAIL

심승아 선생님

- 現 메가소방 소방학개론/소방관계법규 전임
- 前 일타클래스 소방설비기사 전기/기계 전임
- 前 모아소방학원 소방설비기사 전기/기계 전임
- 前 한방유비스(주) 등 소방설계 및 내진기획 실무 경력

저서

- 심승아 Simple·Detail 소방학개론
- 심승아 Simple·Detail 소방관계법규
- 심승아 Simple·Detail 소방학개론 기출문제집
- 심승아 Simple·Detail 소방관계법규 기출문제집
- 심승아 Simple·Detail 소방학개론 심기일전 단원별 예상문제집
- 심승아 Simple·Detail 소방관계법규 심기일전 단원별 예상문제집
- 심승아 Simple·Detail 소방학개론·소방관계법규 단권화 노트
- 심승아 Simple·Detail 소방학개론 심의 한 수 파이널 모의고사
- 심승아 Simple·Detail 소방관계법규 심의 한 수 파이널 모의고사

INTRO

들어가며

본 교재(스타트업)는 기존에 출제된 문제의 선지들을 활용하여 만든 것으로 문제풀이의 첫 시작 단계입니다.
4지선다형(객관식)이 아닌 선지 하나하나를 분석하여 정확한 정답을 찾아내야 하므로 일반 객관식 문제의 정답을 찾는 것보다 어려울 수 있습니다.
하지만 OX 문제를 통해 출제 포인트를 익히며, 문제에 어떻게 접근해야 하는지 연습할 수 있고, 암기하는 데 큰 도움이 되어 추후 문제를 풀어나감에 있어 해결 능력을 향상시킬 수 있을 것입니다.

수험생의 소방공무원의 꿈에 한 층 더 다가갈 수 있길 응원하겠습니다.

2024년 7월
심승아 드림

CONTENTS
이 책의 차례

PART 01 소방기본법

CHAPTER 01 총칙 014

제1조	목적	014
제2조	정의	014
제3조	소방기관의 설치 등	016
제4조	119종합상황실의 설치와 운영	016
제4조의2	소방정보통신망 구축·운영	018
제4조의3	소방기술민원센터의 설치·운영	018
제5조	소방박물관 등의 설립과 운영	020
제6조	소방업무에 관한 종합계획의 수립·시행 등	021
제7조	소방의 날 제정과 운영 등	023

CHAPTER 02 소방장비 및 소방용수시설 등 024

제8조	소방력의 기준 등	024
제9조	소방장비 등에 대한 국고보조	024
제10조	소방용수시설의 설치 및 관리	026
제11조	소방업무의 응원	029
제11조의2	소방력의 동원	030

CHAPTER 04 소방활동 등 032

제16조	소방활동	032
제16조의2	소방지원활동	032
제16조의3	생활안전활동	033
제16조의4	소방자동차의 보험 가입 등	034
제16조의5	소방활동에 대한 면책	034
제16조의6	소송지원	035
제17조	소방교육·훈련	035
제17조의2	소방안전교육사	036
제17조의3	소방안전교육사의 결격사유	038
제17조의4	부정행위자에 대한 조치	038
제17조의5	소방안전교육사의 배치	039
제17조의6	한국119청소년단	039
제18조	소방신호	040
제19조	화재 등의 통지	041
제20조	관계인의 소방활동 등	041
제20조의2	자체소방대의 설치·운영 등	042
제21조	소방자동차의 우선 통행 등	043
제21조의2	소방자동차 전용구역 등	043
제21조의3	소방자동차 교통안전 분석 시스템 구축·운영	045
제22조	소방대의 긴급통행	047
제23조	소방활동구역의 설정	047
제24조	소방활동 종사 명령	048
제25조	강제처분 등	049
제27조	위험시설 등에 대한 긴급조치	049

CHAPTER 07-2 소방산업의 육성·진흥 및 지원 등 051

제39조의3	국가의 책무	051
제39조의5	소방산업과 관련된 기술개발 등의 지원	051
제39조의6	소방기술의 연구·개발사업 수행	051
제39조의7	소방기술 및 소방산업의 국제화사업	052

CHAPTER 08 한국소방안전원 053

제40조	한국소방안전원의 설립 등	053
제41조	안전원의 업무	053

제42조	회원의 관리	······ 054
제43조	안전원의 정관	······ 054
제44조	안전원의 운영 경비	······ 054
제44조의2	안전원의 임원	······ 055

CHAPTER 09 보칙 056

제49조의2 　 손실보상 ······ 056

CHAPTER 10 벌칙 059

제50조~제57조 　 벌칙, 과태료 ······ 059

PART 02 소방의 화재조사에 관한 법률

CHAPTER 01 총칙 064

제1조	목적	······ 064
제2조	정의	······ 064

CHAPTER 02 화재조사의 실시 등 066

제5조	화재조사의 실시	······ 066
제6조	화재조사전담부서의 설치·운영 등	······ 067
제7조	화재합동조사단의 구성·운영	······ 069
제8조	화재현장 보존 등	······ 070
제9조	출입·조사 등	······ 071
제10조	관계인등의 출석 등	······ 071
제11조	화재조사 증거물 수집 등	······ 072
제12조	소방공무원과 경찰공무원의 협력 등	······ 073

CHAPTER 03 화재조사 결과의 공표 등 074

제14조	화재조사 결과의 공표	······ 074
제16조	화재증명원의 발급	······ 074

CHAPTER 04 화재조사 기반구축 075

제17조	감정기관의 지정·운영 등	······ 075
제19조	국가화재정보시스템의 구축·운영	······ 076
제20조	연구개발사업의 지원	······ 077

CHAPTER 05 벌칙 078

제21조~제23조 　 벌칙, 과태료 ······ 078

PART 03 소방시설공사업법

CHAPTER 01 총칙 082

제1조	목적	082
제2조	정의	082
제2조의2	소방시설공사등 관련 주체의 책무	083

CHAPTER 02 소방시설업 085

제4조	소방시설업의 등록	085
제5조	등록의 결격사유	089
제6조	등록사항의 변경신고	090
제6조의2	휴업·폐업 신고 등	091
제7조	소방시설업자의 지위승계	092
제8조	소방시설업의 운영	093
제9조	등록취소와 영업정지 등	094
제10조	과징금처분	095

CHAPTER 03 소방시설공사등 096

제11조	설계	096
제12조	시공	097
제13조	착공신고	097
제14조	완공검사	100
제15조	공사의 하자보수 등	101
제16조	감리	102
제17조	공사감리자의 지정 등	104
제18조	감리원의 배치 등	105
제19조	위반사항에 대한 조치	107
제20조	공사감리 결과의 통보 등	108
제20조의3	방염처리능력 평가 및 공시	108
제21조	소방시설공사등의 도급	109
제21조의2	임금에 대한 압류의 금지	110
제21조의3	도급의 원칙 등	110
제21조의4	공사대금의 지급보증 등	110
제22조	하도급의 제한	111
제22조의2	하도급계약의 적정성 심사 등	112
제22조의3	하도급대금의 지급 등	112
제23조	도급계약의 해지	113
제24조	공사업자의 감리 제한	113
제25조	소방 기술용역의 대가 기준	113
제26조	시공능력 평가 및 공시	114
제26조의2	설계·감리업자의 선정	115
제26조의3	소방시설업 종합정보시스템의 구축 등	115

CHAPTER 04 소방기술자 116

제27조	소방기술자의 의무	116
제28조	소방기술 경력 등의 인정 등	116
제28조의2	소방기술자 양성 및 교육 등	118
제29조	소방기술자의 실무교육	119

CHAPTER 05 소방시설업자협회 121

| 제30조의2 | 소방시설업자협회의 설립 | 121 |

CHAPTER 06 보칙 123

| 제32조 | 청문 | 123 |
| 제33조 | 권한의 위임·위탁 등 | 123 |

CHAPTER 07 벌칙 125

| 제35조~제40조 | 벌칙, 과태료 | 125 |

PART 04 화재의 예방 및 안전관리에 관한 법률

CHAPTER 01 총칙 — 130
- 제1조 목적 …… 130
- 제2조 정의 …… 130

CHAPTER 02 화재의 예방 및 안전관리 기본계획의 수립 · 시행 — 132
- 제4조 화재의 예방 및 안전관리 기본계획 등의 수립 · 시행 …… 132
- 제5조 실태조사 …… 134
- 제6조 통계의 작성 및 관리 …… 135

CHAPTER 03 화재안전조사 — 136
- 제7조 화재안전조사 …… 136
- 제8조 화재안전조사의 방법 · 절차 등 …… 136
- 제9조 화재안전조사단 편성 · 운영 …… 138
- 제10조 화재안전조사위원회 구성 · 운영 …… 139
- 제11조 화재안전조사 전문가 참여 …… 140
- 제12조 증표의 제시 및 비밀유지 의무 등 …… 141
- 제13조 화재안전조사 결과 통보 …… 141
- 제14조 화재안전조사 결과에 따른 조치명령 …… 141
- 제15조 손실보상 …… 142
- 제16조 화재안전조사 결과 공개 …… 142

CHAPTER 04 화재의 예방조치 등 — 144
- 제17조 화재의 예방조치 등 …… 144
- 제18조 화재예방강화지구의 지정 등 …… 152
- 제19조 화재의 예방 등에 대한 지원 …… 154
- 제20조 화재 위험경보 …… 155
- 제21조 화재안전영향평가 …… 155
- 제22조 화재안전영향평가심의회 …… 156
- 제23조 화재안전취약자에 대한 지원 …… 156

CHAPTER 05 소방대상물의 소방안전관리 — 157
- 제24조 특정소방대상물의 소방안전관리 …… 157
- 제25조 소방안전관리업무의 대행 …… 160
- 제26조 소방안전관리자 선임신고 등 …… 161
- 제27조 관계인 등의 의무 …… 162
- 제28조 소방안전관리자 선임명령 등 …… 163
- 제29조 건설현장 소방안전관리 …… 163
- 제30조 소방안전관리자 자격 및 자격증의 발급 등 …… 164
- 제31조 소방안전관리자 자격의 정지 및 취소 …… 165
- 제32조 소방안전관리자 자격시험 …… 165
- 제34조 소방안전관리자 등에 대한 교육 …… 166
- 제35조 관리의 권원이 분리된 특정소방대상물의 소방안전관리 …… 167
- 제36조 피난계획의 수립 및 시행 …… 168
- 제37조 소방안전관리대상물 근무자 및 거주자 등에 대한 소방훈련 등 …… 169
- 제38조 특정소방대상물의 관계인에 대한 소방안전교육 …… 171

CONTENTS
이 책의 차례

CHAPTER 06 특별관리시설물의 소방안전관리　172
- 제40조　소방안전 특별관리시설물의 안전관리 …… 172
- 제41조　화재예방안전진단 …… 173
- 제42조　진단기관의 지정 및 취소 …… 175

CHAPTER 07 보칙　176
- 제43조　화재의 예방과 안전문화 진흥을 위한 시책의 추진 …… 176
- 제44조　우수 소방대상물 관계인에 대한 포상 등 …… 176
- 제45조　조치명령 등의 기간연장 …… 177
- 제46조　청문 …… 177
- 제48조　권한의 위임·위탁 등 …… 177

CHAPTER 08 벌칙　178
- 제50조~제52조　벌칙, 과태료 …… 178

PART 05 소방시설 설치 및 관리에 관한 법률

CHAPTER 01 총칙　182
- 제1조　목적 …… 182
- 제2조　정의 …… 182
- 시행령 별표1　소방시설 …… 184
- 시행령 별표2　특정소방대상물 …… 185
- 시행령 별표3　소방용품 …… 188

CHAPTER 02 소방시설등의 설치·관리 및 방염　189
- 제6조　건축허가등의 동의 등 …… 189
- 제7조　소방시설의 내진설계기준 …… 191
- 제8조　성능위주설계 …… 192
- 제9조　성능위주설계평가단 …… 194
- 제10조　주택에 설치하는 소방시설 …… 194
- 제11조　자동차에 설치 또는 비치하는 소화기 …… 195
- 제12조　특정소방대상물에 설치하는 소방시설의 관리 등 …… 196
- 시행령 별표4　특정소방대상물의 관계인이 특정소방대상물에 설치·관리해야 하는 소방시설의 종류 …… 197
- 제13조　소방시설기준 적용의 특례 …… 203
- 제14조　특정소방대상물별로 설치하여야 하는 소방시설의 정비 등 …… 205
- 시행령 별표7　수용인원의 산정 방법 …… 206
- 제15조　건설현장의 임시소방시설 설치 및 관리 …… 206
- 제17조　소방용품의 내용연수 등 …… 208
- 제18조　소방기술심의위원회 …… 208
- 제20조　특정소방대상물의 방염 등 …… 209
- 제21조　방염성능의 검사 …… 211

CHAPTER 03 소방시설등의 자체점검 212

제22조	소방시설등의 자체점검	212
제23조	소방시설등의 자체점검 결과의 조치 등	215
제24조	점검기록표 게시 등	217

CHAPTER 04 소방시설관리사 및 소방시설관리업 218

제25조	소방시설관리사	218
제26조	부정행위자에 대한 제재	218
제27조	관리사의 결격사유	219
제28조	자격의 취소 · 정지	219
시행규칙 별표8	행정처분 기준	220
제29조	소방시설관리업의 등록 등	220
제31조	등록사항의 변경신고	221
제33조	관리업의 운영	222
제34조	점검능력 평가 및 공시 등	222
제35조	등록의 취소와 영업정지 등	223
제36조	과징금처분	224

CHAPTER 05 소방용품의 품질관리 225

제37조	소방용품의 형식승인 등	225
제42조	성능인증의 취소 등	227
제43조	우수품질 제품에 대한 인증	227
제45조	소방용품의 제품검사 후 수집검사 등	227

CHAPTER 06 보칙 229

제46조	제품검사 전문기관의 지정 등	229
제47조	전문기관의 지정취소 등	229
제49조	청문	229
제50조	권한 또는 업무의 위임 · 위탁 등	230
제54조	조치명령등의 기간연장	231
제55조	위반행위의 신고 및 신고포상금의 지급	231

CHAPTER 07 벌칙 232

제56조~제61조	벌칙, 과태료	232

CONTENTS 이 책의 차례

PART 06 위험물안전관리법

CHAPTER 01 총칙   236
- 제1조   목적 …… 236
- 제2조   정의 …… 236
- 제3조   적용제외 …… 241
- 제4조   지정수량 미만인 위험물의 저장·취급 …… 241
- 제5조   위험물의 저장 및 취급의 제한 …… 241

CHAPTER 02 위험물시설의 설치 및 변경   246
- 제6조   위험물시설의 설치 및 변경 등 …… 246
- 제7조   군용위험물시설의 설치 및 변경에 대한 특례 …… 248
- 제8조   탱크안전성능검사 …… 248
- 제9조   완공검사 …… 250
- 제10조   제조소등 설치자의 지위승계 …… 251
- 제11조   제조소등의 폐지 …… 251
- 제11조의2   제조소등의 사용 중지 등 …… 252
- 제12조   제조소등 설치허가의 취소와 사용정지 등 …… 253
- 제13조   과징금처분 …… 253

CHAPTER 03 위험물시설의 안전관리   254
- 제14조   위험물시설의 유지·관리 …… 254
- 제15조   위험물안전관리자 …… 254
- 제16조   탱크시험자의 등록 등 …… 257
- 제17조   예방규정 …… 257
- 제18조   정기점검 및 정기검사 …… 258
- 제19조   자체소방대 …… 260
- 제19조의2   제조소등에서의 흡연 금지 …… 262

CHAPTER 04 위험물의 운반 등   263
- 제20조   위험물의 운반 …… 263
- 제21조   위험물의 운송 …… 265

CHAPTER 05 감독 및 조치명령   266
- 제22조의2   위험물 누출 등의 사고 조사 …… 266

CHAPTER 06 보칙   267
- 제28조   안전교육 …… 267
- 제29조   청문 …… 268
- 제29조의2   위험물 안전관리에 관한 협회 …… 268
- 제30조   권한의 위임·위탁 …… 268

CHAPTER 07 벌칙   270
- 제33조~제39조   벌칙 …… 270

CHAPTER 08 위험물안전관리법 시행규칙　　272

- **별표4**　제조소의 위치·구조 및 설비의 기준　······ 272
- **별표5**　옥내저장소의 위치·구조 및 설비의 기준　······ 277
- **별표6**　옥외탱크저장소의 위치·구조 및 설비의 기준　······ 277
- **별표7**　옥내탱크저장소의 위치·구조 및 설비의 기준　······ 280
- **별표8**　지하탱크저장소의 위치·구조 및 설비의 기준　······ 281
- **별표9**　간이탱크저장소의 위치·구조 및 설비의 기준　······ 283
- **별표10**　이동탱크저장소의 위치·구조 및 설비의 기준　······ 284
- **별표11**　옥외저장소의 위치·구조 및 설비의 기준　······ 285
- **별표13**　주유취급소의 위치·구조 및 설비의 기준　······ 286
- **별표14**　판매취급소의 위치·구조 및 설비의 기준　······ 288
- **별표17**　소화설비, 경보설비 및 피난설비의 기준　······ 289
- 기타　······ 289

PART I

소방기본법

CHAPTER 01   총칙
CHAPTER 02   소방장비 및 소방용수시설 등
CHAPTER 04   소방활동 등
CHAPTER 07-2 소방산업의 육성·진흥 및 지원 등
CHAPTER 08   한국소방안전원
CHAPTER 09   보칙
CHAPTER 10   벌칙

CHAPTER 01 총칙

제1조 목적

001 화재를 예방·경계하거나 진압하고 화재, 재난·재해, 그 밖의 위급한 상황에서의 구조·구급 활동 등을 통하여 국민의 생명·신체 및 재산을 보호함으로써 공공의 안녕 및 질서 유지와 복리증진에 이바지함을 목적으로 한다. O|X

정답
001 O

제2조 정의

002 소방대상물이란 건축물, 차량, 선박(「선박법」 제1조의2 제1항에 따른 선박으로서 항구에 매어둔 선박만 해당한다), 선박 건조 구조물, 산림, 그 밖의 인공 구조물 또는 물건을 말한다. O|X

003
소방대상물이란 건축물, 차량, **항구에 매어둔 선박**, 선박 건조 구조물, 산림 등을 말한다.

003 소방대상물이란 건축물, 차량, 항해 중인 선박, 선박 건조 구조물, 산림 등을 말한다. O|X

004
소방대상물이란 건축물, 차량, 선박(항구에 매어둔 선박), 선박 건조 구조물, 산림, 그 밖의 인공구조물 또는 물건을 말한다.

004 특정소방대상물이란 건축물, 차량, 선박(항구에 매어둔 선박), 선박 건조 구조물, 산림, 그 밖의 인공구조물 또는 물건을 말한다. O|X

005 관계인이란 소방대상물의 소유자, 관리자, 점유자를 말한다. O|X

정답
002 O 003 × 004 × 005 O

006 관계지역이란 소방대상물이 있는 장소만을 말한다. O X

006
관계지역이란 소방대상물이 있는 **장소 및 그 이웃지역**으로서 화재의 예방·경계·진압, 구조·구급 등의 활동에 필요한 지역을 말한다.

007 관계지역이란 소방대상물이 있는 장소 및 그 이웃 지역으로서 화재의 예방·경계·진압, 구조·구급 등의 활동에 필요한 지역을 말한다. O X

008 소방본부장이란 특별시·광역시·특별자치시·도 또는 특별자치도에서 화재의 예방·경계·진압·조사 및 구조·구급 등의 업무를 담당하는 부서의 장을 말한다 O X

009 소방대란 화재를 진압하고 화재, 재난·재해, 그 밖의 위급한 상황에서 구조·구급 활동 등을 하기 위하여 소방공무원, 의무소방원, 자위소방대원으로 구성된 조직체를 말한다. O X

009
소방대란 화재를 진압하고 화재, 재난·재해, 그 밖의 위급한 상황에서 구조·구급 활동 등을 하기 위하여 소방공무원, 의무소방원, **의용소방대원**으로 구성된 조직체를 말한다.

010 소방대장이란 소방본부장 또는 소방서장 등 화재, 재난·재해, 그 밖의 위급한 상황이 발생한 본부에서 소방대를 지휘하는 사람을 말한다. O X

010
소방대장이란 소방본부장 또는 소방서장 등 화재, 재난·재해, 그 밖의 위급한 상황이 발생한 **현장**에서 소방대를 지휘하는 사람을 말한다.

011 소방대장이란 소방본부장 또는 소방서장, 방화서장 등 화재, 재난·재해, 그 밖의 위급한 상황이 발생한 현장에서 소방대를 지휘하는 사람을 말한다. O X

011
소방대장이란 소방본부장 또는 소방서장, **방화서장** 등 화재, 재난·재해, 그 밖의 위급한 상황이 발생한 현장에서 소방대를 지휘하는 사람을 말한다.

정답
006 X 007 O 008 O 009 X
010 X 011 X

제3조 소방기관의 설치 등
LINK 1권 29p

해설

012
시·도의 화재 예방·경계·진압 및 조사, 소방안전교육·홍보와 화재, 재난·재해, 그 밖의 위급한 상황에서의 구조·구급 등의 업무를 수행하는 소방기관의 설치에 필요한 사항은 **대통령령**으로 정한다.

014
소방청장은 화재 예방 및 대형 재난 등 **필요한 경우** 시·도 소방본부장 및 소방서장을 **지휘·감독할 수 있다.**

정답
012 × 013 ○ 014 × 015 ○

□□□ **기출**
012 시·도의 화재 예방·경계·진압 및 조사, 소방안전교육·홍보와 화재, 재난·재해, 그 밖의 위급한 상황에서의 구조·구급 등의 업무를 수행하는 소방기관의 설치에 필요한 사항은 행정안전부령으로 정한다. ○│×

□□□ **예상**
013 소방업무를 수행하는 소방본부장 또는 소방서장은 그 소재지를 관할하는 시·도지사의 지휘와 감독을 받는다. ○│×

□□□ **예상**
014 소방청장은 화재 예방 및 대형 재난 등 긴급한 경우를 한정하여 시·도 소방본부장 및 소방서장을 지휘·감독하여야 한다. ○│×

□□□ **예상**
015 시·도에서 소방업무를 수행하기 위하여 시·도지사 직속으로 소방본부를 둔다. ○│×

제4조 119종합상황실의 설치와 운영
LINK 1권 30~31p

해설

016
소방청장, 소방본부장 및 소방서장은 화재, 재난·재해, 그 밖에 구조·구급이 필요한 상황이 발생하였을 때에 신속한 소방활동을 위한 정보의 수집·분석과 판단·전파, 상황관리, 현장 지휘 및 조정·통제, **대응계획 실행 및 평가** 등의 업무를 수행하기 위하여 119종합상황실을 설치·운영하여야 한다.

정답
016 ×

□□□ **기출**
016 소방청장, 소방본부장 및 소방서장은 화재, 재난·재해, 그 밖에 구조·구급이 필요한 상황이 발생하였을 때에 신속한 소방활동을 위한 정보의 수집·분석과 판단·전파, 상황관리, 현장 지휘 및 조정·통제, 대응계획 실행 및 평가 등의 업무를 수행하기 위하여 119종합상황실을 설치·운영하여야 한다. ○│×

017 〔예상〕 소방서에 설치하는 119종합상황실에는 「지방자치단체에 두는 국가공무원의 정원에 관한 법률」에도 불구하고 대통령령으로 정하는 바에 따라 경찰공무원을 둘 수 있다. O|X

017 소방본부에 설치하는 119종합상황실에는 「지방자치단체에 두는 국가공무원의 정원에 관한 법률」에도 불구하고 대통령령으로 정하는 바에 따라 경찰공무원을 둘 수 있다.

018 〔기출〕 119종합상황실의 설치·운영에 필요한 사항은 행정안전부령으로 정한다. O|X

019 〔기출〕 종합상황실은 소방청과 특별시·광역시·특별자치시·도 또는 특별자치도(이하 "시·도"라 한다)의 소방본부 및 소방서에 각각 설치·운영하여야 한다. O|X

020 〔예상〕 종합상황실 근무자의 근무방법 등 종합상황실의 운영에 관하여 필요한 사항은 종합상황실을 설치하는 소방청장, 소방본부장 또는 소방서장이 각각 정한다. O|X

021 〔기출〕 종합상황실 보고사항
① 사망자 5인 이상 발생한 화재 O|X
② 사상자 10인 이상 발생한 화재 O|X
③ 재산 피해액 10억 이상 발생한 화재 O|X
④ 이재민 100인 이상 발생한 화재 O|X
⑤ 연면적 1만m² 이상인 공장에서 발생한 화재 O|X
⑥ 관공서·학교·정부미도정공장·문화재·지하철 또는 지하구의 화재 O|X
⑦ 「위험물안전관리법」 제2조 제2항의 규정에 의한 지정수량의 1천배 이상의 위험물의 제조소·저장소·취급소에서 발생한 화재 O|X
⑧ 층수가 5층 이상이거나 병상이 30개 이상인 종합병원·정신병원·한방병원·요양소에서 발생한 화재 O|X

021
③ 재산 피해액 50억 이상 발생한 화재
⑤ 연면적 1만5천m² 이상인 공장에서 발생한 화재
⑦ 「위험물안전관리법」 제2조 제2항의 규정에 의한 지정수량의 3천배 이상의 위험물의 제조소·저장소·취급소에서 발생한 화재

정답
017 × 018 O 019 O 020 O
021 ① O ② O ③ × ④ O ⑤ ×
⑥ O ⑦ × ⑧ O

제4조의2 소방정보통신망 구축·운영
LINK 1권 31~32p

해설

022
소방청장 및 시·도지사는 119종합상황실 등의 효율적 운영을 위하여 소방정보통신망을 **구축·운영할 수 있다.**

023
소방청장 및 시·도지사는 소방정보통신망의 안정적 운영을 위하여 소방정보통신망의 회선을 이중화할 수 있다. 이 경우 이중화된 각 회선은 **서로 다른 사업자로부터 제공받아야 한다.**

[예상] 022 소방청장 및 시·도지사는 119종합상황실 등의 효율적 운영을 위하여 소방정보통신망을 구축·운영해야 한다. O│X

[예상] 023 소방청장 및 시·도지사는 소방정보통신망의 안정적 운영을 위하여 소방정보통신망의 회선을 이중화할 수 있다. 이 경우 이중화된 각 회선은 서로 같은 사업자로부터 제공받을 수 있다. O│X

[예상] 024 소방청장 및 시·도지사는 소방정보통신망이 안정적으로 운영될 수 있도록 연 1회 이상 소방정보통신망을 주기적으로 점검·관리해야 한다. O│X

정답
022 ✗ 023 ✗ 024 O

제4조의3 소방기술민원센터의 설치·운영
LINK 1권 32~33p

해설

025
법: 설치·운영할 수 있다.
령: 설치·운영한다.

[기출] 025 소방청장은 소방시설, 소방공사 및 위험물 안전관리 등과 관련된 법령해석 등의 민원을 종합적으로 접수하여 처리할 수 있는 소방기술민원센터를 설치·운영할 수 있다. O│X

[예상] 026 소방기술민원센터의 설치·운영 등에 필요한 사항은 대통령령으로 정한다. O│X

정답
025 O 026 O

		기출
027	소방청장 또는 소방본부장은 소방기술민원센터를 각 소방서에 설치·운영한다.(영 기준) O|X	

027
소방청장 또는 소방본부장은 소방기술민원센터를 **소방청 또는 소방본부에 각각** 설치·운영한다.

028 소방기술민원센터는 소방기술민원과 관련된 현장 확인 및 처리업무를 수행한다. O|X

029 소방기술민원센터는 소방기술민원과 관련된 질의회신집 및 해설서 발간의 업무를 수행한다. O|X

030 소방기술민원센터는 소방시설, 소방공사와 위험물 안전관리 등과 관련된 법령해석 등의 민원을 처리한다. O|X

031 소방기술민원센터는 소방기술민원과 관련된 업무로서 소방청장, 소방본부장 또는 소방서장이 필요하다고 인정하여 지시하는 업무를 수행한다. O|X

031
소방기술민원센터는 소방기술민원과 관련된 업무로서 **소방청장 또는 소방본부장**이 필요하다고 인정하여 지시하는 업무를 수행한다.

032 소방기술민원센터는 센터장을 제외하고 8명 이내로 구성한다. O|X

032
소방기술민원센터는 센터장을 **포함하여 18명 이내**로 구성한다.

정답
027 × 028 ○ 029 ○ 030 ○
031 × 032 ×

해설

033
~~소방청장 또는 소방본부장은~~ 소방기술민원센터의 업무수행을 위하여 필요하다고 인정하는 경우에는 관계 기관의 장에게 소속 공무원 또는 직원의 파견을 요청할 수 있다.

033 〔기출〕
소방기술민원센터장은 소방기술민원센터의 업무수행을 위하여 필요하다고 인정하는 경우에는 관계 기관의 장에게 소속 공무원 또는 직원의 파견을 요청할 수 있다. ○ | ×

034
소방기술민원센터의 설치·운영에 필요한 사항은 소방청에 설치하는 경우에는 소방청장이 정하고, 소방본부에 설치하는 경우에는 ~~해당 시·도의 규칙으로 정한다.~~

034 〔예상〕
소방기술민원센터의 설치·운영에 필요한 사항은 소방청에 설치하는 경우에는 소방청장이 정하고, 소방본부에 설치하는 경우에는 소방본부장이 정한다. ○ | ×

정답
033 × 034 ×

제5조 소방박물관 등의 설립과 운영 〔LINK 1권 33~36p〕

해설

035 〔기출〕
소방의 역사와 안전문화를 발전시키고 국민의 안전의식을 높이기 위하여 소방청장은 소방박물관을, 시·도지사는 소방체험관을 설립하여 운영할 수 있다. ○ | ×

036
소방박물관의 설립과 운영에 필요한 사항은 ~~행정안전부령으로~~ 정하고, 소방체험관의 설립과 운영에 필요한 사항은 행정안전부령으로 정하는 기준에 따라 시·도의 조례로 정한다.

036 〔기출〕
소방박물관의 설립과 운영에 필요한 사항은 대통령령으로 정하고, 소방체험관의 설립과 운영에 필요한 사항은 행정안전부령으로 정하는 기준에 따라 시·도의 조례로 정한다. ○ | ×

037 〔기출〕
소방청장은 소방박물관을 설립·운영하는 경우에는 소방박물관에 소방박물관장 1인과 부관장 1인을 두되, 소방박물관장은 소방공무원 중에서 소방청장이 임명한다. ○ | ×

정답
035 ○ 036 × 037 ○

038 소방박물관에는 그 운영에 관한 중요한 사항을 심의하기 위하여 12인 이내의 위원으로 구성된 운영위원회를 둔다. O X

해설
038 소방박물관에는 그 운영에 관한 중요한 사항을 심의하기 위하여 **7인** 이내의 위원으로 구성된 운영위원회를 둔다.

039 소방체험관의 장은 체험교육의 운영결과, 만족도 조사결과 등을 기록하고 이를 2년간 보관하여야 한다. O X

039 소방체험관의 장은 체험교육의 운영결과, 만족도 조사결과 등을 기록하고 이를 **3년간** 보관하여야 한다.

정답
038 X　039 X

제6조 소방업무에 관한 종합계획의 수립·시행 등
LINK 1권 37~38p

040 국가는 화재, 재난·재해, 그 밖의 위급한 상황으로부터 국민의 생명·신체 및 재산을 보호하기 위하여 소방업무에 관한 종합계획을 5년마다 수립·시행하여야 하고, 이에 필요한 재원을 확보하도록 노력하여야 한다. O X

해설
040 **소방청장은** 화재, 재난·재해, 그 밖의 위급한 상황으로부터 국민의 생명·신체 및 재산을 보호하기 위하여 소방업무에 관한 종합계획을 5년마다 수립·시행하여야 하고, 이에 필요한 재원을 확보하도록 노력하여야 한다.

041 소방청장은 수립한 종합계획을 관계 중앙행정기관의 장, 시·도지사에게 통보하여야 한다. O X

042 시·도지사는 관할 지역의 특성을 고려하여 종합계획의 시행에 필요한 세부계획을 매년 수립하여 행정안전부장관에게 제출하여야 한다. O X

042 시·도지사는 관할 지역의 특성을 고려하여 종합계획의 시행에 필요한 세부계획을 매년 수립하여 **소방청장**에게 제출하여야 한다.

정답
040 X　041 O　042 X

해설

043
소방청장은 소방업무의 체계적 수행을 위하여 필요한 경우 시·도지사가 제출한 세부계획의 **보완 또는 수정을 요청**할 수 있다.

046
소방청장은 소방업무에 관한 종합계획을 관계 중앙행정기관의 장과의 협의를 거쳐 계획 시행 **전년도** 10월 31일까지 수립하여야 한다.

047
시·도지사와 ~~시·군·구청장~~은 종합계획의 시행에 필요한 세부계획을 수립하여 소방청장에게 제출하여야 한다.

---

043 [예상] 소방청장은 소방업무의 체계적 수행을 위하여 필요한 경우 시·도지사가 제출한 세부계획을 직접 보완하거나 수정할 수 있다. ○ | ✗

044 [기출] 종합계획 사항에 장애인, 노인, 임산부, 영유아 및 어린이 등 이동이 어려운 사람을 대상으로 한 소방활동에 필요한 조치가 포함되어야 한다. ○ | ✗

045 [기출] 종합계획에는 소방업무에 필요한 체계의 구축, 소방기술의 연구·개발 및 보급, 소방전문인력 양성에 대한 사항이 포함되어야 한다. ○ | ✗

046 [기출] 소방청장은 소방업무에 관한 종합계획을 관계 중앙행정기관의 장과의 협의를 거쳐 계획 시행 연도 10월 31일까지 수립하여야 한다. ○ | ✗

047 [기출] 시·도지사와 시·군·구청장은 종합계획의 시행에 필요한 세부계획을 수립하여 소방청장에게 제출하여야 한다. ○ | ✗

048 [기출] 시·도지사는 종합계획의 시행에 필요한 세부계획을 계획 시행 전년도 12월 31일까지 수립하여 소방청장에게 제출하여야 한다. ○ | ✗

정답
043 ✗   044 ○   045 ○   046 ✗
047 ✗   048 ○

제7조 소방의 날 제정과 운영 등

049 국민의 안전의식과 화재에 대한 경각심을 높이고 안전문화를 정착시키기 위하여 매년 11월 9일을 소방의 날로 정하여 기념행사를 한다. O | X

050 소방의 날 행사에 관하여 필요한 사항은 소방청장 또는 시·도지사가 따로 정하여 시행할 수 있다. O | X

051 소방청장 또는 시·도지사는 소방행정 발전에 공로가 있다고 인정되는 사람을 명예직 소방대원으로 위촉할 수 있다. O | X

051
소방청장 ~~또는 시·도지사는~~ 소방행정 발전에 공로가 있다고 인정되는 사람을 명예직 소방대원으로 위촉할 수 있다.

정답
049 O 050 O 051 ×

CHAPTER 02 소방장비 및 소방용수시설 등

제8조 소방력의 기준 등

해설

052 소방업무를 수행하는 데에 필요한 소방력에 관한 기준은 **행정안전부령**으로 정한다.

053 소방기관이 소방업무를 수행하는데 필요한 인력과 장비에 관한 기준은 **행정안전부령**으로 정한다.

054 **시·도지사는** 소방력의 기준에 따라 관할구역의 소방력을 확충하기 위하여 필요한 계획을 수립하여 시행하여야 한다.

기출

052 소방업무를 수행하는 데에 필요한 소방력에 관한 기준은 대통령령으로 정한다. O│X

053 소방기관이 소방업무를 수행하는데 필요한 인력과 장비에 관한 기준은 시·도의 조례로 정한다. O│X

054 소방청장은 소방력의 기준에 따라 관할구역의 소방력을 확충하기 위하여 필요한 계획을 수립하여 시행하여야 한다. O│X

055 소방자동차 등 소방장비의 분류·표준화와 그 관리 등에 필요한 사항은 따로 법률에서 정한다. O│X

정답
052 ✕   053 ✕   054 ✕   055 ○

제9조 소방장비 등에 대한 국고보조

해설

056 국가는 소방장비의 구입 등 시·도의 소방업무에 필요한 경비의 일부를 보조하고, 보조 대상사업의 범위와 기준보조율은 **대통령령**으로 정한다.

기출

056 국가는 소방장비의 구입 등 시·도의 소방업무에 필요한 경비의 일부를 보조하고, 보조 대상사업의 범위와 기준보조율은 행정안전부령으로 정한다. O│X

정답
056 ✕

057 국가는 소방장비의 구입 등 시·도의 소방업무에 필요한 경비의 전부를 보조한다. ☐O ☐X

057 국가는 소방장비의 구입 등 시·도의 소방업무에 필요한 경비의 **일부를** 보조한다.

058 국고보조 대상사업의 범위
① 소방자동차 구입 ☐O ☐X
② 소방용수시설 설치 ☐O ☐X
③ 소방헬리콥터 및 소방정 구입 ☐O ☐X
④ 소방전용통신설비 및 전산설비 설치 ☐O ☐X
⑤ 소방 전기·기계설비 구입 및 설치 ☐O ☐X
⑥ 소방관서용 청사의 건축 ☐O ☐X
⑦ 특정소방대상물의 소방시설 설치 ☐O ☐X
⑧ 소화전 설치 ☐O ☐X

058
② ~~소방용수시설 설치~~
⑤ ~~소방 전기·기계설비 구입 및 설치~~
⑦ ~~특정소방대상물의 소방시설 설치~~
⑧ ~~소화전 설치~~

059 국고보조 대상사업에 해당하는 소방활동장비로는 소방자동차, 소방헬리콥터 및 소방정 등이 있다. ☐O ☐X

060 국고보조의 대상이 되는 소방활동장비의 종류로는 구조정, 배연차, 구급차, 소방헬리콥터 등이 있다. ☐O ☐X

061 국고보조의 대상이 되는 구조정은 90마력 이상, 배연차(중형)는 170마력 이상, 구급차(특수)는 90마력 이상, 소방헬리콥터는 5~17인승 이상의 규격으로 한다. ☐O ☐X

061 국고보조의 대상이 되는 구조정은 **30톤급 이상**, 배연차(중형)는 170마력 이상, 구급차(특수)는 90마력 이상, 소방헬리콥터는 5~17인승 이상의 규격으로 한다.

정답
057 ×
058 ① O ② × ③ O ④ O ⑤ ×
⑥ O ⑦ × ⑧ ×
059 O 060 O 061 ×

해설

□□□ 기출
062 소방활동장비 및 설비의 종류와 규격은 행정안전부령으로 정한다. O│X

□□□ 예상
063 국고보조 대상사업의 기준보조율은 「보조금 관리에 관한 법률 시행령」에서 정하는 바에 따른다. O│X

정답
062 O 063 O

제10조 소방용수시설의 설치 및 관리 등 LINK 1권 42~45p

해설

064
시·도지사는 소방활동에 필요한 소화전·급수탑·저수조·<u>상수도소화용수설비</u>를 설치하고 유지·관리하여야 한다.

□□□ 기출
064 시·도지사는 소방활동에 필요한 소화전·급수탑·저수조·상수도소화용수설비를 설치하고 유지·관리하여야 한다. O│X

065
「수도법」 제45조에 따라 소화전을 설치하는 일반수도사업자는 관할 소방서장과 사전협의를 거친 후 소화전을 설치하여야 하며, 설치 사실을 관할 소방서장에게 통지하고, <u>그 소화전을 유지·관리하여야 한다.</u>
→ 일반수도사업자가 유지·관리한다.

□□□ 기출
065 「수도법」 제45조에 따라 소화전을 설치하는 일반수도사업자는 관할 소방서장과 사전협의를 거친 후 소화전을 설치하여야 하며, 설치 사실을 관할 소방서장에게 통지하고, 그 소화전은 소방서장이 유지·관리하여야 한다. O│X

□□□ 기출
066 시·도지사는 소방자동차의 진입이 곤란한 지역 등 화재발생 시에 초기 대응이 필요한 지역으로서 대통령령으로 정하는 지역에 소방호스 또는 호스 릴 등을 소방용수시설에 연결하여 화재를 진압하는 시설이나 장치(이하 "비상소화장치"라 한다)를 설치하고 유지·관리할 수 있다. O│X

정답
064 × 065 × 066 O

067 소방청장은 설치된 소방용수시설에 대하여 소방용수표지를 보기 쉬운 곳에 설치하여야 한다. O X

067 **시·도지사는** 설치된 소방용수시설에 대하여 소방용수표지를 보기 쉬운 곳에 설치하여야 한다.

068 비상소화장치의 설치기준에 관한 세부 사항은 소방청장이 정한다. O X

069 소방호스, 관창, 비상소화장치함은 소방청장이 정하여 고시하는 형식승인 및 제품검사의 기술기준에 적합한 것으로 설치한다. O X

069 소방호스, 관창, ~~비상소화장치함~~은 소방청장이 정하여 고시하는 형식승인 및 제품검사의 기술기준에 적합한 것으로 설치한다.
→ 비상소화장치함은 성능인증 및 제품검사의 기술기준에 적합한 것으로 한다.

070 비상소화장치 설치대상 지역
① 위험물의 저장 및 처리 시설이 밀집한 지역 O X
② 석유화학제품을 생산하는 공장이 있는 지역 O X
③ 소방시설·소방용수시설 또는 소방출동로가 없는 지역 O X
④ 시·도지사가 비상소화장치의 설치가 필요하다고 인정하는 지역 O X

071 정당한 사유 없이 소방용수시설 또는 비상소화장치를 사용하거나 소방용수시설 또는 비상소화장치의 효용을 해치거나 그 정당한 사용을 방해한 사람에 대해서는 5년 이하의 징역 또는 5천만원 이하의 벌금에 처한다. O X

정답
067 × 068 ○ 069 ×
070 ① ○ ② ○ ③ ○ ④ ○
071 ○

해설

072
소방본부장 또는 소방서장은 원활한 소방활동을 위하여 소방용수시설에 대한 조사, 소방대상물에 인접한 도로의 폭·교통상황, 도로주변의 토지의 고저·건축물의 개황 그 밖의 소방활동에 필요한 지리에 대한 조사를 **월 1회 이상** 실시하여야 하며, 조사결과는 2년간 보관하여야 한다.

074
소화전은 상수도와 연결하여 지하식 또는 지상식의 구조로 하고 소방용호스와 연결하는 소화전의 연결금속구의 구경은 65밀리미터로 하여야 하며, 급수탑은 급수배관의 구경을 100밀리미터 이상으로 하고 개폐밸브는 지상에서 1.5미터 이상 1.7미터 이하의 위치에 **설치하여야 한다.**

075
저수조의 경우 지면으로부터의 낙차가 4.5미터 **이하**이어야 하며 흡수부분의 수심이 0.5미터 이상으로 한다.

정답
072 × 073 ○ 074 × 075 ×
076 ○

---

072 〔기출〕
소방본부장 또는 소방서장은 원활한 소방활동을 위하여 소방용수시설에 대한 조사, 소방대상물에 인접한 도로의 폭·교통상황, 도로주변의 토지의 고저·건축물의 개황 그 밖의 소방활동에 필요한 지리에 대한 조사를 연 1회 이상 실시하여야 하며, 조사결과는 2년간 보관하여야 한다. ○ ×

073 〔기출〕
조사결과는 전자적 처리가 불가능한 특별한 사유가 없으면 전자적 처리가 가능한 방법으로 작성·관리하여야 한다. ○ ×

074 〔기출〕
소화전은 상수도와 연결하여 지하식 또는 지상식의 구조로 하고 소방용호스와 연결하는 소화전의 연결금속구의 구경은 65밀리미터로 하여야 하며, 급수탑은 급수배관의 구경을 100밀리미터 이상으로 하고 개폐밸브는 지상에서 1.5미터 이상 1.7미터 이하의 위치에 설치할 수 있다. ○ ×

075 〔예상〕
저수조의 경우 지면으로부터의 낙차가 4.5미터 이상이어야 하며 흡수부분의 수심이 0.5미터 이상으로 한다. ○ ×

076 〔기출〕
소방용수시설은 주거지역·상업지역 및 공업지역에서 설치하는 경우 소방대상물과의 수평거리를 100m 이하가 되도록 한다. ○ ×

077 급수탑 및 지상에 설치하는 소화전·저수조의 소방용수표지는 안쪽 문자는 흰색, 바깥쪽 문자는 노란색으로, 안쪽 바탕은 붉은색, 바깥쪽 바탕은 파란색으로 하고, 반사재료를 사용해야 한다. O | X

078 승하강식 소화전의 경우 맨홀 뚜껑은 지름 648밀리미터 이상의 것으로 한다. O | X

해설

078 지하에 설치하는 소화전 또는 저수조의 경우 맨홀 뚜껑은 지름 648밀리미터 이상의 것으로 한다.
다만, 승하강식 소화전의 경우에는 이를 적용하지 않는다.

정답
077 O 078 ×

제11조 소방업무의 응원
LINK 1권 45~46p

079 소방본부장이나 소방서장은 소방활동을 할 때에 긴급한 경우에는 이웃한 소방본부장 또는 소방서장에게 소방업무의 응원(應援)을 요청할 수 있다. O | X

080 소방업무의 응원 요청을 받은 소방본부장 또는 소방서장은 정당한 사유 없이 그 요청을 거절하여서는 아니된다. O | X

081 소방업무의 응원을 위하여 파견된 소방대원은 응원을 요청받은 소방본부장 또는 소방서장의 지휘에 따라야 한다. O | X

해설

081 소방업무의 응원을 위하여 파견된 소방대원은 응원을 요청한 소방본부장 또는 소방서장의 지휘에 따라야 한다.

정답
079 O 080 O 081 ×

해설

082
시·도지사는 소방업무의 응원을 요청하는 경우를 대비하여 출동 대상지역 및 규모와 필요한 경비의 부담 등에 관하여 필요한 사항을 **행정안전부령**으로 정하는 바에 따라 이웃하는 시·도지사와 협의하여 미리 규약(規約)으로 정하여야 한다.

083
① 소방장비 및 기구의 정비와 연료의 보급
→ 상호응원협정 중 소요경비의 부담에 관한 사항에 해당한다.

기출

082 소방청장은 소방업무의 응원을 요청하는 경우를 대비하여 출동 대상지역 및 규모와 필요한 경비의 부담 등에 관하여 필요한 사항을 시·도의 조례로 정하는 바에 따라 이웃하는 시·도지사와 협의하여 미리 규약(規約)으로 정하여야 한다. ◯ ✕

083 소방업무의 상호응원협정 중 소방활동에 관한 사항
① 소방장비 및 기구의 정비와 연료의 보급 ◯ ✕
② 화재의 경계·진압활동 ◯ ✕
③ 화재조사활동 ◯ ✕
④ 구조·구급업무의 지원 ◯ ✕

정답
082 ✕
083 ① ✕ ② ◯ ③ ◯ ④ ◯

제11조의2 소방력의 동원
LINK 1권 46~47p

해설

084
소방청장은 해당 시·도의 소방력만으로는 소방활동을 효율적으로 수행하기 어려운 화재, 재난·재해, 그 밖의 구조·구급이 필요한 상황이 발생하거나 특별히 국가적 차원에서 소방활동을 수행할 필요가 인정될 때에는 **각 시·도지사에게** 행정안전부령으로 정하는 바에 따라 소방력을 동원할 것을 요청할 수 있다.

085
소방청장은 긴급을 요하는 경우에는 **시·도 소방본부 또는 소방서의 종합상황실장에게 직접 요청할 수 있다.**

기출

084 소방청장은 해당 시·도의 소방력만으로는 소방활동을 효율적으로 수행하기 어려운 화재, 재난·재해, 그 밖의 구조·구급이 필요한 상황이 발생하거나 특별히 국가적 차원에서 소방활동을 수행할 필요가 인정될 때에는 각 소방본부장 또는 소방서장에게 행정안전부령으로 정하는 바에 따라 소방력을 동원할 것을 요청할 수 있다. ◯ ✕

085 (예상) 소방청장은 긴급을 요하는 경우에는 시·도 소방본부장 또는 소방서장에게 직접 요청할 수 있다. ◯ ✕

정답
084 ✕ 085 ✕

086 소방청장은 시·도지사에게 동원된 소방력을 화재, 재난·재해 등이 발생한 지역에 지원·파견하여 줄 것을 요청하거나 필요한 경우 직접 소방대를 편성하여 화재진압 및 인명구조 등 소방에 필요한 활동을 하게 할 수 있다. O X

087 동원된 소방대원이 다른 시·도에 파견·지원되어 소방활동을 수행할 때에는 특별한 사정이 없으면 화재, 재난·재해 등이 발생한 지역을 관할하는 소방본부장 또는 소방서장의 지휘에 따라야 한다. O X

088 동원된 민간 소방 인력이 소방활동을 수행하다가 사망하거나 부상을 입은 경우 화재, 재난·재해 또는 그 밖의 구조·구급이 필요한 상황이 발생한 시·도지사가 해당 시·도의 규칙으로 정하는 바에 따라 보상한다. O X

088
동원된 민간 소방 인력이 소방활동을 수행하다가 사망하거나 부상을 입은 경우 화재, 재난·재해 또는 그 밖의 구조·구급이 필요한 상황이 발생한 **시·도가 해당 시·도의 조례**로 정하는 바에 따라 보상한다.

정답
086 O   087 O   088 X

CHAPTER 04 소방활동 등

제16조 소방활동

089 [예상] 소방청장, 소방본부장 또는 소방서장은 화재, 재난·재해, 그 밖의 위급한 상황이 발생하였을 때에는 소방대를 현장에 신속하게 출동시켜 화재진압과 인명구조·구급 등 소방에 필요한 활동(이하 이 조에서 "소방활동"이라 한다)을 하게 하여야 한다. O|X

090 [예상] 누구든지 정당한 사유 없이 출동한 소방대의 소방활동을 방해하여서는 아니 된다. O|X

정답
089 O 090 O

제16조의2 소방지원활동

해설
091 붕괴, 낙하 등이 우려되는 고드름 등의 제거활동은 생활안전활동이다.

091 [기출] 붕괴, 낙하 등이 우려되는 고드름 등의 제거활동은 소방지원활동이다. O|X

092 [기출] 유관기관·단체 등의 요청에 따른 소방지원활동에 드는 비용은 지원요청을 한 유관기관·단체 등에게 부담하게 할 수 있다. O|X

정답
091 × 092 O

093 소방지원활동은 공공의 안녕질서 유지 또는 복리증진을 위하여 필요한 경우 소방활동 외에 할 수 있는 활동이다. ⊙|✕

094 소방지원활동
① 산불에 대한 예방·진압 등 지원활동 ⊙|✕
② 집회·공연 등 각종 행사 시 사고에 대비한 근접대기 등 지원활동 ⊙|✕
③ 방송제작 또는 촬영 관련 지원활동 ⊙|✕
④ 단전사고 시 비상전원 또는 조명의 공급 등 지원활동 ⊙|✕
⑤ 소방시설 오작동 신고에 따른 지원활동 ⊙|✕

해설
094
④ 생활안전활동에 관한 내용이다.
⑤ 소방시설 오작동 신고에 따른 **조치활동**

정답
093 ⊙
094 ① ⊙ ② ⊙ ③ ⊙ ④ ✕ ⑤ ✕

제16조의3 생활안전활동
LINK 1권 49p

095 생활안전활동은 소방활동 수행에 지장을 주지 아니하는 범위에서 할 수 있다. ⊙|✕

096 소방청장·소방본부장 또는 소방서장은 신고가 접수된 생활안전 및 위험제거 활동(화재, 재난·재해, 그 밖의 위급한 상황에 해당하는 것을 포함한다)에 대응하기 위하여 소방대를 출동시켜 생활안전활동을 하게 할 수 있다. ⊙|✕

해설
095
소방지원활동은 소방활동 수행에 지장을 주지 아니하는 범위에서 할 수 있다.

096
소방청장·소방본부장 또는 소방서장은 신고가 접수된 생활안전 및 위험제거 활동(화재, 재난·재해, 그 밖의 위급한 상황에 해당하는 것은 **제외한다**)에 대응하기 위하여 소방대를 출동시켜 생활안전활동을 하게 **하여야 한다**.

정답
095 ✕   096 ✕

해설

097
소방대원은 소방지원활동 및 생활안전활동(소방지원활동등)을 한 경우 소방지원활동등 기록지에 해당 활동상황을 상세히 기록하고, 소속 소방관서에 ~~3년간 보관~~해야 한다.

098
소방본부장 ~~또는 소방서장은~~ 소방지원활동등의 상황을 종합하여 연 2회 소방청장에게 보고해야 한다.

정답
097 ×   098 ×

---

097 [예상]
소방대원은 소방지원활동 및 생활안전활동(소방지원활동등)을 한 경우 소방지원활동등 기록지에 해당 활동상황을 상세히 기록하고, 소속 소방관서에 2년간 보관해야 한다. O|X

098 [예상]
소방본부장 또는 소방서장은 소방지원활동등의 상황을 종합하여 연 2회 소방청장에게 보고해야 한다. O|X

제16조의4 소방자동차의 보험가입 등   LINK 1권 50p

해설

099
시·도지사는 소방자동차의 공무상 운행 중 교통사고가 발생한 경우 그 운전자의 법률상 분쟁에 소요되는 비용을 지원할 수 있는 보험에 가입하여야 하며, 국가는 보험 가입비용의 ~~전부 또는~~ 일부를 지원할 수 있다.

정답
099 ×

099 [예상]
시·도지사는 소방자동차의 공무상 운행 중 교통사고가 발생한 경우 그 운전자의 법률상 분쟁에 소요되는 비용을 지원할 수 있는 보험에 가입하여야 하며, 국가는 보험 가입비용의 전부 또는 일부를 지원할 수 있다. O|X

제16조의5 소방활동에 대한 면책   LINK 1권 50p

해설

100
소방공무원이 소방활동 ~~및 생활안전활동~~으로 인하여 타인을 사상에 이르게 한 경우 그 소방활동이 불가피하고 소방공무원에게 고의 또는 중대한 과실이 없는 때에는 그 정상을 참작하여 사상에 대한 형사책임을 감경하거나 면제할 수 있다.

정답
100 ×

100 [예상]
소방공무원이 소방활동 및 생활안전활동으로 인하여 타인을 사상에 이르게 한 경우 그 소방활동이 불가피하고 소방공무원에게 고의 또는 중대한 과실이 없는 때에는 그 정상을 참작하여 사상에 대한 형사책임을 감경하거나 면제할 수 있다. O|X

제16조의6 소송지원

101 [예상] 소방청장, 소방본부장 또는 소방서장은 소방공무원이 소방활동, 소방지원활동, 생활안전활동으로 인하여 민·형사상 책임과 관련된 소송을 수행할 경우 변호인 선임 등 소송수행에 필요한 지원을 할 수 있다. O|X

정답 101 O

제17조 소방교육·훈련

102 [예상] 소방청장, 소방본부장 또는 소방서장은 소방업무를 전문적이고 효과적으로 수행하기 위하여 소방대원에게 필요한 교육·훈련을 실시할 수 있다. O|X

해설 102 소방청장, 소방본부장 또는 소방서장은 소방업무를 전문적이고 효과적으로 수행하기 위하여 소방대원에게 필요한 교육·훈련을 **실시하여야 한다.**

103 [기출] 소방청장, 소방본부장 또는 소방서장은 화재를 예방하고 화재 발생 시 인명과 재산피해를 최소화하기 위하여 장애인복지시설에 거주하거나 해당 시설을 이용하는 장애인, 어린이집의 영유아, 유치원의 유아, 학교의 학생에 해당하는 사람을 대상으로 행정안전부령으로 정하는 바에 따라 소방안전에 관한 교육과 훈련을 실시할 수 있다. O|X

104 [예상] 소방본부장 또는 소방서장은 소방안전교육훈련을 실시하려는 경우 다음 해의 1월 31일까지 소방안전교육훈련 운영계획을 수립하여야 한다. O|X

해설 104 **소방청장**, 소방본부장 또는 소방서장은 소방안전교육훈련을 실시하려는 경우 **매년 12월 31일까지 다음 해의** 소방안전교육훈련 운영계획을 수립하여야 한다.

정답 102 X 103 O 104 X

> **해설**
>
> **105**
> 소방교육훈련 중 현장지휘훈련을 받아야 하는 대상자에는 ~~소방위~~, 소방경, 소방령, 소방정, ~~소방준감~~이 있다.

105 소방교육훈련 중 현장지휘훈련을 받아야 하는 대상자에는 소방령, 소방경, 소방정, 소방준감이 있다. ⓞ ⓧ

> **106**
> 소방청장, 소방본부장 또는 소방서장은 소방안전교육훈련의 실시결과, 만족도 조사결과 등을 기록하고 이를 **3년간** 보관하여야 한다.

106 소방청장, 소방본부장 또는 소방서장은 소방안전교육훈련의 실시결과, 만족도 조사결과 등을 기록하고 이를 2년간 보관하여야 한다. ⓞ ⓧ

> **정답**
> 105 ✕ 106 ✕

제17조의2 소방안전교육사

LINK 1권 54~58p

107 소방청장은 소방안전교육을 위하여 소방청장이 실시하는 시험에 합격한 사람에게 소방안전교육사 자격을 부여한다. ⓞ ⓧ

> **108**
> 소방안전교육사는 소방안전교육의 기획·진행·분석·평가·교수업무 ~~및 홍보~~를 수행한다.

108 소방안전교육사는 소방안전교육의 기획·진행·분석·평가·교수업무 및 홍보를 수행한다. ⓞ ⓧ

> **정답**
> 107 ◯ 108 ✕

109 소방안전교육사시험의 응시자격

① 「영유아보육법」 제21조에 따라 보육교사 자격을 취득한 후 2년 이상의 보육업무 경력이 있는 사람 ◯ ✕

② 「국가기술자격법」 제2조 제3호에 따른 국가기술자격의 직무분야 중 안전관리 분야의 산업기사 자격을 취득한 후 안전관리 분야에 3년 이상 종사한 사람 ◯ ✕

③ 「의료법」 제7조에 따라 간호조무사 자격을 취득한 후 간호업무 분야에 2년 이상 종사한 사람 ◯ ✕

④ 「응급의료에 관한 법률」 제36조 제3항에 따라 2급 응급구조사 자격을 취득한 후 응급의료 업무 분야에 3년 이상 종사한 사람 ◯ ✕

⑤ 소방공무원으로 2년 이상 근무한 경력이 있는 사람 ◯ ✕

⑥ 「의용소방대 설치 및 운영에 관한 법률」 제3조에 따라 의용소방대원으로 임명된 후 5년 이상 의용소방대 활동을 한 경력이 있는 사람 ◯ ✕

110 1차 시험 과목은 소방학개론, 구급·응급처치론, 재난관리론, 교육학개론 중 3과목으로 하며, 2차 시험은 국민안전교육 실무이다. ◯ ✕

111 응시자격심사위원은 3명이며 시험위원 중 출제위원은 시험과목별 3명, 채점위원은 5명에 해당된다. ◯ ✕

112 소방안전교육사시험은 연 1회 시행함을 원칙으로 하되, 소방청장이 필요하다고 인정하는 때에는 그 횟수를 증가할 수 있다. ◯ ✕

113 소방청장은 소방안전교육사시험을 시행하려는 때에는 응시자격·시험과목·일시·장소 및 응시절차 등에 관하여 필요한 사항을 모든 응시희망자가 알 수 있도록 소방안전교육사시험의 시행일 90일 전까지 소방청의 인터넷 홈페이지 등에 공고해야 한다. ◯ ✕

해설

109
① 「영유아보육법」 제21조에 따라 보육교사 자격을 취득한 후 **3년** 이상의 보육업무 경력이 있는 사람
③ 「의료법」 제7조에 따라 **간호사 면허를** 취득한 후 간호업무 분야에 **1년** 이상 종사한 사람
⑤ 소방공무원으로 **3년** 이상 근무한 경력이 있는 사람

112
소방안전교육사시험은 **2년마다 1회** 시행함을 원칙으로 하되, 소방청장이 필요하다고 인정하는 때에는 그 횟수를 **증감**할 수 있다.

정답
109 ① ✕ ② ◯ ③ ✕ ④ ◯ ⑤ ✕ ⑥ ◯
110 ◯ **111** ◯ **112** ✕ **113** ◯

해설

114
소방청장은 소방안전교육사시험 응시자격심사, 출제 및 채점을 위하여 **소방위 이상**의 소방공무원을 응시자격심사위원 및 시험위원으로 임명 또는 위촉하여야 한다.

114 〔기출〕 소방청장은 소방안전교육사시험 응시자격심사, 출제 및 채점을 위하여 소방경 이상의 소방공무원을 응시자격심사위원 및 시험위원으로 임명 또는 위촉하여야 한다. ○|×

115 〔예상〕 소방청장은 시험합격자 공고일부터 1개월 이내에 행정안전부령으로 정하는 소방안전교육사증을 시험합격자에게 발급하며, 이를 소방안전교육사증 교부대장에 기재하고 관리하여야 한다. ○|×

정답
114 × 115 ○

제17조의3 소방안전교육사의 결격사유   LINK 1권 59p

해설

116 〔기출〕 금고 이상의 실형을 선고 받고 그 집행이 끝나거나(집행이 끝나는 것으로 보는 경우를 포함한다) 집행이 면제된 날부터 2년이 경과된 사람은 결격사유에 해당하지 않는다. ○|×

정답
116 ○

제17조의4 부정행위자에 대한 조치   LINK 1권 59p

해설

117 〔기출〕 소방청장은 소방안전교육사 시험에서 부정행위를 한 사람에 대하여는 해당 시험을 정지시키거나 무효로 처리한다. ○|×

118 〔기출〕 소방청장은 소방안전교육사시험에서 부정행위를 한 자에 대하여는 그 시험을 정지시키거나 무효로 하고, 그 처분이 있은 날부터 2년간 소방안전교육사시험의 응시자격을 정지한다. ○|×

정답
117 ○ 118 ○

제17조의5 소방안전교육사의 배치 　　　LINK 1권 59~60p

119 [기출] 소방안전교육사의 배치대상별 배치기준에 따르면 소방청 2명 이상, 소방본부 2명 이상, 소방서 2명 이상이다. O X

해설 119 소방안전교육사의 배치대상별 배치기준에 따르면 소방청 2명 이상, 소방본부 2명 이상, 소방서 **1명** 이상이다.

120 [기출] 초등학교 등 교육기관에는 소방안전교육사를 1명 이상 배치할 수 있다. O X

해설 120 ~~초등학교 등 교육기관~~에는 소방안전교육사를 1명 이상 배치할 수 있다.

121 [기출] 한국소방안전원의 본회에는 소방안전교육사를 2명 이상 배치할 수 있다. O X

정답 119 X 120 X 121 O

제17조의6 한국119청소년단 　　　LINK 1권 60~61p

122 [예상] 소방청장은 청소년에게 소방안전에 관한 올바른 이해와 안전의식을 함양시키기 위하여 한국119청소년단을 설립한다. O X

해설 122 ~~소방청장은~~ 청소년에게 소방안전에 관한 올바른 이해와 안전의식을 함양시키기 위하여 한국119청소년단을 설립한다.
→ 한국119청소년단의 설립주체는 법으로 규정되어 있지 않다.

123 [예상] 한국119청소년단은 법인으로 하고, 그 주된 사무소의 소재지에 설립등기를 함으로써 성립한다. O X

정답 122 X 123 O

해설

124 한국119청소년단에 관하여 이 법에서 규정한 것을 제외하고는 「민법」 중 사단법인에 관한 규정을 준용한다. O|X

125 소방청장은 한국119청소년단의 설립목적 달성 및 원활한 사업 추진 등을 위하여 필요한 지원과 지도·감독을 할 수 있다. O|X

126
한국119청소년단의 구성 및 운영 등에 필요한 사항은 **한국119청소년단 정관으로** 정한다.

126 한국119청소년단의 구성 및 운영 등에 필요한 사항은 한국119청소년단 단장이 정한다. O|X

정답
124 ○ 125 ○ 126 ✕

제18조 소방신호

LINK 1권 61~62p

해설

127 화재예방, 소방활동 또는 소방훈련을 위하여 사용되는 소방신호의 종류와 방법은 행정안전부령으로 정한다. O|X

128
② 발화신호: 타종은 난타, 사이렌은 5초 간격을 두고 **5초씩** 3회
③ 해제신호: 타종은 상당한 간격을 두고 1타씩 반복, 사이렌은 **1분간** 1회
④ 훈련신호: 타종은 연 **3타** 반복, 사이렌은 10초 간격을 두고 1분씩 3회
⑤ 훈련신호는 비상소집 시 사용할 수 **있다.**

128 소방신호 방법
① 경계신호: 타종은 1타와 연 2타 반복, 사이렌은 5초 간격을 두고 30초씩 3회 O|X
② 발화신호: 타종은 난타, 사이렌은 5초 간격을 두고 30초씩 3회 O|X
③ 해제신호: 타종은 상당한 간격을 두고 1타씩 반복, 사이렌은 3분간 1회 O|X
④ 훈련신호: 타종은 연 2타 반복, 사이렌은 10초 간격을 두고 1분씩 3회 O|X
⑤ 훈련신호는 비상소집 시 사용할 수 없다. O|X
⑥ 소방신호의 방법은 그 전부 또는 일부를 함께 사용할 수 있다. O|X

정답
127 ○
128 ① ○ ② ✕ ③ ✕ ④ ✕ ⑤ ✕
⑥ ○

제19조 화재 등의 통지

LINK 1권 62~63p

129 [예상]
화재 현장 또는 구조·구급이 필요한 사고 현장을 발견한 사람은 그 현장의 상황을 소방본부, 소방서 또는 관계 행정기관에 지체 없이 알려야 한다. O│X

130 [예상]
소방시설·소방용수시설 또는 소방출동로가 없는 지역에서 화재로 오인할 만한 우려가 있는 불을 피우거나 연막 소독을 하려는 자는 시·도의 조례로 정하는 바에 따라 관할 소방본부장 또는 소방서장에게 신고하여야 한다. O│X

[해설]
130 ~~소방시설·소방용수시설 또는 소방출동로가 없는~~ 지역에서 화재로 오인할 만한 우려가 있는 불을 피우거나 연막 소독을 하려는 자는 시·도조례로 정하는 바에 따라 관할 소방본부장 또는 소방서장에게 신고하여야 한다.

131 [예상]
화재 등의 통지 대상
① 시·도의 조례로 정하는 지역 또는 장소 O│X
② 위험물 저장 및 처리시설이 있는 지역 O│X
③ 석유화학제품을 생산하는 공장이 있는 지역 O│X
④ 소방시설·소방용수시설 또는 소방출동로가 없는 지역 O│X
⑤ 목조건물이 밀집한 지역 및 공장·창고가 밀집한 지역 O│X

131
② 위험물 저장 및 처리시설이 **밀집**한 지역
④ **화재예방강화지구 대상지역**이다.

[정답]
129 O **130** ×
131 ① O ② × ③ O ④ × ⑤ O

제20조 관계인의 소방활동 등

LINK 1권 63p

132 [기출]
관계인은 소방대가 현장에 도착할 때까지 경보를 울리거나 대피를 유도하는 등의 방법으로 사람을 구출하는 조치를 하여야 한다. O│X

133 [기출]
관계인은 소방대가 현장에 도착할 때까지 불이 번지지 아니하도록 필요한 조치를 하여야 한다. O│X

[정답]
132 O **133** O

해설		기출
	134	관계인은 소방대가 현장에 도착할 때까지 경보를 울리거나 인명대피를 유도하여야 한다. ⃞O ⃞X

135
소방활동구역 설정은 소방대장이 한다.

135 관계인은 소방대가 현장에 도착할 때까지 소방활동구역을 설정한다. ⃞O ⃞X

예상

136 관계인은 소방대상물에 화재, 재난·재해, 그 밖의 위급한 상황이 발생한 경우에는 이를 소방본부, 소방서 또는 관계 행정기관에 지체 없이 알려야 한다. ⃞O ⃞X

정답
134 O 135 × 136 O

제20조의2 자체소방대의 설치·운영 등   LINK 1권 63~64p

해설

137
관계인은 화재를 진압하거나 구조·구급 활동을 하기 위하여 상설 조직체(「위험물안전관리법」 제19조 및 그 밖의 다른 법령에 따라 설치된 자체소방대를 **포함**하며, 이하 이 조에서 "자체소방대"라 한다)를 설치·운영할 수 있다.

예상

137 관계인은 화재를 진압하거나 구조·구급 활동을 하기 위하여 상설 조직체(「위험물안전관리법」 제19조 및 그 밖의 다른 법령에 따라 설치된 자체소방대를 제외하며, 이하 이 조에서 "자체소방대"라 한다)를 설치·운영할 수 있다. ⃞O ⃞X

138
자체소방대는 소방대가 현장에 도착한 경우 **소방대장**의 지휘·통제에 따라야 한다.

예상

138 자체소방대는 소방대가 현장에 도착한 경우 소방본부장 또는 소방서장의 지휘·통제에 따라야 한다. ⃞O ⃞X

예상

139 소방청장, 소방본부장 또는 소방서장은 자체소방대의 역량 향상을 위하여 필요한 교육·훈련 등을 지원할 수 있다. ⃞O ⃞X

정답
137 × 138 × 139 O

제21조 소방자동차의 우선 통행 등

LINK 1권 64p

140 〔기출〕 모든 차와 사람은 소방자동차가 화재진압을 위하여 출동을 할 때에는 이를 방해하여서는 아니 된다. ○|×

141 〔기출〕 화재진압 및 구조·구급 활동을 위하여 출동 시에 한하여 사이렌을 사용할 수 있다. ○|×

141 화재진압 및 구조·구급 활동을 위하여 **출동하거나 훈련을 위하여 필요할 때에는** 사이렌을 사용할 수 있다.

142 〔기출〕 모든 차와 사람은 소방자동차가 화재진압을 위하여 사이렌을 사용하여 출동하는 경우에는 소방자동차에 진로를 양보하지 아니하는 행위를 하여서는 아니 된다. ○|×

143 〔기출〕 모든 차와 사람은 소방자동차가 화재진압을 위하여 사이렌을 사용하여 출동하는 경우 소방자동차의 우선 통행에 관하여는 「교통안전법」에서 정하는 바에 따른다. ○|×

143 「소방기본법」에서 규정 모든 차와 사람은 소방자동차가 화재진압을 위하여 사이렌을 사용하여 출동하는 경우를 제외하고 소방자동차의 우선 통행에 관하여는 「도로교통법」에서 정하는 바에 따른다.

144 〔기출〕 소방자동차가 화재진압 및 구조·구급 활동을 위하여 출동을 할 때에 방해한 자는 5년 이하의 징역 또는 5천만원 이하의 벌금에 처한다. ○|×

정답
140 ○ 141 × 142 ○ 143 ×
144 ○

제21조의2 소방자동차 전용구역 등

LINK 1권 64~66p

145 〔기출〕 소방본부장 또는 소방서장은 소방자동차가 접근하기 쉽고 소방활동이 원활하게 수행될 수 있도록 공동주택의 각 동별 전면 또는 후면에 소방자동차 전용구역을 1개소 이상 설치해야 한다. ○|×

145 **공동주택의 건축주는** 소방자동차가 접근하기 쉽고 소방활동이 원활하게 수행될 수 있도록 공동주택의 각 동별 전면 또는 후면에 소방자동차 전용구역을 1개소 이상 설치해야 한다.

정답
145 ×

해설

146
전용구역에 차를 주차하거나 전용구역에의 진입을 가로막는 등의 방해행위를 한 자에게는 **100만원** 이하의 과태료를 부과한다.

146 전용구역에 차를 주차하거나 전용구역에의 진입을 가로막는 등의 방해행위를 한 자에게는 200만원 이하의 과태료를 부과한다. ⓞⅩ

147 소방자동차 전용구역의 설치 기준·방법, 방해행위의 기준, 그 밖에 필요한 사항은 대통령령으로 정한다. ⓞⅩ

148 「건축법 시행령」 별표 1 제2호 가목의 아파트 중 세대수가 100세대 이상인 아파트의 건축주는 소방활동의 원활한 수행을 위하여 공동주택에 소방자동차 전용구역을 설치하여야 한다. ⓞⅩ

149 「건축법 시행령」 별표 1 제2호 라목의 기숙사 중 3층 이상의 기숙사가 하나의 대지에 하나의 동(棟)으로 구성되고, 「도로교통법」 제32조 또는 제33조에 따라 정차 또는 주차가 금지된 편도 2차선 이상의 도로에 직접 접하여 소방자동차가 도로에서 직접 소방활동이 가능한 경우 소방자동차 전용구역 설치대상에서 제외한다. ⓞⅩ

150 전용구역 노면표지 도료의 색채는 황색을 기본으로 하되, 문자(P, 소방차 전용)는 백색으로 표시한다. ⓞⅩ

151
「주차장법」 제19조에 따른 부설주차장의 주차구획 내에 주차하는 행위는 「소방기본법 시행령」상 규정하는 소방자동차 전용구역 방해행위에 **해당하지 않는다.**

151 「주차장법」 제19조에 따른 부설주차장의 주차구획 내에 주차하는 행위는 「소방기본법 시행령」상 규정하는 소방자동차 전용구역 방해행위에 해당한다. ⓞⅩ

정답
146 Ⅹ 147 ⓞ 148 ⓞ 149 ⓞ
150 ⓞ 151 Ⅹ

152 〔기출〕 소방자동차 전용구역 설치 대상인 공동주택의 건축주는 각 동별 전면과 후면에 소방자동차 전용구역을 각 1개소 이상 예외 없이 설치해야 한다. ○|X

해설

152 소방자동차 전용구역 설치 대상인 공동주택의 건축주는 각 동별 전면 또는 후면에 소방자동차 전용구역을 각 1개소 이상 예외 없이 설치해야 한다.

153 〔예상〕 하나의 전용구역에서 여러 동에 접근하여 소방활동이 가능한 경우로서 소방서장의 승인을 받은 경우에는 각 동별로 설치하지 않을 수 있다. ○|X

153 하나의 전용구역에서 여러 동에 접근하여 소방활동이 가능한 경우로서 소방청장이 정하는 경우에는 각 동별로 설치하지 않을 수 있다.

154 〔기출〕 전용구역 노면표지의 외곽선은 체크무늬로 표시하되, 빗금은 두께를 50센티미터로 하여 30센티미터 간격으로 표시한다. ○|X

154 전용구역 노면표지의 외곽선은 빗금무늬로 표시하되, 빗금은 두께를 30센티미터로 하여 50센티미터 간격으로 표시한다.

정답
152 × 153 × 154 ×

제21조의3 소방자동차 교통안전 분석 시스템 구축·운영
LINK 1권 66~67p

155 〔예상〕 소방청장, 소방본부장 또는 소방서장은 대통령령으로 정하는 소방자동차에 행정안전부령으로 정하는 기준에 적합한 운행기록장치를 장착하고 운용하여야 한다. ○|X

해설

155 소방청장 또는 소방본부장, 소방서장은 대통령령으로 정하는 소방자동차에 행정안전부령으로 정하는 기준에 적합한 운행기록장치를 장착하고 운용하여야 한다.

156 〔예상〕 소방펌프차, 소방화학차, 무인방수차는 운행기록장치를 장착하여야 한다. ○|X

정답
155 × 156 ○

해설

157
소방청장, ~~소방본부장 또는 소방서장~~ 은 소방자동차의 안전한 운행 및 교통사고 예방을 위하여 운행기록장치 데이터의 수집·저장·통합·분석 등의 업무를 전자적으로 처리하기 위한 시스템을 구축·운영할 수 있다.

159
소방청장, 소방본부장 및 소방서장은 소방자동차 운행기록장치에 기록된 데이터를 **6개월 동안** 저장·관리해야 한다.

161
소방본부장 또는 소방서장은 자료의 제출을 요청받은 경우에는 소방청장 또는 소방본부장에게 해당 자료를 제출해야 한다. 이 경우 **소방서장이 소방청장에게 자료를 제출하는 경우에는 소방본부장을 거쳐야 한다.**

162
소방청장 및 소방본부장, ~~소방서장~~ 은 운행기록장치 데이터 중 과속, 급감속, 급출발 등의 운행기록을 점검·분석해야 한다.

정답
157 × 158 ○ 159 × 160 ○
161 × 162 ×

---

157 [예상] 소방청장, 소방본부장 또는 소방서장은 소방자동차의 안전한 운행 및 교통사고 예방을 위하여 운행기록장치 데이터의 수집·저장·통합·분석 등의 업무를 전자적으로 처리하기 위한 시스템을 구축·운영할 수 있다. ○|×

158 [예상] 소방청장, 소방본부장 및 소방서장은 소방자동차 교통안전 분석 시스템으로 처리된 자료를 이용하여 소방자동차의 장비운용자 등에게 어떠한 불리한 제재나 처벌을 하여서는 아니 된다. ○|×

159 [예상] 소방청장, 소방본부장 및 소방서장은 소방자동차 운행기록장치에 기록된 데이터를 2년 동안 저장·관리해야 한다. ○|×

160 [예상] 소방본부장은 관할 구역 안의 소방서장에게 운행기록장치 데이터 등 관련 자료의 제출을 요청할 수 있다. ○|×

161 [예상] 소방본부장 또는 소방서장은 자료의 제출을 요청받은 경우에는 소방청장 또는 소방본부장에게 해당 자료를 제출해야 한다. 이 경우 소방서장은 소방청장에게 자료를 바로 제출할 수 있다. ○|×

162 [예상] 소방청장 및 소방본부장, 소방서장은 운행기록장치 데이터 중 과속, 급감속, 급출발 등의 운행기록을 점검·분석해야 한다. ○|×

163 소방청장, 소방본부장 및 소방서장은 분석 결과를 소방자동차의 안전한 소방활동 수행에 필요한 교통안전정책의 수립, 교육·훈련 등에 활용할 수 있다. O | X

[해설]

[정답]
163 O

제22조 소방대의 긴급통행
LINK 1권 67p

164 소방대는 화재, 재난·재해, 그 밖의 위급한 상황이 발생한 현장에 신속하게 출동하기 위하여 긴급할 때에는 일반적인 통행에 쓰이지 아니하는 도로·빈터 또는 물 위로 통행할 수 있다. O | X

[해설]

[정답]
164 O

제23조 소방활동구역의 설정
LINK 1권 68p

165 소방본부장 또는 소방서장은 화재, 재난·재해, 그 밖의 위급한 상황이 발생한 현장에 소방활동구역을 정하여 소방활동에 필요한 사람으로서 대통령령으로 정하는 사람 외에는 그 구역에 출입하는 것을 제한할 수 있다. O | X

165
소방대장은 화재, 재난·재해, 그 밖의 위급한 상황이 발생한 현장에 소방활동구역을 정하여 소방활동에 필요한 사람으로서 대통령령으로 정하는 사람 외에는 그 구역에 출입하는 것을 제한할 수 있다.

166 경찰공무원은 소방대가 소방활동구역에 있지 아니하거나 소방대장의 요청이 있을 때에는 소방활동구역 설정 및 대통령령으로 정하는 사람 외에 그 구역에 출입하는 것을 제한할 수 있다. O | X

167 소방활동구역의 인접한 지역에 있는 관계인, 구조·구급업무에 종사하는 사람, 수사업무에 종사하는 사람, 시·도지사가 출입을 허가한 사람은 소방활동구역에 출입할 수 있다. O | X

167
소방활동구역의 **안에 있는** 관계인, 구조·구급업무에 종사하는 사람, 수사업무에 종사하는 사람, **소방대장**이 출입을 허가한 사람은 소방활동구역에 출입할 수 있다.

[정답]
165 × 166 O 167 ×

제24조 소방활동 종사 명령

168 소방본부장 또는 소방서장은 화재 현장에서 소방활동 종사 명령을 할 수 있다. O | X

169 소방활동 종사 명령은 그 관할구역에 사는 사람 또는 그 현장에 있는 사람을 대상으로 할 수 있다. O | X

170 소방활동에 종사한 사람은 시·도지사로부터 소방활동의 비용을 지급받을 수 있다.

170 소방활동에 종사한 사람은 소방본부장 또는 소방서장으로부터 소방활동의 비용을 지급받을 수 있다. O | X

171 소방본부장 또는 소방서장은 소방활동에 필요한 보호장구를 지급하는 등 안전을 위한 조치를 하여야 한다. O | X

172 소방활동을 돕다가 사망하거나 부상을 입은 경우에는 소방청장 또는 시·도지사가 보상한다.
→ 제49조의2 손실보상을 하여야하는 사항이다.

172 소방활동을 돕다가 사망하거나 부상을 입은 경우에는 소방본부장 또는 소방서장이 보상한다. O | X

173 소방서장은 그 관할구역에 사는 사람 또는 그 현장에 있는 사람으로 하여금 인명구출, 화재진압, 화재조사를 명할 수 있다.

173 소방서장은 그 관할구역에 사는 사람 또는 그 현장에 있는 사람으로 하여금 인명구출, 화재진압, 화재조사를 명할 수 있다. O | X

정답
168 O 169 O 170 X 171 O
172 X 173 X

제25조 강제처분 등

LINK 1권 69p

174 〇〇〇 [기출]
소방본부장, 소방서장 또는 소방대장은 사람을 구출하거나 불이 번지는 것을 막기 위하여 필요할 때에는 불이 번질 우려가 있는 토지를 일시적으로 사용할 수 없다. ☐ O ☐ X

[해설]
174
소방본부장, 소방서장 또는 소방대장은 사람을 구출하거나 불이 번지는 것을 막기 위하여 필요할 때에는 불이 번질 우려가 있는 토지를 일시적으로 사용할 수 있다.

175 〇〇〇 [기출]
소방청장, 소방본부장 또는 소방서장은 사람을 구출하거나 불이 번지는 것을 막기 위하여 필요할 때에는 화재가 발생하거나 불이 번질 우려가 있는 소방대상물 및 토지를 일시적으로 사용하거나 그 사용의 제한 또는 소방활동에 필요한 처분을 할 수 있다. ☐ O ☐ X

175
소방본부장, 소방서장 또는 소방대장은 사람을 구출하거나 불이 번지는 것을 막기 위하여 필요할 때에는 화재가 발생하거나 불이 번질 우려가 있는 소방대상물 및 토지를 일시적으로 사용하거나 그 사용의 제한 또는 소방활동에 필요한 처분을 할 수 있다.

176 〇〇〇 [기출]
소방본부장, 소방서장 또는 소방대장은 긴급하다고 인정할 때에는 화재가 발생하거나 불이 번질 우려가 있는 소방대상물 또는 토지 외의 소방대상물과 토지에 대하여 소방활동에 필요한 처분을 할 수 있다. ☐ O ☐ X

177 〇〇〇 [기출]
시·도지사는 소방활동에 방해가 되는 주차 또는 정차된 차량의 제거나 이동을 위하여 견인차량과 인력 등을 지원한 자에게 시·도의 조례로 정하는 바에 따라 비용을 지급할 수 있다. ☐ O ☐ X

[정답]
174 X 175 X 176 O 177 O

제27조 위험시설 등에 대한 긴급조치

LINK 1권 70p

178 〇〇〇 [기출]
소방본부장, 소방서장 또는 소방대장은 화재 진압 등 소방활동을 위하여 필요할 때에는 소방용수 외에 댐·저수지 또는 수영장 등의 물을 사용하거나 수도(水道)의 개폐장치 등을 조작할 수 있다. ☐ O ☐ X

[해설]

[정답]
178 O

179 시·도지사는 화재 발생을 막거나 폭발 등으로 화재가 확대되는 것을 막기 위하여 가스·전기 또는 유류 등의 시설에 대하여 위험물질의 공급을 차단하는 등 필요한 조치를 할 수 있다. ○ X

해설

179
소방본부장, 소방서장 또는 소방대장은 화재 발생을 막거나 폭발 등으로 화재가 확대되는 것을 막기 위하여 가스·전기 또는 유류 등의 시설에 대하여 위험물질의 공급을 차단하는 등 필요한 조치를 할 수 있다.

정답
179 ×

CHAPTER 07-2 소방산업의 육성·진흥 및 지원 등

제39조의3 국가의 책무

180 [기출] 국가는 소방산업(소방용 기계·기구의 제조, 연구·개발 및 판매 등에 관한 일련의 산업을 말한다. 이하 같다)의 육성·진흥을 위하여 필요한 계획의 수립 등 행정상·재정상의 지원시책을 마련하여야 한다. [O|X]

정답 180 O

제39조의5 소방산업과 관련된 기술개발 등의 지원

181 [기출] 국가는 소방산업과 관련된 기술의 개발을 촉진하기 위하여 기술개발을 실시하는 자에게 그 기술개발에 드는 자금의 일부만을 출연하거나 보조할 수 있다. [O|X]

해설
181
국가는 소방산업과 관련된 기술의 개발을 촉진하기 위하여 기술개발을 실시하는 자에게 그 기술개발에 드는 자금의 **전부나 일부를** 출연하거나 보조할 수 있다.

정답 181 ✕

제39조의6 소방기술의 연구·개발사업 수행

182 [기출] 국가는 국민의 생명과 재산을 보호하기 위하여 기관이나 단체로 하여금 소방기술의 연구·개발사업을 수행하게 할 수 있다. [O|X]

183 [예상] 국가가 기관이나 단체로 하여금 소방기술의 연구·개발사업을 수행하게 하는 경우에는 필요한 경비를 지원하여야 한다. [O|X]

정답 182 O 183 O

제39조의7 소방기술 및 소방산업의 국제화사업 [LINK 1권 72p]

184 국가는 소방기술 및 소방산업의 국제경쟁력과 국제적 통용성을 높이는 데에 필요한 기반 조성을 촉진하기 위한 시책을 마련하여야 한다. [O|X]

185 국가는 소방기술 및 소방산업의 국제경쟁력과 국제적 통용성을 높이기 위하여 소방기술 및 소방산업의 국제 협력을 위한 조사·연구, 소방기술 및 소방산업에 관한 국제 전시회, 국제 학술회의 개최 등 국제 교류, 소방기술 및 소방산업의 국외시장 개척 등의 사업을 추진하여야 한다. [O|X]

해설

185 **소방청장은** 소방기술 및 소방산업의 국제경쟁력과 국제적 통용성을 높이기 위하여 소방기술 및 소방산업의 국제 협력을 위한 조사·연구, 소방기술 및 소방산업에 관한 국제 전시회, 국제 학술회의 개최 등 국제 교류, 소방기술 및 소방산업의 국외시장 개척 등의 사업을 추진하여야 한다.

정답
184 O 185 X

CHAPTER 08 한국소방안전원

제40조 한국소방안전원의 설립 등

186 소방기술과 안전관리기술의 향상 및 홍보, 그 밖의 교육·훈련 등 행정기관이 위탁하는 업무의 수행과 소방 관계 종사자의 기술 향상을 위하여 한국소방안전원을 소방청장의 인가를 받아 설립한다. [O|X]

187 안전원에 관하여 이 법에 규정된 것을 제외하고는 「민법」 중 사단법인에 관한 규정을 준용 한다. [O|X]

187
안전원에 관하여 이 법에 규정된 것을 제외하고는 「민법」 중 재단법인에 관한 규정을 준용한다.

정답
186 O 187 X

제41조 안전원의 업무

188 한국소방안전원에서 소방기술과 안전관리에 관한 인허가 업무, 소방산업의 발전 및 소방기술의 향상을 위한 지원, 화재 예방과 안전관리의식 고취를 위한 대국민 홍보 등의 업무를 수행한다. [O|X]

188
한국소방안전원에서 ~~소방기술과 안전관리에 관한 인허가~~ 업무, 소방산업의 발전 및 소방기술의 향상을 위한 지원, 화재 예방과 안전관리의식 고취를 위한 대국민 홍보 등의 업무를 수행한다.

189 안전원의 업무
① 소방기술과 안전관리에 관한 교육 및 조사·연구 [O|X]
② 소방기술 및 소방산업의 국외시장 개척 [O|X]
③ 소방기술과 안전관리에 관한 각종 간행물 발간 [O|X]
④ 소방기술 및 소방산업의 국제 협력을 위한 조사·연구 [O|X]
⑤ 소방업무에 관하여 행정기관이 위탁하는 업무 [O|X]

189
②, ④ 소방청장이 소방기술 및 소방산업의 국제경쟁력과 국제적 통용성을 높이기 위하여 추진하여야 하는 사업의 내용이다.

정답
188 X
189 ① O ② X ③ O ④ X ⑤ O

제42조 회원의 관리
LINK 1권 74p

190 소방안전관리자 또는 소방기술자로 선임된 사람도 회원이 될 수 있다. O|X

[정답]
190 O

제43조 안전원의 정관
LINK 1권 75p

해설
191
한국소방안전원 정관에는 목적, 명칭, ~~대표자~~ 성명, 주된 사무소의 소재지, 이사회에 관한 사항이 포함되어야 한다.

191 한국소방안전원 정관에는 목적, 명칭, 대표자 성명, 주된 사무소의 소재지, 이사회에 관한 사항이 포함되어야 한다. O|X

192 안전원은 정관을 변경하려면 소방청장의 인가를 받아야 한다. O|X

[정답]
191 ×   192 O

제44조 안전원의 운영 경비
LINK 1권 75p

해설
193
한국소방안전원의 운영과 경비는 **회원의 회비, 수입금, 자산운영수입금 등**으로 충당한다.

193 한국소방안전원의 운영과 경비는 국가 보조금으로 충당한다. O|X

[정답]
193 ×

제44조의2 안전원의 임원

194 [예상] 안전원에 임원으로 원장 1명을 포함한 9명 이내의 이사와 1명의 감사를 둔다. ☐ O ☐ X

195 [예상] 원장과 감사는 소방청장이 임명한다. ☐ O ☐ X

정답
194 O 195 O

보칙

제49조의2 손실보상

196 소방청장 또는 시·도지사는 손실보상심의위원회의 심사·의결에 따라 정당한 보상을 하여야 한다. ○ | ×

197 소방청장 또는 시·도지사는 법령을 위반하여 소방자동차의 통행과 소방활동에 방해가 된 경우도 보상하여야 한다. ○ | ×

해설 197 소방청장 또는 시·도지사는 법령을 위반하여 소방자동차의 통행과 소방활동에 방해가 된 경우는 보상하지 않아도 된다.

198 소방청장 또는 시·도지사는 강제처분(제25조 제1항은 제외)으로 인하여 손실을 입은 자가 있는 경우에는 그 손실을 보상하여야 한다. ○ | ×

199 위험물 또는 물건의 보관기간 경과 후 매각이나 폐기로 손실을 입은 자는 손실보상을 받을 수 있다. ○ | ×

해설 199 위험물 또는 물건의 보관기간 경과 후 매각이나 폐기로 손실을 입은 자는 손실보상을 받을 수 있다. → 손실보상 대상에 해당하지 않는다.

정답
196 ○　197 ×　198 ○　199 ×

200 손실보상을 청구할 수 있는 권리는 손실이 있음을 안 날부터 3년, 손실이 발생한 날부터 5년간 행사하지 아니하면 시효의 완성으로 소멸한다. O|X

201 소방청장등은 손실보상심의위원회 심사·의결을 거쳐 특별한 사유가 없으면 보상금 지급 청구서를 받은 날부터 10일 이내 보상금 지급 여부 및 보상금액을 결정하여야 한다. O|X

201 소방청장등은 손실보상심의위원회 심사·의결을 거쳐 특별한 사유가 없으면 보상금 지급 청구서를 받은 날부터 **60일** 이내 보상금 지급 여부 및 보상금액을 결정하여야 한다.

202 소방청장등은 결정일부터 10일 이내에 행정안전부령으로 정하는 바에 따라 결정 내용을 청구인에게 통지하고, 보상금을 지급하기로 결정한 경우에는 특별한 사유가 없으면 통지한 날부터 60일 이내에 보상금을 지급하여야 한다. O|X

202 소방청장등은 결정일부터 10일 이내에 행정안전부령으로 정하는 바에 따라 결정 내용을 청구인에게 통지하고, 보상금을 지급하기로 결정한 경우에는 특별한 사유가 없으면 통지한 날부터 **30일** 이내에 보상금을 지급하여야 한다.

203 소방청장 또는 시·도지사는 손실보상심의위원회의 구성 목적을 달성하였다고 인정하는 경우에도 임기가 만료되기 전까지는 손실보상심의위원회를 해산할 수 없다. O|X

203 소방청장 또는 시·도지사는 손실보상심의위원회의 구성 목적을 달성하였다고 인정하는 경우에는 손실보상심의위원회를 해산할 수 **있다**.

정답
200 O　**201** X　**202** X　**203** X

해설

205
손실보상심의위원회는 위원장 1명을 포함하여 5명 이상 7명 이하의 위원으로 구성한다.

204 〔기출〕 손실보상심의위원회 위원의 임기는 2년으로 한다. 다만, 보상위원회가 해산되는 경우에는 그 해산되는 때에 임기가 만료되는 것으로 한다. ◯ ✕

205 〔기출〕 손실보상심의위원회는 위원장 1명을 포함하여 7명 이상 9명 이하의 위원으로 구성한다. ◯ ✕

206 〔예상〕 청구금액이 100만원 이하인 사건에 대해서는 소속 소방공무원에 해당하는 위원 3명으로만 구성할 수 있다. ◯ ✕

정답
204 ◯ 205 ✕ 206 ◯

CHAPTER 10 벌칙

제50조~제57조 | 벌칙, 과태료

207 〔기출〕 소방자동차의 출동을 방해한 사람: 5년 이하의 징역 또는 5천만원 이하의 벌금 O│X

208 〔기출〕 소방용수시설 또는 비상소화장치를 사용하거나 소방용수시설 또는 비상소화장치의 효용을 해치거나 그 정당한 사용을 방해한 사람: 3년 이하의 징역 또는 3천만원 이하의 벌금 O│X

해설

208 소방용수시설 또는 비상소화장치를 사용하거나 소방용수시설 또는 비상소화장치의 효용을 해치거나 그 정당한 사용을 방해한 사람: **5년** 이하의 징역 또는 **5천만원** 이하의 벌금

209 〔기출〕 정당한 사유 없이 물의 사용이나 수도의 개폐장치의 사용 또는 조작을 하지 못하게 하거나 방해한 자: 100만원 이하의 벌금 O│X

210 〔기출〕 정당한 사유 없이 소방대의 생활안전활동을 방해한 자: 100만원 이하의 벌금 O│X

211 〔기출〕 화재, 재난·재해, 그 밖의 위급한 상황이 발생하여 사람의 생명을 위험하게 할 것으로 인정할 때에는 일정한 구역을 지정하여 그 구역에 있는 사람에게 그 구역 밖으로 피난할 것에 대한 명령을 위반한 사람: 200만원 이하의 벌금 O│X

211 화재, 재난·재해, 그 밖의 위급한 상황이 발생하여 사람의 생명을 위험하게 할 것으로 인정할 때에는 일정한 구역을 지정하여 그 구역에 있는 사람에게 그 구역 밖으로 피난할 것에 대한 명령을 위반한 사람: **100만원** 이하의 벌금

정답
207 ○ 208 × 209 ○ 210 ○
211 ×

해설

212
화재 또는 구조·구급이 필요한 상황을 거짓으로 알린 사람: 500만원 이하의 **과태료**

213
「소방기본법상」에서 **모든** 과태료 부과권자는 시·도지사, 소방본부장, 소방서장이다.
- 20만원 이하의 과태료 부과권자: 소방본부장, 소방서장
- 500만원, 200만원, 100만원 이하의 과태료 부과권자: 시·도지사, 소방본부장, 소방서장

214
과태료 부과기준에서 위반행위의 횟수에 따른 과태료의 가중된 부과기준은 최근 **1년간** 같은 위반행위로 과태료 부과처분을 받은 경우에 적용한다.

215
위반행위자가 법 위반상태를 시정하거나 해소하기 위하여 노력한 사실이 인정되는 경우, 부과권자는 개별기준에 따른 과태료 **2분의 1** 범위에서 그 금액을 줄여 부과할 수 있다.

---

212 〔기출〕
화재 또는 구조·구급이 필요한 상황을 거짓으로 알린 사람: 500만원 이하의 벌금 ○ | X

213 〔기출〕
「소방기본법」상에서 모든 과태료 부과권자는 시·도지사, 소방본부장, 소방서장이다. ○ | X

214 〔기출〕
과태료 부과기준에서 위반행위의 횟수에 따른 과태료의 가중된 부과기준은 최근 2년간 같은 위반행위로 과태료 부과처분을 받은 경우에 적용한다. ○ | X

215 〔기출〕
위반행위자가 법 위반상태를 시정하거나 해소하기 위하여 노력한 사실이 인정되는 경우, 부과권자는 개별기준에 따른 과태료 3분의 1 범위에서 그 금액을 줄여 부과할 수 있다. ○ | X

216 〔기출〕
정당한 사유 없이 관계인의 소방활동 등에 따른 법을 위반하여 화재, 재난·재해, 그 밖의 위급한 상황을 소방본부, 소방서 또는 관계 행정기관에 알리지 아니한 관계인에게는 500만원 이하의 과태료를 부과한다. ○ | X

정답
212 ✕ 213 ✕ 214 ✕ 215 ✕
216 ○

PART II

승자의 플래폼에서
군림하라

PART II

소방의 화재조사에 관한 법률

CHAPTER 01	총칙
CHAPTER 02	화재조사의 실시 등
CHAPTER 03	화재조사 결과의 공표 등
CHAPTER 04	화재조사 기반구축
CHAPTER 05	벌칙

CHAPTER 01 총칙

제1조 목적

해설

001 이 법은 화재예방 및 소방정책에 활용하기 위하여 화재원인, 화재성장 및 확산, 피해현황 등에 관한 과학적·전문적인 조사에 필요한 사항을 규정함을 목적으로 한다. O|X

정답
001 O

제2조 정의

해설

002 화재란 사람의 의도에 반하거나 고의 또는 과실에 의하여 발생하는 연소 현상으로서 소화할 필요가 있는 현상 또는 사람의 의도에 반하여 발생하거나 확대된 **화학적** 폭발현상을 말한다.

002 화재란 사람의 의도에 반하거나 고의 또는 과실에 의하여 발생하는 연소 현상으로서 소화할 필요가 있는 현상 또는 사람의 의도에 반하여 발생하거나 확대된 물리적 폭발현상을 말한다. O|X

003 화재조사란 소방청장, 소방본부장 또는 소방서장이 화재원인, 피해상황, 대응활동 등을 파악하기 위하여 자료의 수집, 관계인등에 대한 질문, 현장 확인, 감식, 감정 및 실험 등을 하는 일련의 행위를 말한다. O|X

004 화재조사관이란 화재조사에 전문성을 인정받아 화재조사를 수행하는 **내근직** 소방공무원을 말한다.

004 화재조사관이란 화재조사에 전문성을 인정받아 화재조사를 수행하는 내근직 소방공무원을 말한다. O|X

정답
002 ✕ 003 O 004 ✕

005 관계인등이란 화재가 발생한 소방대상물의 소유자·관리자 또는 점유자 및 화재 현장을 발견하고 신고한 사람, 화재 현장을 목격한 사람, 소화활동을 행하거나 인명구조활동(유도대피 포함)에 관계된 사람, 화재를 발생시키거나 화재발생과 관계된 사람을 말한다. O X

005 O

CHAPTER 02 화재조사의 실시 등

제5조 화재조사의 실시

006 소방관서장은 화재발생 사실을 알게 된 때에는 지체 없이 화재조사를 하여야 한다. 이 경우 수사기관의 범죄수사에 지장을 주어서는 아니 된다. O|X

007 소방관서장은 화재원인에 관한 사항, 화재로 인한 인명·재산피해상황 등에 대하여 조사하여야 한다. O|X

008 [해설] 화재조사에는 **대응활동**에 관한 사항이 포함되어 있다.

008 화재조사에는 복구활동에 관한 사항이 포함되어 있다. O|X

009 화재조사의 대상 및 절차 등에 필요한 사항은 대통령령으로 정한다. O|X

010 [해설] 화재조사는 현장출동 중 조사, 화재현장 조사, **사전조사**, 정밀조사, **화재조사 결과 보고**로 이루어진다.

010 화재조사는 현장출동 중 조사, 화재현장 조사, 사전조사, 정밀조사로 이루어진다. O|X

[정답]
006 O 007 O 008 X 009 O
010 X

011 소방관서장은 화재조사를 하는 경우 「산림보호법」 제42조에 따른 산불 조사 등 다른 법률에 따른 화재 관련 조사가 원활히 수행될 수 있도록 실시해야 한다. O|X

> **011**
> 소방관서장은 화재조사를 하는 경우 「산림보호법」 제42조에 따른 산불 조사 등 다른 법률에 따른 화재 관련 조사가 원활히 수행될 수 있도록 **협조해야 한다.**
>
> 정답 011 ×

제6조 화재조사전담부서의 설치·운영 등

012 소방관서장은 전문성에 기반하는 화재조사를 위하여 화재조사전담부서를 설치·운영하여야 한다. O|X

013 화재조사관은 소방관서장이 실시하는 화재조사에 관한 시험에 합격한 소방공무원 등 화재조사에 관한 전문적인 자격을 가진 소방공무원으로 한다. O|X

> **013**
> 화재조사관은 **소방청장**이 실시하는 화재조사에 관한 시험에 합격한 소방공무원 등 화재조사에 관한 전문적인 자격을 가진 소방공무원으로 한다.

014 소방관서장은 화재조사전담부서에 화재조사관을 1명 이상 배치해야 한다. O|X

> **014**
> 소방관서장은 화재조사전담부서에 화재조사관을 **2명** 이상 배치해야 한다.

015 화재조사전담부서가 화재조사를 완료한 경우에는 화재조사 결과를 소방청장, 소방본부장 또는 소방서장에게 보고해야 한다. O|X

> 정답 012 O 013 × 014 × 015 O

해설

016 소방청장이 실시하는 화재조사에 관한 시험에 합격한 소방공무원 또는 **화재감식평가 분야의 기사 또는 산업기사 자격을 취득한 소방공무원**은 화재조사업무를 수행할 수 있다.

017 소방청장이 화재조사에 관한 시험(이하 "자격시험"이라 한다)을 실시하는 경우에는 시험의 과목·일시·장소 및 응시자격·절차 등을 시험 실시 **30일** 전까지 소방청의 인터넷 홈페이지에 공고해야 한다.

018 국립과학수사연구원 또는 소방청장이 인정하는 외국의 화재조사 관련 기관에서 **8주** 이상 화재조사에 관한 전문교육을 이수한 소방공무원은 화재조사에 관한 시험에 응시할 수 있다.

020 화재조사관의 전문능력 향상을 위한 전문교육, 화재조사관 양성을 위한 전문교육, 전담부서에 배치된 화재조사관을 위한 의무 보수교육은 **소방관서장**이 실시한다.

정답
016 × 017 × 018 × 019 ○
020 ×

---

016 [예상] 소방청장이 실시하는 화재조사에 관한 시험에 합격한 소방공무원 또는 중앙소방학교에서 화재조사에 관한 교육을 받은 소방공무원은 화재조사업무를 수행할 수 있다. ○│×

017 [예상] 소방청장이 화재조사에 관한 시험(이하 "자격시험"이라 한다)을 실시하는 경우에는 시험의 과목·일시·장소 및 응시자격·절차 등을 시험 실시 90일 전까지 소방청의 인터넷 홈페이지에 공고해야 한다. ○│×

018 [예상] 국립과학수사연구원 또는 소방청장이 인정하는 외국의 화재조사 관련 기관에서 12주 이상 화재조사에 관한 전문교육을 이수한 소방공무원은 화재조사에 관한 시험에 응시할 수 있다. ○│×

019 [예상] 소방청장은 자격시험에서 부정한 행위를 한 사람에 대해서는 그 시험을 정지 또는 무효로 하거나 합격을 취소한다. ○│×

020 [기출] 화재조사관의 전문능력 향상을 위한 전문교육, 화재조사관 양성을 위한 전문교육, 전담부서에 배치된 화재조사관을 위한 의무 보수교육은 시·도지사가 실시한다. ○│×

021 전담부서에 배치된 화재조사관은 전문교육을 2년마다 받아야 한다. 다만, 전담부서에 배치된 후 처음 받는 전문교육은 배치 후 6개월 이내에 받아야 한다. O|X

021 전담부서에 배치된 화재조사관은 **의무 보수교육**을 2년마다 받아야 한다. 다만, 전담부서에 배치된 후 처음 받는 **의무 보수교육**은 배치 후 **1년** 이내에 받아야 한다.

022 금속현미경은 화재조사전담부서에서 갖추어야 할 장비와 시설 중 감식기기에 해당한다. O|X

022 금속현미경은 화재조사전담부서에서 갖추어야 할 장비와 시설 중 **감정용 기기**에 해당한다.

정답
021 × 022 ×

제7조 화재합동조사단의 구성·운영

LINK 1권 109~110p

023 소방관서장은 사상자가 많거나 사회적 이목을 끄는 화재 등 대통령령으로 정하는 대형화재 등이 발생한 경우 종합적이고 정밀한 화재조사를 위하여 유관기관 및 관계 전문가를 포함한 화재합동조사단을 구성·운영할 수 있다. O|X

024 사상자가 많거나 사회적 이목을 끄는 화재 등 대통령령으로 정하는 대형화재란 사상자가 5명 이상 발생한 화재를 말한다. O|X

024 사상자가 많거나 사회적 이목을 끄는 화재 등 대통령령으로 정하는 대형화재란 **사망자**가 5명 이상 발생한 화재를 말한다.

025 화재조사관, 화재조사 업무에 관한 경력이 3년 이상인 소방공무원, 국가기술자격의 직무분야 중 안전관리 분야에서 기사 이상의 자격을 취득한 사람 등은 화재합동조사단의 단원이 될 수 있다. O|X

025 화재조사관, 화재조사 업무에 관한 경력이 3년 이상인 소방공무원, 국가기술자격의 직무분야 중 안전관리 분야에서 **산업기사** 이상의 자격을 취득한 사람 등은 화재합동조사단의 단원이 될 수 있다.

정답
023 O 024 × 025 ×

해설

026
소방관서장은 화재합동조사단의 단장 또는 단원에게 예산의 범위에서 수당·여비와 그 밖에 필요한 경비를 지급할 수 있다. 다만, 공무원이 소관 업무와 직접적으로 관련되어 참여하는 경우에는 지급하지 않는다.

정답
026 ×

026 [예상] 소방관서장은 공무원을 포함하여 화재합동조사단의 단장 또는 단원에게 예산의 범위에서 수당·여비와 그 밖에 필요한 경비를 지급할 수 있다. O│X

제8조 화재현장 보존 등
LINK 1권 110~111p

해설

027
소방관서장은 화재조사를 위하여 필요한 범위에서 화재현장 보존조치를 하거나 화재현장과 그 인근 지역을 통제구역으로 설정할 수 있다.

028
방화(放火) 또는 실화(失火)의 혐의로 수사의 대상이 된 경우에는 **관할 경찰서장 또는 해양경찰서장**이 통제구역을 설정한다.

027 [기출] 소방대장은 화재조사를 위하여 필요한 범위에서 화재현장 보존조치를 하거나 화재현장과 그 인근 지역을 통제구역으로 설정할 수 있다. O│X

028 [기출] 방화(放火) 또는 실화(失火)의 혐의로 수사의 대상이 된 경우에는 경찰청장이 통제구역을 설정한다. O│X

029 [기출] 소방관서장이나 경찰서장은 화재조사가 완료된 경우에는 화재현장 보존조치나 통제구역의 설정을 지체 없이 해제해야 한다. O│X

030 [기출] 소방관서장이나 관할 경찰서장 또는 해양경찰서장은 화재현장 보존조치를 하거나 통제구역을 설정하는 경우 통제구역 설정의 이유 및 주체, 통제구역 설정의 범위, 통제구역 설정의 기간이 포함된 표지를 설치해야 한다. O│X

정답
027 × 028 × 029 ○ 030 ○

제9조   출입·조사 등   LINK 1권 111p

031 [예상] 소방관서장은 화재조사를 위하여 필요한 경우에 관계인에게 보고 또는 자료 제출을 명하거나 압수·수사할 수 있다. ○|✕

해설 031 소방관서장은 화재조사를 위하여 필요한 경우에 관계인에게 보고 또는 자료 제출을 명하거나 **화재조사관으로 하여금 해당 장소에 출입하여 화재조사를 하게 하거나 관계인등에게 질문하게 할 수 있다.**

032 [예상] 화재조사를 하는 화재조사관은 그 권한을 표시하는 증표를 지니고 이를 관계인등에게 보여주어야 한다. ○|✕

[정답] 031 ✕   032 ○

제10조   관계인등의 출석 등   LINK 1권 111~112p

033 [예상] 소방관서장은 화재조사가 필요한 경우 관계인등을 소방관서에 출석하게 하여 질문할 수 있다. ○|✕

034 [예상] 소방관서장은 관계인등의 출석을 요구하려면 출석일 10일 전까지 출석 일시와 장소, 출석 요구 사유 등을 관계인등에게 알려야 한다. ○|✕

해설 034 소방관서장은 관계인등의 출석을 요구하려면 출석일 **3일** 전까지 출석 일시와 장소, 출석 요구 사유 등을 관계인등에게 알려야 한다.

035 [예상] 시·도지사는 출석한 관계인등에게 수당과 여비를 지급할 수 있다. ○|✕

해설 035 **소방관서장**은 출석한 관계인등에게 수당과 여비를 지급할 수 있다.

[정답] 033 ○   034 ✕   035 ✕

제11조 화재조사 증거물 수집 등

LINK 1권 112p

해설

036
소방관서장은 화재조사를 위하여 필요한 경우 증거물을 수집하여 검사·시험·분석 등을 할 수 있다. 다만, 범죄수사와 관련된 증거물인 경우에는 수사기관의 장과 협의하여 수집할 수 있다.

036 [예상] 소방관서장은 화재조사를 위하여 필요한 경우 범죄수사와 관련된 증거물을 수집하여 검사·시험·분석 등을 할 수 있다. O│X

037 [예상] 소방관서장은 수사기관의 장이 방화 또는 실화의 혐의가 있어서 이미 피의자를 체포하였거나 증거물을 압수하였을 때에 화재조사를 위하여 필요한 경우에는 범죄수사에 지장을 주지 아니하는 범위에서 그 피의자 또는 압수된 증거물에 대한 조사를 할 수 있다. O│X

038
소방관서장은 화재조사를 위하여 필요한 **최소한**의 범위에서 화재조사관에게 증거물을 수집하여 검사·시험·분석 등을 하게 할 수 있다.

038 [예상] 소방관서장은 화재조사를 위하여 필요한 최대한의 범위에서 화재조사관에게 증거물을 수집하여 검사·시험·분석 등을 하게 할 수 있다. O│X

039
화재조사 증거물을 수집하는 경우 증거물의 수집과정을 사진 촬영 또는 영상 녹화의 방법으로 기록해야 한다. 이때 사진 또는 영상 파일은 **국가화재정보시스템**에 전송하여 보관한다.

039 [예상] 화재조사 증거물을 수집하는 경우 증거물의 수집과정을 사진 촬영 또는 영상 녹화의 방법으로 기록해야 한다. 이때 사진 또는 영상 파일은 한국소방안전원에 전송하여 보관한다. O│X

정답
036 ✕ 037 ○ 038 ✕ 039 ✕

제12조 소방공무원과 경찰공무원의 협력 등

040 (예상) 소방관서장은 방화 또는 실화의 혐의가 있다고 인정되면 지체 없이 경찰서장에게 그 사실을 알리고 필요한 증거를 수집·보존하는 등 그 범죄수사에 협력하여야 한다. ◯|✕

041 (기출) 소방공무원과 경찰공무원은 화재조사에 필요한 증거물의 수집 및 보존에 관한 사항에 대하여 서로 협력하여야 한다. ◯|✕

정답
040 ◯ 041 ◯

CHAPTER 03 화재조사 결과의 공표 등

제14조 화재조사 결과의 공표

해설

042 소방관서장은 국민이 유사한 화재로부터 피해를 입지 않도록 하기 위한 경우 등 필요한 경우 화재조사 결과를 공표할 수 있다. 다만, 수사가 진행 중이거나 수사의 필요성이 인정되는 경우에는 관계 수사기관의 장과 공표 여부에 관하여 사전에 협의하여야 한다.

042 [예상] 소방관서장은 수사가 진행 중이거나 수사의 필요성이 인정되는 경우라도 국민이 유사한 화재로부터 피해를 입지 않도록 화재조사 결과를 공표하여야 한다. O X

043 [기출] 수사가 진행 중이거나 수사의 필요성이 인정되는 경우에는 관계 수사기관의 장과 공표 여부에 관하여 사전에 협의하여야 한다. O X

044 [예상] 화재조사 결과의 공표는 소방관서의 인터넷 홈페이지에 게재하거나, 「신문 등의 진흥에 관한 법률」에 따른 신문 또는 「방송법」에 따른 방송을 이용하는 등 일반인이 쉽게 알 수 있는 방법으로 한다. O X

정답
042 ✕   043 O   044 O

제16조 화재증명원의 발급

해설

045 [예상] 소방관서장은 화재와 관련된 이해관계인 또는 화재발생 내용 입증이 필요한 사람이 화재를 증명하는 서류발급을 신청하는 때에는 화재증명원을 발급하여야 한다. O X

정답
045 O

CHAPTER 04 화재조사 기반구축

제17조 감정기관의 지정·운영 등

046 〔예상〕 소방관서장은 과학적이고 전문적인 화재조사를 위하여 대통령령으로 정하는 시설과 전문인력 등 지정기준을 갖춘 기관을 화재감정기관으로 지정·운영하여야 한다. O | X

해설

046 **소방청장**은 과학적이고 전문적인 화재조사를 위하여 대통령령으로 정하는 시설과 전문인력 등 지정기준을 갖춘 기관을 화재감정기관으로 지정·운영하여야 한다.

047 〔예상〕 소방청장은 지정된 감정기관에서의 과학적 조사·분석 등에 소요되는 비용의 전부 또는 일부를 지원할 수 있다. O | X

048 〔예상〕 소방청장은 감정기관의 영업정지를 하려면 청문을 하여야 한다. O | X

048 소방청장은 감정기관의 **지정을 취소**하려면 청문을 하여야 한다.

049 〔예상〕 화재감정기관은 화재조사에 필요한 주된 기술인력 2명 이상, 보조 기술인력 3명 이상을 보유하여야 한다. O | X

050 〔기출〕 화재감식평가 분야의 기사 자격 취득 후 화재조사 관련 분야에서 3년 이상 근무한 사람 또는 화재조사관 자격 취득 후 화재조사 관련 분야에서 3년 이상 근무한 사람은 화재감정기관의 주된 기술인력이 될 수 있다. O | X

050 화재감식평가 분야의 기사 자격 취득 후 화재조사 관련 분야에서 **5년** 이상 근무한 사람 또는 화재조사관 자격 취득 후 화재조사 관련 분야에서 **5년** 이상 근무한 사람은 화재감정기관의 주된 기술인력이 될 수 있다.

정답
046 ✕ 047 ○ 048 ✕ 049 ○
050 ✕

해설

051
지정이 취소된 화재감정기관은 지정이 취소된 날부터 **10일 이내에** 화재감정기관 지정서를 반환해야 한다.

☐☐☐ 예상

051 지정이 취소된 화재감정기관은 지정이 취소된 날부터 지체없이 화재감정기관 지정서를 반환해야 한다. ◯ ✕

정답
051 ✕

제19조 국가화재정보시스템의 구축·운영
LINK 1권 119p

해설

☐☐☐ 기출

052 소방청장은 화재조사 결과, 화재원인, 피해상황 등에 관한 화재정보를 종합적으로 수집·관리하여 화재예방과 소방활동에 활용할 수 있는 국가화재정보시스템을 구축·운영하여야 한다. ◯ ✕

053
화재정보의 수집·관리 및 활용 등에 필요한 사항은 **대통령령**으로 정한다.

☐☐☐ 기출

053 화재정보의 수집·관리 및 활용 등에 필요한 사항은 행정안전부령으로 정한다. ◯ ✕

☐☐☐ 기출

054 국가화재정보시스템을 활용하여 수집·관리해야 하는 화재정보는 화재원인, 화재피해상황, 화재유형별 화재위험성에 관한 사항 등이다. ◯ ✕

정답
052 ◯   053 ✕   054 ◯

제20조 연구개발사업의 지원

LINK 1권 119~120p

055 [예상]
국가는 화재조사 기법에 필요한 연구·실험·조사·기술개발 등을 지원하는 시책을 수립할 수 있다. ○ | ✕

056 [예상]
소방청장은 기관 또는 단체 등에 대하여 연구개발사업을 실시하는 데 필요한 경비의 전부 또는 일부를 출연하거나 보조할 수 있다. ○ | ✕

해설

055 **소방청장**은 화재조사 기법에 필요한 연구·실험·조사·기술개발 등을 지원하는 시책을 수립할 수 있다.

정답
055 ✕   056 ○

CHAPTER 05 벌칙

제21조~제23조 | 벌칙, 과태료

해설

057
관계인의 정당한 업무를 방해하거나 화재조사를 수행하면서 알게 된 비밀을 다른 용도로 사용하거나 다른 사람에게 누설한 사람: **300만원 이하의 벌금**

059
규정을 위반하여 허가 없이 통제구역에 출입한 사람: **200만원 이하의 과태료**

061
과태료 부과권자: 소방청장, 소방본부장, 소방서장, 경찰서장
→ 경찰서장이 과태료 부과·징수하는 경우: 경찰서장이 통제구역을 설정할 때

기출

057 관계인의 정당한 업무를 방해하거나 화재조사를 수행하면서 알게 된 비밀을 다른 용도로 사용하거나 다른 사람에게 누설한 사람: 1년 이하의 징역 또는 1천만원 이하의 벌금 O│X

기출

058 소방관서장은 화재조사를 위하여 필요한 경우에 관계인에게 보고 또는 자료 제출을 명하거나 화재조사관으로 하여금 해당 장소에 출입하여 화재조사를 하게 하거나 관계인등에게 질문하게 할 수 있다. 이에 따른 명령을 위반하여 보고 또는 자료 제출을 하지 아니하거나 거짓으로 보고 또는 자료를 제출한 사람은 200만원 이하의 과태료를 부과한다. O│X

예상

059 규정을 위반하여 허가 없이 통제구역에 출입한 사람: 300만원 이하의 벌금 O│X

예상

060 정당한 사유 없이 출석을 거부하거나 질문에 대하여 거짓으로 진술한 경우: 200만원 이하의 과태료 O│X

예상

061 과태료 부과권자: 소방청장, 소방본부장, 소방서장, 시·도지사 O│X

정답
057 × 058 ○ 059 × 060 ○
061 ×

PART

III

범의 소굴 속 사냥소

SILVITAIL

PART III

소방시설공사업법

CHAPTER 01	총칙
CHAPTER 02	소방시설업
CHAPTER 03	소방시설공사등
CHAPTER 04	소방기술자
CHAPTER 05	소방시설업자협회
CHAPTER 06	보칙
CHAPTER 07	벌칙

CHAPTER 01 총칙

제1조 목적

해설

001 이 법은 소방시설공사 및 소방기술의 관리에 필요한 사항을 규정함으로써 소방시설업을 건전하게 발전시키고 소방기술을 **진흥**시켜 화재로부터 **공공의 안전을 확보하고** 국민경제에 이바지함을 목적으로 한다.

정답
001 ×

기출

001 이 법은 소방시설공사 및 소방기술의 관리에 필요한 사항을 규정함으로써 소방시설업을 건전하게 발전시키고 소방기술을 혁신시켜 화재로부터 국민의 생명, 신체를 보호하고 국민경제에 이바지함을 목적으로 한다. O│X

제2조 정의

해설

기출

002 소방시설공사업이란 설계도서에 따라 소방시설을 신설, 증설, 개설, 이전 및 정비하는 영업을 말한다. O│X

003 소방시설설계업이란 소방시설공사에 기본이 되는 공사계획, 설계도면, 설계 설명서, 기술계산서 및 이와 관련된 서류를 작성하는 영업을 말한다. O│X

004 소방공사감리업이란 소방시설공사에 관한 발주자의 권한을 대행하여 소방시설공사가 설계도서와 관계 법령에 따라 적법하게 시공되는지를 확인하고, 품질·시공 관리에 대한 기술지도를 하는 영업을 말한다. O│X

정답
002 O 003 O 004 O

005 소방시설업의 종류
① 소방시설공사에 기본이 되는 공사계획, 설계도면, 설계설명서, 기술계산서 및 이와 관련된 서류를 작성하는 영업 O│X
② 설계도서에 따라 소방시설을 신설, 증설, 개설, 이전 및 정비하는 영업 O│X
③ 소방안전관리 업무의 대행 또는 소방시설등의 점검 및 유지·관리하는 영업 O│X
④ 방염대상물품에 대하여 방염처리하는 영업 O│X

해설
005
③ ~~소방안전관리 업무의 대행 또는 소방시설등의 점검 및 유지·관리하는 영업~~
→ 소방시설관리업의 내용이다.

006 소방기술자란 소방기술 경력 등을 인정받은 사람과 소방시설관리사, 소방기술사, 소방설비기사, 소방설비산업기사, 위험물기능장, 위험물산업기사, 위험물기능사 중 어느 하나에 해당하는 사람으로서 소방시설업과 「소방시설 설치 및 관리에 관한 법률」에 따른 소방시설관리업의 기술인력으로 등록된 사람을 말한다. O│X

007 발주자란 소방시설의 설계, 시공, 감리 및 방염을 소방시설업자에게 도급하는 자 및 도급받은 공사를 하도급하는 자를 말한다. O│X

007
발주자란 소방시설의 설계, 시공, 감리 및 방염을 소방시설업자에게 도급하는 자를 말한다. 다만, 수급인으로서 도급받은 공사를 하도급하는 자는 제외한다.

정답
005 ① O ② O ③ × ④ O
006 O 007 ×

제2조의2 　소방시설공사등 관련 주체의 책무　　LINK 1권 131p

008 소방청장, 소방본부장 또는 소방서장은 소방시설공사등의 품질과 안전이 확보되도록 소방시설공사등에 관한 기준 등을 정하여 보급하여야 한다. O│X

해설
008
소방청장, ~~소방본부장 또는 소방서장~~은 소방시설공사등의 품질과 안전이 확보되도록 소방시설공사등에 관한 기준 등을 정하여 보급하여야 한다.

009 발주자는 소방시설이 공공의 안전과 복리에 적합하게 시공되도록 공정한 기준과 절차에 따라 능력있는 소방시설업자를 선정하여야 하고, 소방시설공사등이 적정하게 수행되도록 노력하여야 한다. O│X

정답
008 × 009 O

010 소방시설업자는 소방시설공사등의 품질과 안전이 확보되도록 소방시설공사등에 관한 법령을 준수하고, 설계도서·시방서(示方書) 및 도급계약의 내용 등에 따라 성실하게 소방시설공사등을 수행하여야 한다.

O | X

정답
010 ○

소방시설업

제4조 소방시설업의 등록

011 특정소방대상물의 소방시설공사등을 하려는 자는 업종별로 자본금, 기술인력 등 행정안전부령으로 정하는 요건을 갖추어 시·도지사에게 소방시설업을 등록하여야 한다. O | X

해설 011 특정소방대상물의 소방시설공사등을 하려는 자는 업종별로 자본금, 기술인력 등 **대통령령**으로 정하는 요건을 갖추어 시·도지사에게 소방시설업을 등록하여야 한다.

012 소방시설업의 업종별 영업범위는 행정안전부령으로 정한다. O | X

012 소방시설업의 업종별 영업범위는 **대통령령**으로 정한다.

013 특정소방대상물의 소방시설공사등을 하려는 자는 업종별로 기술인력, 기술장비, 국가기술자격증 등 대통령령으로 정하는 요건을 갖추어 소방본부장 또는 소방서장에게 소방시설업을 등록하여야 한다. O | X

013 특정소방대상물의 소방시설공사등을 하려는 자는 업종별로 **자본금(개인인 경우에는 자산 평가액을 말한다)**, **기술인력**, 기술장비, 국가기술자격증 등 대통령령으로 정하는 요건을 갖추어 **시·도지사**에게 소방시설업을 등록하여야 한다.

014 공기업·준정부기관 및 지방공사나 지방공단이 주택의 건설·공급을 목적으로 설립되었으며 설계·감리 업무를 주요 업무로 규정하고 있는 경우에는 시·도지사에게 등록을 하지 아니하고 자체 기술인력을 활용하여 설계·감리를 할 수 있다. O | X

정답
011 ✗   012 ✗   013 ✗   014 O

해설

016
② 보조 기술인력: **1명** 이상

019
② 연면적 **3만제곱미터(공장의 경우 1만)** 미만의 특정소방대상물에 설치되는 기계분야 소방시설 설계(제연설비 제외)

정답
015 ○ 016 ① ○ ② ×
017 ① ○ ② ○ 018 ○
019 ① ○ ② × ③ ○

---

015 [예상]
소방시설공사업의 등록을 하려는 자는 소방청장이 지정하는 금융회사 또는 소방산업공제조합이 자본금 기준금액의 100분의 20 이상에 해당하는 금액의 담보를 제공받거나 현금의 예치 또는 출자를 받은 사실을 증명하여 발행하는 확인서를 시·도지사에게 제출하여야 한다.   O | X

016 [예상]
전문 소방시설설계업의 기술인력
① 주된 기술인력: 소방기술사 1명 이상   O | X
② 보조 기술인력: 2명 이상   O | X

017 [예상]
일반 소방시설설계업(기계)의 기술인력
① 주된 기술인력: 소방기술사 또는 기계분야 소방설비기사 1명 이상   O | X
② 보조 기술인력: 1명 이상   O | X

018 [예상]
일반 소방시설설계업의 기계분야 및 전기분야를 함께 하는 경우 주된 기술인력은 소방기술사 1명 또는 기계분야 소방설비기사와 전기분야 소방설비기사 자격을 함께 취득한 사람 1명 이상으로 할 수 있다.   O | X

019 [기출]
일반 소방시설설계업(기계)의 영업범위
① 아파트에 설치되는 기계분야 소방시설 설계(제연설비 제외)   O | X
② 연면적 1만제곱미터 미만의 특정소방대상물에 설치되는 기계분야 소방시설 설계(제연설비 제외)   O | X
③ 위험물제조소등에 설치되는 기계분야 소방시설 설계   O | X

020 전문 소방시설공사업의 기술인력
① 주된 기술인력: 소방기술사 또는 기계분야와 전기분야의 소방설비기사 각 1명 이상 ☐O☐X
② 보조 기술인력: 2명 이상 ☐O☐X

021 일반 소방시설공사업(기계)의 기술인력
① 주된 기술인력: 소방기술사 또는 기계분야 소방설비기사 1명 이상 ☐O☐X
② 보조 기술인력: 1명 이상 ☐O☐X

022 일반 소방시설공사업(기계)의 영업범위
① 연면적 1만제곱미터 미만의 특정소방대상물에 설치되는 기계분야 소방시설의 공사·개설·이전 및 정비 ☐O☐X
② 위험물제조소등에 설치되는 기계분야 소방시설의 공사·개설·이전 및 정비 ☐O☐X

023 개설이란 이미 특정소방대상물에 설치된 소방시설등의 일부만을 철거하고 새로 설치하는 것을 말한다. ☐O☐X

024 보조기술인력은 소방기술사, 소방설비기사, 소방설비산업기사의 자격을 취득한 사람 또는 소방공무원으로 재직한 경력이 5년 이상인 사람으로 자격수첩을 발급받은 사람 또는 행정안전부령으로 정하는 소방기술과 관련된 자격·경력 및 학력을 갖춘 사람으로서 자격수첩을 발급받은 사람으로 한다. ☐O☐X

해설

023
개설이란 이미 특정소방대상물에 설치된 소방시설등의 **전부 또는 일부**를 철거하고 새로 설치하는 것을 말한다.

024
보조기술인력은 소방기술사, 소방설비기사, 소방설비산업기사의 자격을 취득한 사람 또는 소방공무원으로 재직한 경력이 **3년 이상**인 사람으로서 자격수첩을 발급받은 사람 또는 행정안전부령으로 정하는 소방기술과 관련된 자격·경력 및 학력을 갖춘 사람으로서 자격수첩을 발급받은 사람으로 한다.

정답
020 ① O ② O 021 ① O ② O
022 ① O ② O 023 × 024 ×

해설

025
소방시설업의 분류 중 제연설비, 연결송수관설비, ~~피난구유도등~~, 연소방지설비는 기계분야에 해당된다.
→ 피난구유도등은 전기분야에 해당한다.

026
방염처리업에는 섬유류 방염업, 합성수지류 방염업, 합판·목재류 방염업, ~~종이류 방염업~~이 있으며, 방염처리업 등록은 시·도지사에게 한다.

028
방염처리업자가 2개 이상의 방염업을 함께 하는 경우 공통되는 방염처리시설 및 시험기기는 중복하여 갖추지 않을 수 있다.

029
협회는 첨부서류가 첨부되지 아니한 경우 10일 이내의 기간을 정하여 등록신청 서류를 보완하게 할 수 있다.

---

025 (기출)
소방시설업의 분류 중 제연설비, 연결송수관설비, 피난구유도등, 연소방지설비는 기계분야에 해당된다. ○|×

026 (기출)
방염처리업에는 섬유류 방염업, 합성수지류 방염업, 합판·목재류 방염업, 종이류 방염업이 있으며, 방염처리업 등록은 시·도지사에게 한다. ○|×

027 (예상)
방염처리업자가 2개 이상의 방염업을 함께 하는 경우 갖춰야 하는 실험실은 1개 이상으로 한다. ○|×

028 (예상)
방염처리업자가 2개 이상의 방염업을 함께 하는 경우 공통되는 방염처리시설 및 시험기기는 중복하여 갖추어야 한다. ○|×

029 (예상)
협회는 첨부서류가 첨부되지 아니한 경우 5일 이내의 기간을 정하여 등록신청 서류를 보완하게 할 수 있다. ○|×

030 (예상)
협회는 검토·확인을 마쳤을 때에는 소방시설업 등록신청 서류에 그 결과를 기재한 소방시설업 등록신청서 서면심사 및 확인 결과를 첨부하여 접수일부터 7일 이내에 신청인의 주된 영업소 소재지를 관할하는 시·도지사에게 보내야 한다. ○|×

정답
025 × 026 × 027 ○ 028 ×
029 × 030 ○

031 시·도지사는 접수일부터 15일 이내에 협회를 경유하여 소방시설업 등록증 및 소방시설업 등록수첩을 신청인에게 발급해 주어야 한다. [O | X]

032 시·도지사는 재발급신청서를 제출받은 경우에는 3일 이내에 협회를 경유하여 소방시설업 등록증 또는 등록수첩을 재발급하여야 한다. (분실 또는 훼손으로 인한 재발급인 경우) [O | X]

033 소방시설업자는 소방시설업 등록이 취소되거나 재발급을 받은 경우(다시 찾은 경우에만 해당)에는 3일 이내에 협회를 경유하여 시·도지사에게 그 소방시설업 등록증 및 등록수첩을 반납하여야 한다. [O | X]

해설

033 소방시설업자는 소방시설업 등록이 취소되거나 재발급을 받은 경우(다시 찾은 경우에만 해당)에는 **지체 없이** 협회를 경유하여 시·도지사에게 그 소방시설업 등록증 및 등록수첩을 반납하여야 한다.

정답
031 O 032 O 033 ×

제5조 등록의 결격사유
LINK 1권 142p

034 「소방기본법」에 따른 금고 이상의 형의 집행유예를 선고받고 그 유예기간 중에 있는 사람은 「소방시설공사업법」상 소방시설업 등록의 결격사유에 해당한다. [O | X]

035 등록하려는 소방시설업 등록이 취소된 날부터 3년이 지난 사람은 결격사유에 해당하지 않는다. [O | X]

정답
034 O 035 O

해설
036
소방법에 따른 금고 이상의 형의 집행유예를 선고받고 그 유예기간 중에 있는 사람은 결격사유에 해당한다.

정답
036 ×

기출
036 소방법에 따른 금고 이상의 형의 집행유예를 선고받은 날로부터 2년이 지나지 아니한 자는 결격사유에 해당한다. O|X

제6조 등록사항의 변경신고
LINK 1권 143~144p

해설

기출
037 소방시설업자는 등록한 사항 중 행정안전부령으로 정하는 중요 사항을 변경할 때에는 행정안전부령으로 정하는 바에 따라 시·도지사에게 신고하여야 한다. O|X

038
소방시설업자가 시·도지사에게 변경신고해야 하는 사항에는 상호(명칭), 자본금, 영업소 소재지, 대표자, 기술인력, 점검기구 교체 등이 있다.

기출
038 소방시설업자가 시·도지사에게 변경신고해야 하는 사항에는 상호(명칭), 자본금, 대표자, 기술인력, 점검기구 교체 등이 있다. O|X

예상
039 소방시설업자는 등록사항이 변경된 경우에는 변경일부터 30일 이내에 소방시설업 등록사항 변경신고서에 변경사항별로 서류를 첨부하여 협회에 제출하여야 한다. O|X

예상
040 변경신고 서류를 제출받은 협회는 등록사항의 변경신고 내용을 확인하고 5일 이내에 제출된 소방시설업 등록증·등록수첩 및 기술인력 증빙서류에 그 변경된 사항을 기재하여 발급하여야 한다. O|X

정답
037 O 038 × 039 O 040 O

041 영업소 소재지가 등록된 시·도에서 다른 시·도로 변경된 경우에는 제출받은 변경신고 서류를 접수일로부터 5일 이내에 해당 시·도지사에게 보내야 한다. O | X

해설
041 영업소 소재지가 등록된 시·도에서 다른 시·도로 변경된 경우에는 제출받은 변경신고 서류를 접수일로부터 **7일 이내**에 해당 시·도지사에게 보내야 한다.

042 협회는 등록사항의 변경신고 접수현황을 매월 말일을 기준으로 작성하여 다음 달 10일까지 시·도지사에게 알려야 한다. O | X

043 소방시설공사업자의 대표자와 기술인력이 변경된 경우 소방시설업 등록증 및 등록수첩을 제출하여야 한다. O | X

043
- **대표자가 변경된 경우**: 소방시설업 등록증 및 등록수첩, 변경된 대표자의 성명, 주민등록번호 및 주소지 등의 인적사항이 적힌 서류
- **기술인력이 변경된 경우**: 소방시설업 등록수첩, 기술인력 증빙서류
- **상호(명칭) 또는 영업소 소재지가 변경된 경우**: 소방시설업 등록증 및 등록수첩

정답
041 ✗ 042 O 043 ✗

제6조의2 휴업·폐업 신고 등

044 소방시설업자는 소방시설업을 휴업·폐업 또는 재개업하는 때에는 행정안전부령으로 정하는 바에 따라 시·도지사에게 신고하여야 한다. O | X

045 소방시설업자는 소방시설업을 폐업하는 때에는 행정안전부령으로 정하는 바에 따라 시·도지사에게 신고하여야 하고 폐업신고를 받은 시·도지사는 소방시설업 등록을 말소하고 그 사실을 행정안전부령으로 정하는 바에 따라 공고하여야 한다. O | X

정답
044 O 045 O

해설

046
소방시설업자는 휴업·폐업 또는 재개업 신고를 하려면 휴업·폐업 또는 재개업일부터 **30일 이내**에 소방시설업 휴업·폐업·재개업 신고서에 서류를 첨부하여 협회를 경유하여 시·도지사에게 제출하여야 한다.

047
폐업신고를 한 자가 소방시설업 등록이 말소된 후 **6개월** 이내에 같은 업종의 소방시설업을 다시 등록한 경우 해당 소방시설업자는 폐업신고 전 소방시설업자의 지위를 승계한다.

예상
046 소방시설업자는 휴업·폐업 또는 재개업 신고를 하려면 휴업·폐업 또는 재개업일부터 14일 이내에 소방시설업 휴업·폐업·재개업 신고서에 서류를 첨부하여 협회를 경유하여 시·도지사에게 제출하여야 한다. O│X

예상
047 폐업신고를 한 자가 소방시설업 등록이 말소된 후 3개월 이내에 같은 업종의 소방시설업을 다시 등록한 경우 해당 소방시설업자는 폐업신고 전 소방시설업자의 지위를 승계한다. O│X

정답
046 ×   047 ×

제7조 소방시설업자의 지위승계

LINK 1권 146~148p

기출
048 소방시설업자가 사망하여 그 상속인이 종전의 소방시설업자의 지위를 승계하려는 경우에는 그 상속일부터 30일 이내에 행정안전부령으로 정하는 바에 따라 그 사실을 시·도지사에게 신고하여야 한다. O│X

기출
049 「민사집행법」에 따른 경매에 따라 소방시설업자의 소방시설의 전부를 인수한 자가 종전의 소방시설업자의 지위를 승계하려는 경우에는 그 인수일부터 30일 이내에 행정안전부령으로 정하는 바에 따라 그 사실을 시·도지사에게 신고하여야 한다. O│X

정답
048 O   049 O

제8조 소방시설업의 운영

050 〔예상〕
영업정지처분이나 등록취소처분을 받은 소방시설업자는 처분 받은 다음날부터 소방시설공사등을 하여서는 아니 된다. 다만, 소방시설의 착공신고가 수리되어 공사를 하고 있는 자로서 도급계약이 해지되지 아니한 소방시설공사업자 또는 소방공사감리업자가 그 공사를 하는 동안이나 방염처리업자가 도급을 받아 방염 중인 것으로서 도급계약이 해지되지 아니한 상태에서 그 방염을 하는 동안에는 그러하지 아니하다. O | X

해설

050
영업정지처분이나 등록취소처분을 받은 소방시설업자는 ~~그 날부터~~ 소방시설공사등을 하여서는 아니 된다. 다만, 소방시설의 착공신고가 수리되어 공사를 하고 있는 자로서 도급계약이 해지되지 아니한 소방시설공사업자 또는 소방공사감리업자가 그 공사를 하는 동안이나 방염처리업자가 도급을 받아 방염 중인 것으로서 도급계약이 해지되지 아니한 상태에서 그 방염을 하는 동안에는 그러하지 아니하다.

051 〔기출〕
소방기술인력을 변경한 경우, 소방시설업을 휴업한 경우, 소방시설업자의 지위를 승계한 경우, 소방시설업에 대한 행정처분 중 영업정지 또는 경고 처분을 받은 경우에는 소방시설업자가 소방시설공사등을 맡긴 특정소방대상물의 관계인에게 지체 없이 그 사실을 알려야 한다. O | X

051
~~소방기술인력을 변경한 경우~~, 소방시설업을 휴업·폐업한 경우, 소방시설업자의 지위를 승계한 경우, 소방시설업에 대한 행정처분 중 영업정지 또는 **등록취소처분**을 받은 경우에는 소방시설업자가 소방시설공사등을 맡긴 특정소방대상물의 관계인에게 지체 없이 그 사실을 알려야 한다.

052 〔기출〕
소방시설설계업은 소방시설 설계기록부 및 소방시설 설계도서, 소방시설 완공당시 설계도서를, 소방시설점검업은 소방시설점검 기록부를 하자보수 보증기간 동안 보관하여야 한다. O | X

052
소방시설설계업은 소방시설 설계기록부 및 소방시설 설계도서, ~~소방시설 완공당시 설계도서를, 소방시설점검업은 소방시설점검 기록부를~~ 하자보수 보증기간 동안 보관하여야 한다.
→ 소방시설 완공당시 설계도서는 소방공사감리업에서 보관하여야 한다.

053 〔기출〕
소방시설업자가 보관하여야 하는 관계 서류
① 소방시설설계업: 소방시설 설계기록부 및 소방시설 설계도서 O | X
② 소방시설공사업: 소방시설공사 기록부 O | X
③ 소방공사감리업: 소방공사 감리기록부, 소방공사 감리일지 및 소방시설 설계도서 O | X

053
③ 소방공사감리업: 소방공사 감리기록부, 소방공사 감리일지 및 **소방시설의 완공 당시 설계도서**

정답
050 ✕ 051 ✕ 052 ✕
053 ① O ② O ③ ✕

제9조 등록취소와 영업정지 등

해설

054
시·도지사는 소방시설업자에게 시정이나 그 영업의 정지를 명할 수 있다.

055
시·도지사는 거짓이나 그 밖의 부정한 방법으로 등록한 경우, 등록 결격사유에 해당하게 된 경우, 영업정지 기간 중에 소방시설공사등을 한 경우에는 등록을 취소하여야 한다.

056
시·도지사는 소방시설업자의 등록을 취소하거나 6개월 이내의 기간을 정하여 시정이나 그 영업의 정지를 명할 수 있다. 거짓이나 그 밖의 부정한 방법으로 등록한 경우, ~~다른 자에게 등록증 또는 등록수첩을 빌려준 경우~~, 영업정지 기간 중에 소방시설공사등을 한 경우, 등록 결격사유에 해당하게 된 경우는 1차 등록취소 사유이다.

057
위반행위의 차수에 따른 행정처분기준은 최근 **1년간** 같은 위반행위로 행정처분을 받은 경우에 적용한다. 이 경우 기준 적용일은 위반사항에 대한 행정처분일과 그 처분 후 다시 적발한 날을 기준으로 한다.

059
위반행위가 동시에 둘 이상 발생한 경우에는 그 중 중한 처분기준에 따르되, 둘 이상의 처분기준이 동일한 영업정지인 경우에는 중한 처분의 **2분의 1**까지 가중하여 처분할 수 있다.

정답
054 × 055 × 056 × 057 ×
058 ○ 059 ×

---

054 기출
소방청장은 소방시설업자에게 시정이나 그 영업의 정지를 명할 수 있다. O｜X

055 기출
시·도지사는 거짓이나 그 밖의 부정한 방법으로 등록한 경우, 등록 결격사유에 해당하게 된 경우, 소방시설업의 등록증 또는 등록수첩을 빌려준 경우에는 등록을 취소하여야 한다. O｜X

056 기출
시·도지사는 소방시설업자의 등록을 취소하거나 6개월 이내의 기간을 정하여 시정이나 그 영업의 정지를 명할 수 있다. 거짓이나 그 밖의 부정한 방법으로 등록한 경우, 다른 자에게 등록증 또는 등록수첩을 빌려준 경우, 등록 결격사유에 해당하게 된 경우는 1차 등록취소 사유이다. O｜X

057 예상
위반행위의 차수에 따른 행정처분기준은 최근 2년간 같은 위반행위로 행정처분을 받은 경우에 적용한다. 이 경우 기준 적용일은 위반사항에 대한 행정처분일과 그 처분 후 다시 적발한 날을 기준으로 한다. O｜X

058 예상
영업정지 처분기간 중 영업정지에 해당하는 위반사항이 있는 경우에는 종전의 처분기간 만료일의 다음날부터 새로운 위반사항에 대한 영업정지의 행정처분을 한다. O｜X

059 예상
위반행위가 동시에 둘 이상 발생한 경우에는 그 중 중한 처분기준에 따르되, 둘 이상의 처분기준이 동일한 영업정지인 경우에는 중한 처분의 2배까지 가중하여 처분할 수 있다. O｜X

제10조 과징금처분
LINK 1권 154~156p

060 〔기출〕
시·도지사는 영업정지가 그 이용자에게 불편을 주거나 그 밖에 공익을 해칠 우려가 있을 때에는 영업정지처분을 갈음하여 3천만원 이하의 과징금을 부과할 수 있다. O X

해설
060
시·도지사는 영업정지가 그 이용자에게 불편을 주거나 그 밖에 공익을 해칠 우려가 있을 때에는 영업정지처분을 갈음하여 **2억원** 이하의 과징금을 부과할 수 있다.

061 〔예상〕
영업정지 1개월은 30일로 계산한다. O X

062 〔예상〕
소방청장 또는 시·도지사는 등록취소·시정명령 또는 영업정지를 하는 경우 처분일부터 10일 이내에 협회에 그 사실을 알려주어야 한다. O X

062
소방청장 또는 시·도지사는 등록취소·시정명령 또는 영업정지를 하는 경우 처분일부터 **7일** 이내에 협회에 그 사실을 알려주어야 한다.

정답
060 × 061 ○ 062 ×

CHAPTER 03 소방시설공사등

제11조 설계

해설

063
「소방시설 설치 및 관리에 관한 법률」 제18조 제1항에 따른 **중앙소방기술심의위원회의 심의**를 거쳐 소방시설의 구조와 원리 등에서 특수한 설계로 인정된 경우는 화재안전기준을 따르지 아니할 수 있다.

기출

063 「소방시설 설치 및 관리에 관한 법률」 제18조 제1항에 따른 지방소방기술심의위원회의 심의를 거쳐 소방시설의 구조와 원리 등에서 특수한 설계로 인정된 경우는 화재안전기준을 따르지 아니할 수 있다. O│X

예상

064 「소방시설 설치 및 관리에 관한 법률」 제8조 제1항에 따른 특정소방대상물(신축하는 것만 해당한다)에 대해서는 그 용도, 위치, 구조, 수용인원, 가연물의 종류 및 양 등을 고려하여 설계(이하 "성능위주설계"라 한다)하여야 한다. O│X

065
성능위주설계를 할 수 있는 자의 자격, 기술인력 및 자격에 따른 설계의 범위와 그 밖에 필요한 사항은 **대통령령**으로 정한다.

예상

065 성능위주설계를 할 수 있는 자의 자격, 기술인력 및 자격에 따른 설계의 범위와 그 밖에 필요한 사항은 행정안전부령으로 정한다. O│X

066
성능위주설계의 기술인력은 소방기술사 **2명** 이상이다.

기출

066 성능위주설계의 기술인력은 소방기술사 1명 이상이다. O│X

정답
063 X   064 O   065 X   066 X

제12조 시공 LINK 1권 158~160p

067 [기출]
소방기술자의 배치기준 (주관식: 특급, 고급, 중급, 초급, 자격수첩)
① 지하구의 공사 현장 (   )
② 연면적 20만m^2 이상인 특정소방대상물의 공사 현장 (   )
③ 연면적 5천m^2 이상 3만m^2 미만인 특정소방대상물(아파트는 제외)의 공사 현장 (   )
④ 연면적 1천m^2 미만인 특정소방대상물의 공사 현장 (   )
⑤ 물분무등소화설비(호스릴 방식의 소화설비는 제외) 또는 제연설비가 설치되는 특정소방대상물의 공사 현장 (   )
⑥ 연면적 1만m^2 이상 20만m^2 미만인 아파트의 공사 현장 (   )

해설
067
① 초급
② 특급
③ 중급
④ 자격수첩
⑤ 중급
⑥ 중급

068 [예상]
소방기술자를 소방시설공사의 착공일부터 소방시설 완공검사증명서 발급일까지 배치한다. O | X

069 [예상]
소방공사감리업자가 감리하는 소방시설공사가 소방시설의 비상전원을 「전기공사업법」에 따른 전기공사업자가 공사하는 경우 소방기술자를 소방시설공사 현장에 배치하지 않을 수 있다. O | X

070 [기출]
소방공사감리원이 공사 중단을 요청하여 발주자가 서면으로 승낙하는 경우에는 해당 공사가 중단된 기간 동안 소방기술자를 공사 현장에 배치하지 않을 수 있다. O | X

070
발주자가 공사 중단을 요청하여 발주자가 서면으로 승낙하는 경우에는 해당 공사가 중단된 기간 동안 소방기술자를 공사 현장에 배치하지 않을 수 있다.

정답
068 O 069 O 070 ✕

제13조 착공신고 LINK 1권 161~164p

071 [기출]
소방시설 설치에서 완공까지 절차 순서: 착공신고 → 시공 및 공사완료 → 완공검사 신청 → 완공검사(현장확인) → 완공검사증명서 발급 O | X

정답
071 O

072 공사업자는 대통령령으로 정하는 소방시설공사를 하려면 행정안전부령으로 정하는 바에 따라 그 공사의 내용, 시공 장소, 그 밖에 필요한 사항을 소방본부장이나 소방서장에게 신고하여야 한다. O | X

073 시공자, 설치되는 소방시설의 종류, 책임시공 및 기술관리 소방기술자가 변경된 경우에는 변경일부터 30일 이내에 소방시설공사 착공(변경)신고서에 서류 중 변경된 해당 서류를 첨부하여 소방본부장 또는 소방서장에게 신고하여야 한다. O | X

074 중요한 사항을 변경하였을 때에는 완공검사 또는 부분완공검사를 신청하는 서류나 공사감리 결과보고서에 포함하여 소방본부장이나 소방서장에게 보고하여야 한다. O | X

> **074** **중요한 사항에 해당하지 아니하는 변경사항은** 완공검사 또는 부분완공검사를 신청하는 서류나 공사감리 결과보고서에 포함하여 소방본부장이나 소방서장에게 보고하여야 한다.

075 소방본부장 또는 소방서장은 착공신고 또는 변경신고를 받은 날부터 2일 이내에 신고수리 여부를 신고인에게 통지하여야 한다. O | X

076 소방본부장 또는 소방서장이 기간 내에 신고수리 여부 또는 민원 처리 관련 법령에 따른 처리기간의 연장을 신고인에게 통지하지 아니하면 그 기간이 끝난 날에 신고를 수리한 것으로 본다. O | X

> **076** 소방본부장 또는 소방서장이 기간 내에 신고수리 여부 또는 민원 처리 관련 법령에 따른 처리기간의 연장을 신고인에게 통지하지 아니하면 그 기간이 **끝난 날의 다음날에** 신고를 수리한 것으로 본다.

정답
072 O   073 O   074 ×   075 O
076 ×

077 착공신고대상

① 창고시설에 스프링클러설비의 방호구역을 증설하는 공사 ☐ O ☒ X
② 공동주택에 자동화재탐지설비의 경계구역을 증설하는 공사 ☐ O ☒ X
③ 위험물 제조소에 할로겐화합물 및 불활성기체 소화설비를 신설하는 공사 ☐ O ☒ X
④ 업무시설에 옥내소화전설비(호스릴옥내소화전설비를 포함한다)를 신설하는 공사 ☐ O ☒ X
⑤ 비상경보설비 증설하는 공사 ☐ O ☒ X
⑥ 대형유도등 신설하는 공사 ☐ O ☒ X
⑦ 비상방송설비(소방용 외의 용도와 겸용되는 정보통신공사업자가 공사하는 경우 포함) 신설하는 공사 ☐ O ☒ X
⑧ 옥내·옥외소화전설비 증설하는 공사 ☐ O ☒ X
⑨ 제어반 고장으로 소방시설 교체하는 공사 ☐ O ☒ X
⑩ 자동화재탐지설비 신설하는 공사 ☐ O ☒ X
⑪ 비상경보설비, 비상방송설비 신설하는 공사 ☐ O ☒ X
⑫ 제연설비의 제연구역을 증설하는 공사 ☐ O ☒ X
⑬ 자동화재속보설비를 신설하는 공사 ☐ O ☒ X
⑭ 연결송수관설비의 송수구역을 증설하는 공사 ☐ O ☒ X
⑮ 물분무등소화설비의 방호구역을 증설하는 공사 ☐ O ☒ X
⑯ 비상콘센트설비의 전용회로를 증설하는 공사 ☐ O ☒ X

해설

077
③ ~~위험물 제조소~~에 할로겐화합물 및 불활성기체 소화설비를 신설하는 공사
⑤ 비상경보설비 신설하는 공사
⑥ ~~대형유도등~~ 신설하는 공사
⑦ 비상방송설비(소방용 외의 용도와 겸용되는 정보통신공사업자가 공사하는 경우 제외) 신설하는 공사
⑨ ~~제어반 고장으로 소방시설 교체하는 공사~~
⑬ ~~자동화재속보설비~~를 신설하는 공사

정답
077 ① O ② O ③ × ④ O ⑤ ×
⑥ × ⑦ × ⑧ O ⑨ × ⑩ O
⑪ O ⑫ O ⑬ × ⑭ O ⑮ O
⑯ O

제14조 완공검사

LINK 1권 164~165p

078 공사업자는 소방시설공사를 완공하면 소방본부장 또는 소방서장의 완공검사를 받아야 한다. ○|×

079 공사감리자가 지정되어 있는 경우에는 공사감리 결과보고서로 완공검사를 갈음하되, 대통령령으로 정하는 특정소방대상물의 경우에는 소방본부장이나 소방서장이 소방시설공사가 공사감리 결과보고서대로 완공되었는지를 현장에서 확인할 수 있다. ○|×

080
공사업자가 소방대상물 일부분의 소방시설공사를 마친 경우로서 전체 시설이 준공되기 전에 부분적으로 사용할 필요가 있는 경우에는 그 일부분에 대하여 소방본부장이나 소방서장에게 완공검사를 신청할 수 **있다**.

080 공사업자가 소방대상물 일부분의 소방시설공사를 마친 경우로서 전체 시설이 준공되기 전에 부분적으로 사용할 필요가 있는 경우에는 그 일부분에 대하여 소방본부장이나 소방서장에게 완공검사를 신청할 수 없다. ○|×

081 소방본부장이나 소방서장은 완공검사나 부분완공검사를 하였을 때에는 완공검사증명서나 부분완공검사증명서를 발급하여야 한다. ○|×

082 규정에 따른 완공검사 및 부분완공검사의 신청과 검사증명서의 발급, 그 밖에 완공검사 및 부분완공검사에 필요한 사항은 행정안전부령으로 정한다. ○|×

083
~~지하가~~, 다중이용업소, 노유자시설, 지하상가, 판매시설, 창고시설, 운동시설은 완공검사를 위한 현장확인 대상 특정소방대상물이다.

083 지하가, 다중이용업소, 노유자시설, 지하상가, 판매시설, 창고시설, 운동시설은 완공검사를 위한 현장확인 대상 특정소방대상물이다. ○|×

정답
078 ○ 079 ○ 080 × 081 ○
082 ○ 083 ×

084 호스릴소화설비를 설치하는 소방시설공사, 스프링클러설비등이 설치되는 특정소방대상물, 연면적 1만제곱미터 이상이거나 11층 이상인 아파트는 소방본부장 또는 소방서장의 소방시설공사 완공검사를 위한 현장확인 대상 특정소방대상물이다. O X

해설 084
~~호스릴소화설비~~를 설치하는 소방시설공사, 스프링클러설비등이 설치되는 특정소방대상물, 연면적 1만제곱미터 이상이거나 11층 이상인 ~~아파트~~는 소방본부장 또는 소방서장의 소방시설공사 완공검사를 위한 현장확인 대상 특정소방대상물이다.

085 가연성가스를 제조·저장 또는 취급하는 시설 중 지하에 매설된 가연성가스탱크의 저장용량 합계가 2천톤 이상인 시설은 소방본부장 또는 소방서장의 소방시설공사 완공검사를 위한 현장확인 대상 특정소방대상물이다. O X

085
가연성가스를 제조·저장 또는 취급하는 시설 중 **지상에 노출된** 가연성가스탱크의 저장용량 합계가 **1천톤** 이상인 시설은 소방본부장 또는 소방서장의 소방시설공사 완공검사를 위한 현장확인 대상 특정소방대상물이다.

정답 084 X   085 X

제15조 공사의 하자보수 등

086 공사업자는 소방시설공사 결과 자동화재탐지설비 등 대통령령으로 정하는 소방시설에 하자가 있을 때에는 대통령령으로 정하는 기간 동안 그 하자를 보수하여야 한다. O X

087 관계인은 하자보수기간에 소방시설의 하자가 발생하였을 때에는 공사업자에게 그 사실을 알려야 하며, 통보를 받은 공사업자는 7일 이내에 하자를 보수하거나 보수 일정을 기록한 하자보수계획을 관계인에게 서면으로 알려야 한다. O X

087
관계인은 하자보수기간에 소방시설의 하자가 발생하였을 때에는 공사업자에게 그 사실을 알려야 하며, 통보를 받은 공사업자는 **3일 이내**에 하자를 보수하거나 보수 일정을 기록한 하자보수계획을 관계인에게 서면으로 알려야 한다.

088 관계인은 공사업자가 하자보수를 이행하지 아니하거나, 하자보수계획을 서면으로 알리지 아니한 경우, 하자보수계획이 불합리하다고 인정되는 경우에는 소방본부장이나 소방서장에게 그 사실을 알릴 수 있다. O X

정답 086 O   087 X   088 O

해설

089
소방본부장이나 소방서장은 '88번'과 같은 통보를 받았을 때에는 「소방시설 설치 및 관리에 관한 법률」 제18조 제2항에 따른 **지방**소방기술심의위원회에 심의를 요청하여야 한다.

090
유도등, 유도표지, 비상경보설비, 비상조명등, 비상방송설비 및 무선통신보조설비, ~~자동소화장치~~의 하자보수 보증기간은 2년이다. → 자동소화장치의 하자보수 보증기간은 3년이다.

091
옥내소화전설비, 스프링클러설비, 간이스프링클러설비, 자동화재탐지설비, 비상콘센트설비, 연결송수관설비, ~~무선통신보조설비~~의 하자보수 보증기간은 3년이다.
→ 무선통신보조설비의 하자보수 보증기간은 2년이다.

정답
089 × 090 × 091 ×

기출

089 소방본부장이나 소방서장은 '88번'과 같은 통보를 받았을 때에는 「소방시설 설치 및 관리에 관한 법률」 제18조 제2항에 따른 중앙소방기술심의위원회에 심의를 요청하여야 한다. ○ | ×

090 유도등, 유도표지, 비상경보설비, 비상조명등, 비상방송설비 및 무선통신보조설비, 자동소화장치의 하자보수 보증기간은 2년이다. ○ | ×

091 옥내소화전설비, 스프링클러설비, 간이스프링클러설비, 자동화재탐지설비, 비상콘센트설비, 연결송수관설비, 무선통신보조설비의 하자보수 보증기간은 3년이다. ○ | ×

제16조 감리   LINK 1권 166~168p

해설

092
④ **공사업자**가 작성한 시공 상세 도면의 적합성 검토
⑤ ~~소방시설의 유지 관리~~
⑥ ~~소방시설에 대한 착공신고~~
⑨ ~~공사예정공정표 적합성 검토~~
⑩ **공사업자**가 한 소방시설등의 시공이 설계도서와 화재안전기준에 맞는지에 대한 지도·감독

정답
092 ① ○ ② ○ ③ ○ ④ × ⑤ ×
⑥ × ⑦ ○ ⑧ ○ ⑨ × ⑩ ×

기출

092 감리업자의 업무
① 완공된 소방시설등의 성능시험 ○ | ×
② 소방시설등의 설치계획표의 적법성 검토 ○ | ×
③ 소방시설등 설계 변경 사항의 적합성 검토 ○ | ×
④ 설계업자가 작성한 시공 상세 도면의 적합성 검토 ○ | ×
⑤ 소방시설의 유지 관리 ○ | ×
⑥ 소방시설에 대한 착공신고 ○ | ×
⑦ 실내장식물의 불연화와 방염 물품의 적법성 검토 ○ | ×
⑧ 피난시설 및 방화시설의 적법성 검토 ○ | ×
⑨ 공사예정공정표 적합성 검토 ○ | ×
⑩ 설계업자가 한 소방시설등의 시공이 설계도서와 화재안전기준에 맞는지에 대한 지도·감독 ○ | ×

093 용도와 구조에서 특별히 안전성과 보안성이 요구되는 소방대상물로서 대통령령으로 정하는 장소에서 시공되는 소방시설물에 대한 감리는 감리업자가 아닌 자도 할 수 있다. ◯│✕

094 연면적 3만m² 이상의 특정소방대상물(아파트는 제외한다), 지하층을 제외한 층수가 16층 이상으로서 500세대 이상인 아파트는 상주 공사 감리대상이다. ◯│✕

094
연면적 3만㎡ 이상의 특정소방대상물(아파트는 제외한다), 지하층을 **포함**한 층수가 16층 이상으로서 500세대 이상인 아파트는 상주 공사감리대상이다.

095 상주 공사감리대상
① 연면적 3만m²인 의료시설 ◯│✕
② 지하층을 포함한 층수가 20층이고, 1천세대인 아파트 ◯│✕
③ 연면적 1만m²인 복합건축물 ◯│✕
④ 연면적 2만m²인 판매시설 ◯│✕

095
③ ④ 연면적 **3만㎡** 이상의 특정소방대상물

096 상주 공사감리의 경우 감리원이 행정안전부령으로 정하는 기간 중 부득이한 사유로 1일 이상 현장을 이탈하는 경우에는 감리일지 등에 기록하여 발주청 또는 발주자의 확인을 받아야 한다. ◯│✕

097 일반 공사감리의 경우 감리원은 행정안전부령으로 정하는 기간 중에는 주 1회 이상 공사 현장에 배치되어 감리의 업무를 수행하고 감리일지에 기록해야 한다. ◯│✕

정답
093 ◯   094 ✕
095 ① ◯ ② ◯ ③ ✕ ④ ✕
096 ◯   097 ◯

해설

098
일반공사감리업의 감리업자는 감리원이 부득이한 사유로 **14일** 이내의 범위에서 업무를 수행할 수 없는 경우에는 업무대행자를 지정하여 그 업무를 수행하게 해야 하고 지정된 업무대행자는 주 2회 이상 공사 현장에 배치되어 업무를 수행하며, 그 업무수행 내용을 감리원에게 통보하고 감리일지에 기록해야 한다.

정답
098 ×

098 〔예상〕
일반공사감리업의 감리업자는 감리원이 부득이한 사유로 30일 이내의 범위에서 업무를 수행할 수 없는 경우에는 업무대행자를 지정하여 그 업무를 수행하게 해야 하고 지정된 업무대행자는 주 2회 이상 공사 현장에 배치되어 업무를 수행하며, 그 업무수행 내용을 감리원에게 통보하고 감리일지에 기록해야 한다. O│×

제17조 공사감리자의 지정 등
LINK 1권 169~171p

해설

099
대통령령으로 정하는 특정소방대상물의 관계인이 특정소방대상물에 대하여 자동화재탐지설비, 옥내소화전설비 등 대통령령으로 정하는 소방시설을 시공할 때에는 소방시설공사의 감리를 위하여 감리업자를 공사감리자로 지정하여야 한다.

100
관계인은 공사감리자를 지정하였을 때에는 행정안전부령으로 정하는 바에 따라 **소방본부장이나 소방서장**에게 신고하여야 한다.

102
특정소방대상물의 관계인은 공사감리자가 변경된 경우에는 변경일부터 **30일** 이내에 소방공사감리자 변경신고서에 서류를 첨부하여 소방본부장 또는 소방서장에게 제출하여야 한다.

정답
099 × 100 × 101 ○ 102 ×

099 〔예상〕
소방본부장 또는 소방서장은 특정소방대상물에 대하여 자동화재탐지설비, 옥내소화전설비 등 대통령령으로 정하는 소방시설을 시공할 때에는 소방시설공사의 감리를 위하여 감리업자를 공사감리자로 지정하여야 한다. O│×

100 〔예상〕
관계인은 공사감리자를 지정하였을 때에는 행정안전부령으로 정하는 바에 따라 시·도지사에게 신고하여야 한다. O│×

101 〔예상〕
특정소방대상물의 관계인은 공사감리자를 지정한 경우에는 해당 소방시설공사의 착공 전까지 소방공사감리자 지정신고서에 서류를 첨부하여 소방본부장 또는 소방서장에게 제출해야 한다. O│×

102 〔예상〕
특정소방대상물의 관계인은 공사감리자가 변경된 경우에는 변경일부터 14일 이내에 소방공사감리자 변경신고서에 서류를 첨부하여 소방본부장 또는 소방서장에게 제출하여야 한다. O│×

103 공사감리자 지정대상 특정소방대상물의 범위
① 소화용수설비·통합감시시설을 신설 또는 개설할 때 ○ ×
② 옥내·외소화전설비를 신설·개설 또는 증설할 때 ○ ×
③ 캐비닛형 간이스프링클러설비를 신설·개설하거나, 방호·방수구역을 증설할 때 ○ ×
④ 자동화재탐지설비를 신설 또는 개설할 때 ○ ×
⑤ 가스누설경보설비를 신설 또는 개설할 때 ○ ×
⑥ 제연설비를 신설·개설하거나 제연구역을 증설할 때 ○ ×
⑦ 무선통신보조설비를 신설 또는 개설할 때 ○ ×

해설
103
③ ~~캐비닛형 간이스프링클러설비를~~ 신설·개설하거나, 방호·방수구역을 증설할 때
⑤ ~~가스누설경보설비를~~ 신설 또는 개설할 때

정답
103 ① ○ ② ○ ③ × ④ ○ ⑤ ×
⑥ ○ ⑦ ○

제18조 감리원의 배치 등

LINK 1권 171~174p

104 감리업자가 감리원을 배치하였을 때에는 소방본부장 또는 소방서장의 동의를 받아야 한다. ○ ×

해설
104
감리업자가 감리원을 배치하였을 때에는 소방본부장 또는 소방서장에 **통보하여야 한다.**

105 소방공사 감리원의 배치기준 (주관식: 초급, 중급, 고급, 특급)
① 연면적 5천제곱미터 이상 3만제곱미터 미만인 특정소방대상물의 공사 현장 (   )
② 지하구의 공사 현장 (   )
③ 물분무등소화설비(호스릴 방식의 소화설비는 제외한다) 또는 제연설비가 설치되는 특정소방대상물의 공사 현장 (   )
④ 연면적 3만제곱미터 이상 20만제곱미터 미만인 특정소방대상물(아파트는 제외한다)의 공사 현장 (   )

105
① 중급
② 초급
③ 고급
④ 특급

106 소방시설공사 현장의 연면적 합계가 20만제곱미터 이상인 경우에는 20만제곱미터를 초과하는 연면적에 대하여 10만제곱미터마다 보조감리원 1명 이상을 추가로 배치해야 한다. ○ ×

정답
104 × 106 ○

해설

107
상주 공사감리에 해당하지 않는 소방시설의 공사에는 보조감리원을 **배치하지 않을 수 있다.**

110
일반 공사감리 대상인 아파트의 경우에는 연면적의 합계에 관계없이 1명의 감리원이 **5개** 이내의 공사현장을 감리할 수 있다.

111
소방공사감리업자는 배치한 감리원이 변경된 경우에는 배치변경통보서에 서류를 첨부하여 감리원 배치일부터 **7일** 이내에 소방본부장 또는 소방서장에게 알려야 한다.

정답
107 × 108 ○ 109 ○ 110 ×
111 ×

---

107 [예상] 상주 공사감리에 해당하지 않는 소방시설의 공사에는 보조감리원을 1명 이상 배치하여야 한다. ○ | ×

108 [기출] 상주 공사감리의 경우 소방시설용 배관(전선관을 포함한다)을 설치하거나 매립하는 때부터 소방시설 완공검사증명서를 발급받을 때까지 소방공사감리현장에 감리원을 배치한다. ○ | ×

109 [기출] 1명의 감리원이 담당하는 소방공사감리현장은 5개 이하로서 감리현장 연면적의 총 합계가 10만제곱미터 이하여야 한다. ○ | ×

110 [기출] 일반 공사감리 대상인 아파트의 경우에는 연면적의 합계에 관계없이 1명의 감리원이 6개 이내의 공사현장을 감리할 수 있다. ○ | ×

111 [기출] 소방공사감리업자는 배치한 감리원이 변경된 경우에는 배치변경통보서에 서류를 첨부하여 감리원 배치일부터 5일 이내에 소방본부장 또는 소방서장에게 알려야 한다. ○ | ×

제19조 위반사항에 대한 조치

112 [기출] 감리업자는 감리를 할 때 소방시설공사가 설계도서나 화재안전기준에 맞지 아니할 때에는 소방본부장 또는 소방서장에게 알리고, 공사업자에게 그 공사의 시정 또는 보완 등을 요구하여야 한다. O│X

해설

112 감리업자는 감리를 할 때 소방시설공사가 설계도서나 화재안전기준에 맞지 아니할 때에는 **관계인**에게 알리고, 공사업자에게 그 공사의 시정 또는 보완 등을 요구하여야 한다.

113 [기출] 감리업자는 공사업자가 공사의 시정 또는 보완을 하지 않을 경우 공사를 중단시킬 수 있다. O│X

113 감리업자는 공사업자가 공사의 시정 또는 보완을 하지 않을 경우 ~~공사를 중단시킬 수 있다.~~
→ 소방본부장이나 소방서장에게 그 사실을 보고하여야 한다.

114 [기출] 감리업자는 공사업자가 요구를 이행하지 아니하고 그 공사를 계속할 때에는 행정안전부령으로 정하는 바에 따라 소방본부장이나 소방서장에게 그 사실을 보고하여야 한다. O│X

115 [예상] 소방공사감리업자는 공사업자에게 해당 공사의 시정 또는 보완을 요구하였으나 이행하지 아니하고 그 공사를 계속할 때에는 시정 또는 보완을 이행하지 아니하고 공사를 계속하는 날부터 7일 이내에 소방시설공사 위반사항보고서를 소방본부장 또는 소방서장에게 제출하여야 한다. O│X

115 소방공사감리업자는 공사업자에게 해당 공사의 시정 또는 보완을 요구하였으나 이행하지 아니하고 그 공사를 계속할 때에는 시정 또는 보완을 이행하지 아니하고 공사를 계속하는 날부터 **3일** 이내에 소방시설공사 위반사항보고서를 소방본부장 또는 소방서장에게 제출하여야 한다.

정답
112 ✗ 113 ✗ 114 O 115 ✗

제20조 공사감리 결과의 통보 등

116 감리업자는 소방공사의 감리를 마쳤을 때에는 행정안전부령으로 정하는 바에 따라 그 감리결과를 특정소방대상물의 관계인, 소방시설설계업의 설계사, 특정소방대상물의 공사를 감리한 건축사에게 서면으로 알리고, 소방본부장이나 소방서장에게 공사감리 결과보고서를 제출하여야 한다.

해설 116 감리업자는 소방공사의 감리를 마쳤을 때에는 행정안전부령으로 정하는 바에 따라 그 감리결과를 특정소방대상물의 관계인, 소방시설설계업의 설계사, 소방시설공사의 도급인, 특정소방대상물의 공사를 감리한 건축사에게 서면으로 알리고, 소방본부장이나 소방서장에게 공사감리 결과보고서를 제출하여야 한다.

117 감리업자가 소방공사의 감리를 마쳤을 때에는 소방공사감리 결과보고(통보)서에 서류를 첨부하여 공사가 완료된 날부터 5일 이내에 특정소방대상물의 관계인, 소방시설공사의 도급인 및 특정소방대상물의 공사를 감리한 건축사에게 알리고, 소방본부장 또는 소방서장에게 보고해야 한다.

해설 117 감리업자가 소방공사의 감리를 마쳤을 때에는 소방공사감리 결과보고(통보)서에 서류를 첨부하여 공사가 완료된 날부터 7일 이내에 특정소방대상물의 관계인, 소방시설공사의 도급인 및 특정소방대상물의 공사를 감리한 건축사에게 알리고, 소방본부장 또는 소방서장에게 보고해야 한다.

118 감리업자가 소방공사의 감리를 마쳤을 때 소방공사감리 결과보고(통보)서에 착공신고 후 변경된 건축설계도면 1부를 첨부하여야 한다.

해설 118 감리업자가 소방공사의 감리를 마쳤을 때 소방공사감리 결과보고(통보)서에 착공신고 후 변경된 건축설계도면, 소방시설설계도면 1부를 첨부하여야 한다.

정답
116 × 117 × 118 ×

제20조의3 방염처리능력 평가 및 공시

119 소방청장은 방염처리업자의 방염처리능력 평가 요청이 있는 경우 해당 방염처리업자의 방염처리 실적 등에 따라 방염처리능력을 평가하여 공시할 수 있다.

정답
119 ○

제21조 소방시설공사등의 도급

120 [기출] 특정소방대상물의 관계인 또는 발주자는 소방시설공사등을 도급할 때에는 해당 소방시설업자에게 도급하여야 한다. ○|×

121 [예상] 소방시설공사는 다른 업종의 공사와 분리하여 도급하여야 한다. 다만, 공사의 성질상 또는 기술관리상 분리하여 도급하는 것이 곤란한 경우로서 대통령령으로 정하는 경우에는 다른 업종의 공사와 분리하지 아니하고 도급할 수 있다. ○|×

122 [기출] 소방시설공사 분리 도급의 예외
① 「재난 및 안전관리 기본법」에 따른 재난의 발생으로 긴급하게 착공해야 하는 공사인 경우 ○|×
② 국방 및 국가안보 등과 관련하여 기밀을 유지해야 하는 공사인 경우 ○|×
③ 연면적이 3천제곱미터 이하인 특정소방대상물에 비상경보설비를 설치하는 공사인 경우 ○|×
④ 「국가를 당사자로 하는 계약에 관한 법률 시행령」 및 「지방자치단체를 당사자로 하는 계약에 관한 법률 시행령」에 따른 원안입찰 또는 일부입찰 ○|×
⑤ 「국가를 당사자로 하는 계약에 관한 법률 시행령」 및 「지방자치단체를 당사자로 하는 계약에 관한 법률 시행령」에 따른 실시설계 기술제안입찰 또는 기본설계 기술제안입찰 ○|×
⑥ 문화재수리 및 재개발·재건축 등의 공사로서 공사의 성질상 분리하여 도급하는 것이 곤란하다고 시·도지사가 인정하는 경우 ○|×

해설

122
③ 연면적이 **1천제곱미터 이하**인 특정소방대상물에 비상경보설비를 설치하는 공사인 경우
④ 「국가를 당사자로 하는 계약에 관한 법률 시행령」 및 「지방자치단체를 당사자로 하는 계약에 관한 법률 시행령」에 따른 **대안입찰** 또는 **일괄입찰**
⑥ 문화재수리 및 재개발·재건축 등의 공사로서 공사의 성질상 분리하여 도급하는 것이 곤란하다고 **소방청장**이 인정하는 경우

정답
120 ○ **121** ○
122 ① ○ ② ○ ③ × ④ × ⑤ ○
⑥ ×

제21조의2 임금에 대한 압류의 금지
LINK 1권 181p

해설

123
공사업자가 도급받은 소방시설공사의 도급금액 중 그 공사(하도급한 공사를 포함한다)의 근로자에게 지급하여야 할 임금에 해당하는 금액은 압류할 수 **없다**.

기출

123 공사업자가 도급받은 소방시설공사의 도급금액 중 그 공사(하도급한 공사를 포함한다)의 근로자에게 지급하여야 할 임금에 해당하는 금액은 압류할 수 있다. O│X

정답
123 ×

제21조의3 도급의 원칙 등
LINK 1권 181~182p

해설

124
도급을 받은 자가 해당 소방시설공사등을 하도급할 때에는 행정안전부령으로 정하는 바에 따라 미리 관계인과 발주자에게 알려야 한다. ~~다만~~, 하수급인을 변경하거나 하도급 계약을 해지할 때**에도 또한 같다**.

기출

124 도급을 받은 자가 해당 소방시설공사등을 하도급할 때에는 행정안전부령으로 정하는 바에 따라 미리 관계인과 발주자에게 알려야 한다. 다만, 하수급인을 변경하거나 하도급 계약을 해지할 때에는 그러하지 아니한다. O│X

정답
124 ×

제21조의4 공사대금의 지급보증 등
LINK 1권 182~184p

해설

125
수급인이 국가, 지방자치단체 또는 대통령령으로 정하는 **공공기관 외의 자**가 발주하는 공사를 도급받은 경우로서 수급인이 발주자에게 계약의 이행을 보증하는 때에는 발주자도 수급인에게 공사대금의 지급을 보증하거나 담보를 제공하여야 한다.

예상

125 수급인이 국가, 지방자치단체 또는 대통령령으로 정하는 공공기관이 발주하는 공사를 도급받은 경우로서 수급인이 발주자에게 계약의 이행을 보증하는 때에는 발주자도 수급인에게 공사대금의 지급을 보증하거나 담보를 제공하여야 한다. O│X

정답
125 ×

126 발주자 및 수급인은 1개월 이내인 단기의 소방시설공사 또는 공사 1건의 도급금액이 3천만원 미만인 소규모 소방시설공사의 경우 계약이행의 보증이나 공사대금의 지급보증, 담보의 제공 또는 보험료등의 지급을 아니할 수 있다. O|X

126 발주자 및 수급인은 **3개월 이내**인 단기의 소방시설공사 또는 공사 1건의 도급금액이 **1천만원 미만**인 소규모 소방시설공사의 경우 계약이행의 보증이나 공사대금의 지급보증, 담보의 제공 또는 보험료등의 지급을 아니할 수 있다.

127 수급인이 공사를 중지하거나 도급계약을 해지한 경우에는 발주자는 수급인에게 공사 중지나 도급계약의 해지에 따라 발생하는 손해배상을 청구할 수 있다. O|X

127 수급인이 공사를 중지하거나 도급계약을 해지한 경우에는 발주자는 수급인에게 공사 중지나 도급계약의 해지에 따라 발생하는 손해배상을 **청구하지 못한다.**

정답 126 × 127 ×

제22조 하도급의 제한 LINK 1권 185p

128 도급을 받은 자는 소방시설의 설계, 시공, 감리를 제3자에게 하도급할 수 있다. O|X

128 도급을 받은 자는 소방시설의 설계, 시공, 감리를 제3자에게 하도급할 수 **없다.**

129 시공의 경우에는 대통령령으로 정하는 바에 따라 도급받은 소방시설공사의 일부를 다른 공사업자에게 하도급할 수 있다. O|X

130 주택건설사업, 건설업, 전기공사업, 정보통신공사업 중 어느 하나에 해당하는 사업을 함께 하는 공사업자가 소방시설공사와 해당 사업의 공사를 함께 도급받은 경우에는 도급받은 소방시설공사의 전부를 다른 공사업자에게 하도급할 수 있다. O|X

130 주택건설사업, 건설업, 전기공사업, 정보통신공사업 중 어느 하나에 해당하는 사업을 함께 하는 공사업자가 소방시설공사와 해당 사업의 공사를 함께 **도급받은** 경우에는 도급받은 소방시설공사의 **일부를** 다른 공사업자에게 하도급할 수 있다.

131 하수급인은 하도급받은 소방시설공사를 제3자에게 다시 하도급할 수 있다. O|X

131 하수급인은 하도급받은 소방시설공사를 제3자에게 다시 하도급할 수 **없다.**

정답 128 × 129 ○ 130 × 131 ×

제22조의2 하도급계약의 적정성 심사 등
LINK 1권 185~187p

해설

132 발주자는 심사한 결과 하수급인의 시공 및 수행능력 또는 하도급계약 내용이 적정하지 아니한 경우에는 그 사유를 분명하게 밝혀 수급인에게 하수급인 또는 하도급계약 내용의 변경을 요구할 수 있다. O│X

133 발주자는 수급인이 정당한 사유 없이 요구에 따르지 아니하여 공사 등의 결과에 중대한 영향을 끼칠 우려가 있는 경우에는 해당 소방시설공사등의 도급계약을 해지할 수 **있다**.

133 발주자는 수급인이 정당한 사유 없이 요구에 따르지 아니하여 공사 등의 결과에 중대한 영향을 끼칠 우려가 있는 경우에는 해당 소방시설공사등의 도급계약을 해지할 수 없다. O│X

134 하도급계약심사위원회는 위원장 1명과 부위원장 1명을 포함하여 10명 이내의 위원으로 구성한다. O│X

135 위원의 임기는 **3년**으로 하며, 한 차례만 연임할 수 있다.

135 위원의 임기는 2년으로 하며, 한 차례만 연임할 수 있다. O│X

정답
132 O 133 X 134 O 135 X

제22조의3 하도급대금의 지급 등
LINK 1권 187~188p

해설

136 수급인은 발주자로부터 도급받은 소방시설공사등에 대한 준공금을 받은 경우에는 하도급대금의 **전부**를, 기성금을 받은 경우에는 하수급인이 시공하거나 수행한 부분에 상당한 금액을 각각 지급받은 날부터 **15일** 이내에 하수급인에게 현금으로 지급하여야 한다.

136 수급인은 발주자로부터 도급받은 소방시설공사등에 대한 준공금을 받은 경우에는 하도급대금의 일부를, 기성금을 받은 경우에는 하수급인이 시공하거나 수행한 부분에 상당한 금액을 각각 지급받은 날부터 10일 이내에 하수급인에게 현금으로 지급하여야 한다. O│X

정답
136 X

제23조 도급계약의 해지

LINK 1권 189p

137 〔기출〕 해당 도급계약의 수급인이 소방시설업을 휴업하거나 폐업한 경우, 정당한 사유 없이 10일 이상 소방시설공사를 계속하지 않는 경우, 소방시설업 업무의 경고를 받은 경우 특정소방대상물의 관계인 또는 발주자는 도급계약을 해지할 수 있다. O|X

해설

137 해당 도급계약의 수급인이 소방시설업을 휴업하거나 폐업한 경우, 정당한 사유 없이 **30일** 이상 소방시설공사를 계속하지 않는 경우, ~~소방시설업 업무의 경고를 받은 경우~~ 특정소방대상물의 관계인 또는 발주자는 도급계약을 해지할 수 있다.

정답 137 ×

제24조 공사업자의 감리 제한

LINK 1권 189p

138 〔기출〕 설계업자와 감리업자가 같은 자인 경우 동일한 특정소방대상물의 소방시설에 대한 시공과 감리를 함께 할 수 없다. O|X

해설

138 **공사업자**와 감리업자가 같은 자인 경우 동일한 특정소방대상물의 소방시설에 대한 시공과 감리를 함께 할 수 없다.

정답 138 ×

제25조 소방 기술용역의 대가 기준

LINK 1권 189~190p

139 〔예상〕 소방시설공사의 설계와 공사 및 감리에 관한 약정을 할 때 그 대가는 「엔지니어링산업 진흥법」 제31조에 따른 엔지니어링사업의 대가 기준 가운데 행정안전부령으로 정하는 방식에 따라 산정한다. O|X

해설

139 소방시설공사의 설계와 ~~공사 및~~ 감리에 관한 약정을 할 때 그 대가는 「엔지니어링산업 진흥법」 제31조에 따른 엔지니어링사업의 대가 기준 가운데 행정안전부령으로 정하는 방식에 따라 산정한다.

정답 139 ×

제26조 시공능력 평가 및 공시

LINK 1권 190~194p

해설

140 **소방청장**은 관계인 또는 발주자가 적절한 공사업자를 선정할 수 있도록 하기 위하여 공사업자의 신청이 있으면 그 공사업자의 소방시설공사 실적, 자본금 등에 따라 **시공능력**을 평가하여 공시할 수 있다.

140 [기출] 시·도지사는 관계인 또는 발주자가 적절한 공사업자를 선정할 수 있도록 하기 위하여 공사업자의 신청이 있으면 그 공사업자의 소방시설공사 실적, 자본금 등에 따라 실적평가액을 평가하여 공시할 수 있다. O│X

141 소방시설공사업에서 소방청장의 공시에서 평가된 시공능력은 공사업자가 도급받을 수 있는 1건의 공사도급금액으로 하고, 시공능력 평가의 유효기간은 공사일부터 **1년간**으로 한다.

141 [기출] 소방시설공사업에서 소방청장의 공시에서 평가된 시공능력은 공사업자가 도급받을 수 있는 1건의 공사도급금액으로 하고, 시공능력 평가의 유효기간은 공사일부터 2년간으로 한다. O│X

142 [예상] 시공능력평가액＝실적평가액＋자본금평가액＋기술력평가액＋경력평가액±신인도평가액 O│X

143 [예상] 협회는 시공능력을 평가한 경우에는 그 사실을 해당 공사업자의 등록수첩에 기재하여 발급하고, 매년 7월 31일까지 각 공사업자의 시공능력을 일간신문 또는 인터넷 홈페이지를 통하여 공시하여야 한다. O│X

정답
140 × 141 × 142 O 143 O

제26조의2 설계·감리업자의 선정

LINK 1권 194~199p

144 예상

시·도지사 또는 시장·군수가 주택건설사업계획을 승인하거나 특별자치시장, 특별자치도지사, 시장, 군수 또는 자치구의 구청장이 사업시행계획을 인가할 때에는 그 주택건설공사에서 소방시설공사의 감리를 할 감리업자를 사업수행능력 평가기준에 따라 선정하여야 한다. O | X

145 예상

시·도지사가 감리업자를 선정해야 하는 주택건설공사의 규모 및 대상은 「주택법」에 따른 공동주택(기숙사를 포함한다)으로서 100세대 이상인 것으로 한다. O | X

해설

145 시·도지사가 감리업자를 선정해야 하는 주택건설공사의 규모 및 대상은 「주택법」에 따른 공동주택(기숙사를 ~~제외~~한다)으로서 300세대 이상인 것으로 한다.

정답
144 O 145 ×

제26조의3 소방시설업 종합정보시스템의 구축 등

LINK 1권 200p

146 예상

소방청장, 소방본부장 또는 소방서장은 정보를 종합적이고 체계적으로 관리·제공하기 위하여 소방시설업 종합정보시스템을 구축·운영할 수 있다. O | X

해설

146 소방청장, ~~소방본부장 또는 소방서장~~은 정보를 종합적이고 체계적으로 관리·제공하기 위하여 소방시설업 종합정보시스템을 구축·운영할 수 있다.

정답
146 ×

CHAPTER 04 소방기술자

제27조 소방기술자의 의무

147 소방기술자는 이 법과 이 법에 따른 명령과 「소방시설 설치 및 관리에 관한 법률」 및 같은 법에 따른 명령에 따라 업무를 수행하여야 한다. O|X

148 소방기술자는 다른 사람에게 자격증을 빌려 주어서는 아니 된다. O|X

149 소방기술자는 동시에 둘 이상의 업체에 취업하여서는 아니 된다. O|X

150 소방기술자의 자격수첩을 빌려준 경우 1년 이하의 징역 또는 1천만원 이하의 벌금에 처한다. O|X

[해설]
150 소방기술자의 자격수첩을 빌려준 경우 **300만원 이하의 벌금**에 처한다.

[정답]
147 O 148 O 149 O 150 ×

제28조 소방기술 경력 등의 인정 등

151 소방청장 또는 시·도지사는 소방기술의 효율적인 활용과 소방기술의 향상을 위하여 소방기술과 관련된 자격·학력 및 경력을 가진 사람을 소방기술자로 인정할 수 있다. O|X

[해설]
151 소방청장 ~~또는 시·도지사~~는 소방기술의 효율적인 활용과 소방기술의 향상을 위하여 소방기술과 관련된 자격·학력 및 경력을 가진 사람을 소방기술자로 인정할 수 있다.

[정답]
151 ×

152 소방청장은 자격·학력 및 경력을 인정받은 사람에게 소방기술 인정 자격수첩과 경력수첩을 발급할 수 있다. O|X

153 소방기술과 관련된 자격·학력 및 경력의 인정 범위와 자격수첩 및 경력수첩의 발급 절차 등에 관하여 필요한 사항은 대통령령으로 정한다. O|X

153
소방기술과 관련된 자격·학력 및 경력의 인정 범위와 자격수첩 및 경력수첩의 발급 절차 등에 관하여 필요한 사항은 **행정안전부령**으로 정한다.

154 소방청장은 자격수첩 또는 경력수첩을 발급받은 사람을 행정안전부령으로 정하는 바에 따라 그 자격을 취소하거나 6개월 이상 2년 이하의 기간을 정하여 그 자격을 정지시킬 수 있다. O|X

155 소방청장은 자격수첩 또는 경력수첩을 발급받은 사람이 거짓이나 그 밖의 부정한 방법으로 자격수첩 또는 경력수첩을 발급받은 경우에 그 자격을 취소하여야 한다. O|X

156 자격이 취소된 사람은 취소된 날부터 1년간 자격수첩 또는 경력수첩을 발급받을 수 없다. O|X

156
자격이 취소된 사람은 취소된 날부터 **2년간** 자격수첩 또는 경력수첩을 발급받을 수 없다.

정답
152 O 153 × 154 O 155 O
156 ×

해설
157
동일한 기간에 수행한 경력이 두 가지 이상의 자격 기준에 해당하는 경우에는 하나의 자격 기준에 대해서만 그 기간을 인정하고 기간이 **중복되지 않는 경우**에는 각각의 기간을 경력으로 인정한다.

정답
157 ×

157 〔예상〕 동일한 기간에 수행한 경력이 두 가지 이상의 자격 기준에 해당하는 경우에는 하나의 자격 기준에 대해서만 그 기간을 인정하고 기간이 중복되는 경우에는 각각의 기간을 경력으로 인정한다. ○|×

제28조의2 소방기술자 양성 및 교육 등
LINK 1권 212~213p

158 〔예상〕 소방청장은 소방기술자를 육성하고 소방기술자의 전문기술능력 향상을 위하여 소방기술자와 소방기술과 관련된 자격·학력 및 경력을 인정받으려는 사람의 양성·인정 교육훈련을 실시할 수 있다. ○|×

해설
159
소방기술자 양성·인정 교육훈련기관은 교육운영계획, 교육 과정 및 과목, 교육방법, 그 밖에 소방기술자 양성·인정 교육훈련의 실시에 필요한 사항이 포함된 다음 연도 교육훈련계획을 수립하여 해당 연도 **11월 30일**까지 소방청장의 승인을 받아야 한다.

159 〔예상〕 소방기술자 양성·인정 교육훈련기관은 교육운영계획, 교육 과정 및 과목, 교육방법, 그 밖에 소방기술자 양성·인정 교육훈련의 실시에 필요한 사항이 포함된 다음 연도 교육훈련계획을 수립하여 해당 연도 12월 31일까지 소방청장의 승인을 받아야 한다. ○|×

해설
160
③ 전국 **4개** 이상의 시·도에 이론교육과 실습교육이 가능한 교육·훈련장을 갖출 것

160 〔기출〕 소방기술자 양성·인정 교육훈련기관의 지정 요건
① 교육과목별 교재 및 강사 매뉴얼을 갖출 것 ○|×
② 소방기술자 양성·인정 교육훈련을 실시할 수 있는 전담인력을 6명 이상 갖출 것 ○|×
③ 전국 2개 이상의 시·도에 이론교육과 실습교육이 가능한 교육·훈련장을 갖출 것 ○|×
④ 교육훈련의 신청·수료, 성과측정, 경력관리 등에 필요한 교육훈련 관리시스템을 구축·운영할 것 ○|×

정답
158 ○   159 ×
160 ① ○ ② ○ ③ × ④ ○

제29조 소방기술자의 실무교육

161 〔예상〕 화재 예방, 안전관리의 효율화, 새로운 기술 등 소방에 관한 지식의 보급을 위하여 소방시설업 또는 「소방시설 설치 및 관리에 관한 법률」 제29조에 따른 소방시설관리업의 기술인력으로 등록된 소방기술자는 행정안전부령으로 정하는 바에 따라 실무교육을 받아야 한다. O | X

162 〔예상〕 소방기술자가 정하여진 교육을 받지 아니하면 소방기술자 자격수첩을 취소할 수 있다. O | X

163 〔기출〕 소방기술자는 실무교육을 2년마다 1회 이상 받아야 한다. O | X

164 〔예상〕 소방기술자 실무교육에 관한 업무를 위탁받은 실무교육기관 또는 「소방기본법」 제40조에 따른 한국소방안전원의 장은 소방기술자에 대한 실무교육을 실시하려면 교육일정 등 교육에 필요한 계획을 수립하여 소방청장에게 보고한 후 교육 30일 전까지 교육대상자에게 알려야 한다. O | X

165 〔예상〕 지정을 받은 실무교육기관은 휴업·재개업 또는 폐업을 하려면 그 휴업 또는 재개업을 하려는 날의 14일 전까지 휴업·재개업·폐업 보고서에 실무교육기관 지정서 1부를 첨부(폐업하는 경우에만 첨부한다)하여 소방청장에게 보고하여야 한다. O | X

해설

162 소방기술자가 정하여진 교육을 받지 아니하면 그 **교육을 이수할 때까지** 그 소방기술자는 소방시설업 또는 소방시설관리업의 기술인력으로 등록된 사람으로 보지 아니한다.

164 소방기술자 실무교육에 관한 업무를 위탁받은 실무교육기관 또는 「소방기본법」 제40조에 따른 한국소방안전원의 장은 소방기술자에 대한 실무교육을 실시하려면 교육일정 등 교육에 필요한 계획을 수립하여 소방청장에게 보고한 후 교육 **10일** 전까지 교육대상자에게 알려야 한다.

정답
161 O 162 × 163 O 164 ×
165 O

해설

166
실무교육기관등의 장은 매년 12월 31일까지 다음 해 교육계획을 실무교육의 종류별·대상자별·지역별로 수립하여 이를 일간신문 또는 인터넷 홈페이지에 공고하고 **소방본부장 또는 소방서장**에게 보고하여야 한다.

167
실무교육기관등의 장은 그 해의 교육이 끝난 후 직능별·지역별 교육수료자 명부를 작성하여 **소방본부장 또는 소방서장**에게 다음 해 1월 말까지 **알려야 한다**.

168
실무교육기관등의 장은 매년 1월 말까지 전년도 교육 횟수·인원 및 대상자 등 교육실적을 **소방청장에게 보고하여야 한다**.

---

166 실무교육기관등의 장은 매년 12월 31일까지 다음 해 교육계획을 실무교육의 종류별·대상자별·지역별로 수립하여 이를 일간신문 또는 인터넷 홈페이지에 공고하고 소방청장에게 보고하여야 한다. ⃞ O ⃞ X

167 [예상] 실무교육기관등의 장은 그 해의 교육이 끝난 후 직능별·지역별 교육수료자 명부를 작성하여 소방청장에게 다음 해 1월 말까지 보고하여야 한다. ⃞ O ⃞ X

168 [예상] 실무교육기관등의 장은 매년 1월 말까지 전년도 교육 횟수·인원 및 대상자 등 교육실적을 소방본부장 또는 소방서장에게 알려야 한다. ⃞ O ⃞ X

정답
166 × 167 × 168 ×

CHAPTER 05 소방시설업자협회

제30조의2 소방시설업자협회의 설립

169 소방시설업자는 소방시설업자의 권익보호와 소방기술의 개발 등 소방시설업의 건전한 발전을 위하여 소방시설업자협회를 설립할 수 있다. O | X

170 협회는 소방청장의 승인을 받아 주된 사무소의 소재지에 설립등기를 함으로써 성립한다. O | X

170 협회는 소방청장의 **인가**를 받아 주된 사무소의 소재지에 설립등기를 함으로써 성립한다.

171 소방시설업자협회는 소방산업의 발전 및 소방기술의 향상을 위한 지원, 소방시설의 안전에 관한 국제협력등의 업무를 한다. O | X

171 소방시설업자협회는 소방산업의 발전 및 소방기술의 향상을 위한 지원, **소방시설업의 기술발전과 관련된 국제교류·활동 및 행사의 유치**의 업무를 한다.

172 소방시설업자협회를 설립하려면 소방시설업자 50명 이상이 발기하고 창립총회에서 정관을 의결한 후 소방청장에게 인가를 신청하여야 한다. O | X

172 소방시설업자협회를 설립하려면 소방시설업자 **10명** 이상이 발기하고 창립총회에서 정관을 의결한 후 소방청장에게 인가를 신청하여야 한다.

173 협회에 관하여 이 법에 규정되지 아니한 사항은 「민법」 중 재단법인에 관한 규정을 준용한다. O | X

173 협회에 관하여 이 법에 규정되지 아니한 사항은 「민법」 중 **사단법인**에 관한 규정을 준용한다.

정답
169 ○　170 ×　171 ×　172 ×
173 ×

해설

174
안전원은 정관을 변경하려면 소방청장의 인가를 받아야 한다.

175
⑤ 회원의 가입 및 탈퇴에 관한 사항
⑦ 자산과 회계에 관한 사항

174 협회는 정관을 변경하려면 소방청장의 인가를 받아야 한다. ○ ✕

175 정관의 기재사항
① 목적 ○ ✕
② 명칭 ○ ✕
③ 주된 사무소의 소재지 ○ ✕
④ 사업에 관한 사항 ○ ✕
⑤ 회원과 임원 및 직원에 관한 사항 ○ ✕
⑥ 회비에 관한 사항 ○ ✕
⑦ 재정 및 회계에 관한 사항 ○ ✕
⑧ 임원의 정원·임기 및 선출방법 ○ ✕
⑨ 기구와 조직에 관한 사항 ○ ✕
⑩ 총회와 이사회에 관한 사항 ○ ✕

정답
174 ✕
175 ① ○ ② ○ ③ ○ ④ ○ ⑤ ✕
⑥ ○ ⑦ ✕ ⑧ ○ ⑨ ○ ⑩ ○

CHAPTER 06 보칙

제32조 청문

176 소방기술 인정 자격정지처분, 소방시설업의 등록취소 처분, 소방시설업의 영업정지 처분을 하려면 청문을 하여야 한다. O | X

176 소방기술 인정 **자격취소처분**, 소방시설업의 등록취소 처분, 소방시설업의 영업정지 처분을 하려면 청문을 하여야 한다.

정답
176 ×

제33조 권한의 위임·위탁 등

177 시·도지사는 소방시설업 등록신청의 접수 및 신청내용의 확인에 관한 업무를 소방시설업자협회에 위탁할 수 있다. O | X

178 시·도지사는 소방기술과 관련된 자격·학력·경력의 인정업무를 소방시설업자협회, 소방기술과 관련된 법인 또는 단체에 위탁할 수 있다. O | X

178 **소방청장**은 소방기술과 관련된 자격·학력·경력의 인정업무를 소방시설업자협회, 소방기술과 관련된 법인 또는 단체에 위탁할 수 있다.

179 소방청장은 소방시설공사업을 등록한 자의 시공능력 평가 및 공시에 관한 업무를 소방시설업자협회에 위탁할 수 있다. O | X

정답
177 O 178 × 179 O

180 기출

소방청장은 소방기술자 실무교육에 관한 업무를 소방청장이 지정하는 실무교육기관 또는 대한소방공제회에 위탁한다. O|X

해설 180
소방청장은 소방기술자 실무교육에 관한 업무를 소방청장이 지정하는 실무교육기관 또는 **한국소방안전원**에 위탁한다.

181 예상

소방청장은 소방기술자 양성·인정 교육훈련 업무를 소방청장이 지정하는 실무교육기관 또는 「소방기본법」 제40조에 따른 한국소방안전원에 위탁한다. O|X

해설 181
소방청장은 소방기술자 양성·인정 교육훈련 업무를 **협회, 소방기술과 관련된 법인 또는 단체**에 위탁한다.

정답
180 ×   181 ×

CHAPTER 07 벌칙

제35조~제40조 벌칙, 과태료

182 〔기출〕 소방시설업 등록을 하지 아니하고 영업을 한 자: 3년 이하의 징역 또는 3천만원 이하의 벌금 ○|×

183 〔기출〕 영업정지처분을 받고 그 영업정지 기간에 영업을 한 자: 1년 이하의 징역 또는 1천만원 이하의 벌금 ○|×

184 〔예상〕 소방시설공사 현장에 감리원을 배치하지 아니한 자: 1년 이하의 징역 또는 1천만원 이하의 벌금 ○|×

185 〔예상〕 소방기술자를 공사 현장에 배치하지 아니한 자: 1년 이하의 징역 또는 1천만원 이하의 벌금 ○|×

186 〔예상〕 공사감리자를 지정하지 아니한 자: 300만원 이하의 벌금 ○|×

해설

184 소방시설공사 현장에 감리원을 배치하지 아니한 자: 300만원 이하의 벌금

185 소방기술자를 공사 현장에 배치하지 아니한 자: 200만원 이하의 과태료

186 공사감리자를 지정하지 아니한 자: 1년 이하의 징역 또는 1천만원 이하의 벌금

정답 182 ○ 183 ○ 184 × 185 × 186 ×

해설

188
3일 이내에 하자를 보수하지 아니하거나 하자보수계획을 관계인에게 거짓으로 알린 자: **200만원 이하의 과태료**

189
동시에 둘 이상의 업체에 취업한 사람: **300만원 이하의 벌금**

정답
187 ○ 188 × 189 × 190 ○
191 ×

---

187 〔기출〕 소방시설업자가 아닌 자에게 소방시설공사등을 도급한 자: 1년 이하의 징역 또는 1천만원 이하의 벌금   O | X

188 〔예상〕 3일 이내에 하자를 보수하지 아니하거나 하자보수계획을 관계인에게 거짓으로 알린 자: 100만원 이하의 벌금   O | X

189 〔기출〕 동시에 둘 이상의 업체에 취업한 사람: 200만원 이하의 과태료   O | X

190 〔예상〕 방염성능기준 미만으로 방염을 한 자: 200만원 이하의 과태료   O | X

191 〔예상〕 과태료는 대통령령으로 정하는 바에 따라 관할 시·도지사, 소방청장, 소방본부장 또는 소방서장이 부과·징수한다.   O | X

PART Ⅲ 소방시설공사업법

PART

IV

화재의 예방 및 안전 관리에 관한 법률

CHAPTER 01	총칙
CHAPTER 02	화재의 예방 및 안전관리 기본계획의 수립 · 시행
CHAPTER 03	화재안전조사
CHAPTER 04	화재의 예방조치 등
CHAPTER 05	소방대상물의 소방안전관리
CHAPTER 06	특별관리시설물의 소방안전관리
CHAPTER 07	보칙
CHAPTER 08	벌칙

CHAPTER 01 총칙

제1조 목적

해설

001 이 법은 화재의 예방과 안전관리에 필요한 사항을 규정함으로써 화재로부터 국민의 생명·신체 및 재산을 보호하고 공공의 안전과 복리 증진에 이바지함을 목적으로 한다. O|X

정답
001 O

제2조 정의

해설

002 "예방"이란 화재의 위험으로부터 사람의 생명·신체 및 재산을 보호하기 위하여 화재발생을 사전에 제거하거나 방지하기 위한 모든 활동을 말한다. O|X

003 "안전관리"란 화재로 인한 피해를 최소화하기 위한 예방, 대비, 대응, **복구** 등의 활동을 말한다.

003 "안전관리"란 화재로 인한 피해를 최소화하기 위한 예방, 대비, 대응, 복구 등의 활동을 말 한다. O|X

004 "화재안전조사"란 소방청장, 소방본부장 또는 소방서장이 소방대상물, 관계지역 또는 관계인에 대하여 소방시설 등이 소방 관계 법령에 적합하게 설치·관리되고 있는지, 소방대상물에 화재의 발생 위험이 있는지 등을 확인하기 위하여 실시하는 **현장조사·문서열람·보고요구 등을 하는 활동**을 말한다.

004 "화재안전조사"란 소방청장, 소방본부장 또는 소방서장이 화재원인, 피해상황, 대응활동 등을 파악하기 위하여 기출 자료의 수집, 관계인 등에 대한 질문, 현장확인, 감식, 감정 및 실험 등을 하는 일련의 행위를 말한다. O|X

정답
002 O 003 × 004 ×

005 기출

"화재예방강화지구"란 소방본부장 또는 소방서장이 화재발생 우려가 크거나 화재가 발생할 경우 피해가 클 것으로 예상되는 지역에 대하여 화재의 예방 및 안전관리를 강화하기 위해 지정·관리하는 지역을 말한다. ○|×

해설

005
"화재예방강화지구"란 ~~시·도지사~~가 화재발생 우려가 크거나 화재가 발생할 경우 피해가 클 것으로 예상되는 지역에 대하여 화재의 예방 및 안전관리를 강화하기 위해 지정·관리하는 지역을 말한다.

006 기출

"화재예방안전진단"이란 소방관서장이 화재가 발생할 경우 사회·경제적으로 피해 규모가 클 것으로 예상되는 소방대상물에 대하여 화재위험요인을 조사하고 그 위험성을 평가하여 개선대책을 수립하는 것을 말한다. ○|×

006
"화재예방안전진단"이란 ~~소방관서장~~이 화재가 발생할 경우 사회·경제적으로 피해 규모가 클 것으로 예상되는 소방대상물에 대하여 화재위험요인을 조사하고 그 위험성을 평가하여 개선대책을 수립하는 것을 말한다.

정답
005 × 006 ×

CHAPTER 02 화재의 예방 및 안전관리 기본계획의 수립·시행

제4조 화재의 예방 및 안전관리 기본계획 등의 수립·시행

해설

007 소방청장은 화재예방정책을 체계적·효율적으로 추진하고 이에 필요한 기반 확충을 위하여 화재의 예방 및 안전관리에 관한 기본계획을 **5년**마다 수립·시행하여야 한다.

007 [기출] 소방청장은 화재예방정책을 체계적·효율적으로 추진하고 이에 필요한 기반 확충을 위하여 화재의 예방 및 안전관리에 관한 기본계획을 10년마다 수립·시행하여야 한다. O|X

008 [기출] 기본계획은 대통령령으로 정하는 바에 따라 소방청장이 관계 중앙행정기관의 장과 협의하여 수립한다. O|X

009 소방청장은 기본계획을 시행하기 위하여 **매년** 시행계획을 수립·시행하여야 한다.

009 [기출] 소방청장은 기본계획을 시행하기 위하여 5년마다 시행계획을 수립·시행하여야 한다. O|X

010 기본계획, 시행계획 및 세부시행계획의 수립·시행에 필요한 사항은 **대통령령**으로 정한다.

010 [기출] 기본계획, 시행계획 및 세부시행계획의 수립·시행에 필요한 사항은 행정안전부령으로 정한다. O|X

011 [기출] 소방청장은 기본계획 및 시행계획을 수립하기 위하여 필요한 경우에는 관계 중앙행정기관의 장 또는 시·도지사에게 관련 자료의 제출을 요청할 수 있다. O|X

정답
007 × 008 ○ 009 × 010 ×
011 ○

012 〔기출〕 소방청장은 수립된 기본계획과 시행계획을 관계 중앙행정기관의 장과 시·도지사에게 통보하여야 한다. ⃞O ⃞X

013 〔예상〕 기본계획과 시행계획을 통보받은 관계 중앙행정기관의 장과 시·도지사는 소관 사무의 특성을 반영한 세부시행계획을 수립·시행하고 그 결과를 소방청장에게 통보하여야 한다. ⃞O ⃞X

014 〔예상〕 소방청장은 화재의 예방 및 안전관리에 관한 기본계획을 계획 시행 전년도 8월 31일까지 관계 중앙행정기관의 장과 협의한 후 계획 시행 전년도 9월 30일까지 수립해야 한다. ⃞O ⃞X

015 〔예상〕 시·도지사는 기본계획을 시행하기 위한 계획을 계획 시행 전년도 10월 31일까지 수립해야 한다. ⃞O ⃞X

015 **소방청장**은 기본계획을 시행하기 위한 계획을 계획 시행 전년도 10월 31일까지 수립해야 한다.

016 〔예상〕 관계 중앙행정기관의 장 및 시·도지사는 소관 사무의 특성을 반영한 세부시행계획을 계획 시행 전년도 11월 30일까지 수립하고, 이를 그 계획이 실시되는 연도의 12월 31일까지 소방청장에게 제출해야 한다. ⃞O ⃞X

016 관계 중앙행정기관의 장 및 시·도지사는 소관 사무의 특성을 반영한 세부시행계획을 **수립하여 계획 시행 전년도** 12월 31일까지 소방청장에게 통보해야 한다.

〔정답〕
012 O 013 O 014 O 015 X
016 X

해설
017
② 소방대상물의 환경 및 화재위험특성 변화 추세 등 **화재예방정책의 여건 변화에 관한 사항**

017 화재의 예방 및 안전관리 기본계획 등의 수립·시행 사항
① 화재예방정책의 기본목표 및 추진방향 [O|X]
② 화재예방의 여건 변화에 관한 사항 [O|X]
③ 화재의 예방과 안전관리 관련 기술의 개발·보급 [O|X]
④ 화재발생 현황 [O|X]
⑤ 화재의 예방과 안전관리 관련 산업의 국제경쟁력 향상 [O|X]
⑥ 소방시설의 설치·관리 및 화재안전기준의 개선에 관한 사항 [O|X]
⑦ 계절별·시기별·소방대상물별 화재예방대책의 추진 및 평가 등에 관한 사항 [O|X]

정답
017 ① ○ ② × ③ ○ ④ ○ ⑤ ○ ⑥ ○ ⑦ ○

제5조 실태조사
LINK 1권 252~253p

해설
018
소방청장은 기본계획 및 시행계획의 수립·시행에 필요한 기초자료를 확보하기 위하여 실태조사를 할 수 있다. 이 경우 **관계 중앙행정기관의 장**의 요청이 있는 때에는 합동으로 실태조사를 할 수 있다.

018 소방관서장은 기본계획 및 시행계획의 수립·시행에 필요한 기초자료를 확보하기 위하여 실태조사를 할 수 있다. 이 경우 시·도지사의 요청이 있는 때에는 합동으로 실태조사를 할 수 있다. [O|X]

019
소방청장은 실태조사를 실시하려는 경우 실태조사 시작 **7일 전까지** 조사 일시, 조사 사유 및 조사 내용 등을 포함한 조사계획을 조사대상자에게 서면 또는 전자우편 등의 방법으로 미리 알려야 한다.

019 소방청장은 실태조사를 실시하려는 경우 실태조사 시작 10일 전까지 조사 일시, 조사 사유 및 조사 내용 등을 포함한 조사계획을 조사대상자에게 서면 또는 전자우편 등의 방법으로 미리 알려야 한다. [O|X]

020
① 소방대상물의 **용도별·규모별** 현황

020 실태조사 조사 사항
① 소방대상물의 위치, 연면적, 용도 등 현황 [O|X]
② 소방대상물의 화재의 예방 및 안전관리 현황 [O|X]
③ 소방대상물의 소방시설등 설치·관리 현황 [O|X]

정답
018 × 019 ×
020 ① × ② ○ ③ ○

제6조 통계의 작성 및 관리

021 [예상] 소방청장은 화재의 예방 및 안전관리에 관한 통계를 5년마다 작성·관리하여야 한다. ○ | ✗

021 [해설] 소방청장은 화재의 예방 및 안전관리에 관한 통계를 **매년** 작성·관리하여야 한다.

022 [예상] 소방청장은 통계자료의 작성·관리에 관한 업무의 전부 또는 일부를 행정안전부령으로 정하는 바에 따라 전문성이 있는 기관을 지정하여 수행하게 할 수 있다. ○ | ✗

023 [예상] 소방청장은 한국소방안전원, 한국소방산업기술원, 정부출연연구기관, 통계작성지정기관으로 하여금 통계자료의 작성·관리에 관한 업무를 수행하게 할 수 있다. ○ | ✗

023 소방청장은 한국소방안전원, ~~한국소방산업기술원~~, 정부출연연구기관, 통계작성지정기관으로 하여금 통계자료의 작성·관리에 관한 업무를 수행하게 할 수 있다.

정답
021 ✗ 022 ○ 023 ✗

화재안전조사

제7조 화재안전조사

024 소방관서장은 화재안전조사를 실시할 수 있다. 다만, 개인의 주거에 대한 화재안전조사는 관계인의 승낙이 있거나 화재발생의 우려가 뚜렷하여 긴급한 필요가 있는 때에 한정한다. [기출] O|X

025 소방관서장은 자체점검이 불성실하거나 불완전하다고 인정되는 경우, 화재가 자주 발생하였거나 발생할 우려가 뚜렷한 곳에 대한 조사가 필요한 경우 화재안전조사를 실시할 수 있다. [예상] O|X

026 화재안전조사의 항목은 대통령령으로 정한다. 이 경우 화재안전조사의 항목에는 화재의 예방조치 상황, 소방시설등의 관리 상황 및 소방대상물의 화재 등의 발생 위험과 관련된 사항이 포함되어야 한다. [예상] O|X

정답
024 O 025 O 026 O

제8조 화재안전조사의 방법·절차 등

027 소방관서장은 화재안전조사를 조사의 목적에 따라 화재안전조사의 항목 전체에 대하여 종합적으로 실시하거나 특정 항목에 한정하여 실시할 수 있다. [예상] O|X

정답
027 O

028 소방관서장은 화재안전조사를 실시하려는 경우 사전에 관계인에게 조사대상, 조사기간 및 조사사유 등을 구두 또는 서면을 통하여 통지하고 이를 대통령령으로 정하는 바에 따라 인터넷 홈페이지나 전산시스템 등을 통하여 공개하여야 한다. O | X

028 소방관서장은 화재안전조사를 실시하려는 경우 사전에 관계인에게 조사대상, 조사기간 및 조사사유 등을 **우편, 전화, 전자메일 또는 문자전송 등**을 통하여 통지하고 이를 대통령령으로 정하는 바에 따라 인터넷 홈페이지나 전산시스템 등을 통하여 공개하여야 한다.

029 화재안전조사는 관계인의 승낙 없이 소방대상물의 공개시간 또는 근무시간 이외에는 할 수 없다. 다만, 화재안전조사의 실시를 사전에 통지하거나 공개하면 조사목적을 달성할 수 없다고 인정되는 경우에는 그러하지 아니하다. O | X

029 화재안전조사는 관계인의 승낙 없이 소방대상물의 공개시간 또는 근무시간 이외에는 할 수 없다. 다만, **화재가 발생할 우려가 뚜렷하여 긴급하게 조사할 필요가 있는 경우**에는 그러하지 아니하다.

030 소방관서장은 화재안전조사를 실시하려는 경우 사전에 조사대상, 조사기간 및 조사사유 등 조사계획을 소방청, 소방본부 또는 소방서의 인터넷 홈페이지나 전산시스템 등을 통해 사전에 공개하여야 한다. 이 경우 공개기간은 10일 이상으로 한다. O | X

030 소방관서장은 화재안전조사를 실시하려는 경우 사전에 조사대상, 조사기간 및 조사사유 등 조사계획을 소방청, 소방본부 또는 소방서의 인터넷 홈페이지나 전산시스템 등을 통해 사전에 공개하여야 한다. 이 경우 공개기간은 **7일** 이상으로 한다.

031 소방관서장은 화재안전조사를 효율적으로 실시하기 위하여 필요한 경우 관계 중앙행정기관 또는 지방자치단체, 한국소방안전원, 한국소방산업기술원, 소방시설업자협회 등의 기관의 장과 합동으로 조사반을 편성하여 화재안전조사를 할 수 있다. O | X

031 소방관서장은 화재안전조사를 효율적으로 실시하기 위하여 필요한 경우 관계 중앙행정기관 또는 지방자치단체, 한국소방안전원, 한국소방산업기술원, **소방시설업자협회, 화재보험협회, 한국가스안전공사, 한국전기안전공사** 등의 기관의 장과 합동으로 조사반을 편성하여 화재안전조사를 할 수 있다.

032 관계인이 질병, 사고, 장기출장 등으로 화재안전조사에 참여할 수 없는 경우 관계인은 화재안전조사를 연기하여 줄 것을 신청할 수 있다. O | X

정답
028 X 029 X 030 X 031 X
032 O

해설

033
화재안전조사의 연기를 신청하려는 관계인은 화재안전조사 시작 3일 전까지 화재안전조사 연기신청서에 화재안전조사를 받기 곤란함을 증명할 수 있는 서류를 첨부하여 소방청장, 소방본부장 또는 소방서장에게 제출해야 한다.

□□□ **기출**

033 화재안전조사의 연기를 신청하려는 관계인은 화재안전조사 시작 5일 전까지 화재안전조사 연기신청서에 화재안전조사를 받기 곤란함을 증명할 수 있는 서류를 첨부하여 소방청장, 소방본부장 또는 소방서장에게 제출해야 한다. ○│✕

□□□ **기출**

034 소방관서장은 화재안전조사의 연기를 승인한 경우라도 연기기간이 끝나기 전에 연기사유가 없어졌거나 긴급히 조사를 해야 할 사유가 발생하였을 때는 관계인에게 미리 알리고 화재안전조사를 할 수 있다. ○│✕

정답
033 ✕ 034 ○

제9조 화재안전조사단 편성·운영   LINK 1권 259~260p

해설

□□□ **예상**

035 소방관서장은 화재안전조사를 효율적으로 수행하기 위하여 대통령령으로 정하는 바에 따라 소방청에는 중앙화재안전조사단을, 소방본부 및 소방서에는 지방화재안전조사단을 편성하여 운영할 수 있다. ○│✕

036
중앙화재안전조사단 및 지방화재안전조사단은 각각 단장을 포함하여 **50명** 이내의 단원으로 성별을 고려하여 구성한다.

□□□ **기출**

036 중앙화재안전조사단 및 지방화재안전조사단은 각각 단장을 포함하여 21명 이내의 단원으로 성별을 고려하여 구성한다. ○│✕

정답
035 ○ 036 ✕

037 조사단의 단장은 단원 중에서 소방관서장이 임명 또는 위촉한다. O|X

038 소방공무원은 화재조사단의 단원으로 임명 또는 위촉될 수 있다. O|X

정답
037 O 038 O

제10조 화재안전조사위원회 구성·운영
LINK 1권 260~261p

039 소방관서장은 화재안전조사의 대상을 객관적이고 공정하게 선정하기 위하여 필요한 경우 화재안전조사위원회를 구성하여 화재안전조사의 대상을 선정할 수 있다. O|X

040 화재안전조사위원회는 위원장 1명을 포함한 12명 이내의 위원으로 성별을 고려하여 구성하고, 위원장은 소방관서장이 지정한 사람이 된다. O|X

해설
040
화재안전조사위원회는 위원장 1명을 포함한 **7명** 이내의 위원으로 성별을 고려하여 구성하고, 위원장은 소방관서장이 ~~지정한 사람이~~ 된다.

041 과장급 직위 이상의 소방공무원, 소방설비기사, 소방시설관리사, 소방 관련 법인 또는 단체에서 소방 관련 업무에 5년 이상 종사한 사람은 화재안전조사위원회의 위원이 될 수 있다. O|X

041
과장급 직위 이상의 소방공무원, ~~소방설비기사~~, **소방기술사**, 소방시설관리사, 소방 관련 법인 또는 단체에서 소방 관련 업무에 5년 이상 종사한 사람은 화재안전조사위원회의 위원이 될 수 있다.

정답
039 O 040 × 041 ×

해설

042
소방 관련 분야의 **석사**학위 이상을 취득한 자를 화재안전조사위원회의 위원으로 임명하거나 위촉한다.

042 소방 관련 분야의 박사학위 이상을 취득한 자를 화재안전조사위원회의 위원으로 임명하거나 위촉한다. [O|X]

043
위원회에 출석한 위원에게는 예산의 범위에서 수당, 여비, 그 밖에 필요한 경비를 지급할 수 있다. 다만, 공무원인 위원이 소관 업무와 직접 관련하여 위원회에 출석하는 경우에는 그렇지 않다.

043 위원회에 출석한 위원(공무원 포함)에게는 예산의 범위에서 수당, 여비, 그 밖에 필요한 경비를 지급할 수 있다. [O|X]

정답
042 × 043 ×

제11조 | 화재안전조사 전문가 참여   LINK 1권 261p

044 소방관서장은 필요한 경우에는 소방기술사, 소방시설관리사, 그 밖에 화재안전 분야에 전문지식을 갖춘 사람을 화재안전조사에 참여하게 할 수 있다. [O|X]

045
위원회에 출석한 위원에게는 예산의 범위에서 수당, 여비, 그 밖에 필요한 경비를 지급할 수 있다. 다만, 공무원인 위원이 소관 업무와 직접 관련하여 위원회에 출석하는 경우에는 그렇지 않다.

045 조사에 참여하는 외부 전문가에게는 예산의 범위에서 수당, 여비, 그 밖에 필요한 경비를 지급할 수 있다. [O|X]

정답
044 O 045 O

제12조 증표의 제시 및 비밀유지 의무 등
LINK 1권 261p

046 화재안전조사 업무를 수행하면서 알게 된 비밀을 목적 외의 용도로 사용한 자는 300만 원 이하의 벌금에 처한다. ⓞⅠⓧ

해설
046
화재안전조사 업무를 수행하면서 알게 된 비밀을 목적 외의 용도로 사용한 자는 **1년 이하의 징역 또는 1천만 원 이하의 벌금**에 처한다.

정답
046 ×

제13조 화재안전조사 결과 통보
LINK 1권 262p

047 소방관서장은 화재안전조사를 마친 때에는 그 조사 결과를 관계인에게 서면 또는 구두로 통지할 수 있다. 다만, 화재안전조사의 현장에서 관계인에게 조사의 결과를 설명하고 화재안전조사 결과서의 부본을 교부한 경우에는 그러하지 아니하다. ⓞⅠⓧ

해설
047
소방관서장은 화재안전조사를 마친 때에는 그 조사 결과를 관계인에게 **서면으로 통지하여야 한다**. 다만, 화재안전조사의 현장에서 관계인에게 조사의 결과를 설명하고 화재안전조사 결과서의 부본을 교부한 경우에는 그러하지 아니하다.

정답
047 ×

제14조 화재안전조사 결과에 따른 조치명령
LINK 1권 262p

048 소방관서장은 화재안전조사 결과에 따른 소방대상물의 위치·구조·설비 또는 관리의 상황이 화재예방을 위하여 보완될 필요가 있거나 화재가 발생하면 인명 또는 재산의 피해가 클 것으로 예상되는 때에는 행정안전부령으로 정하는 바에 따라 관계인에게 그 소방대상물의 개수·이전·제거, 사용의 금지 또는 제한, 사용폐쇄, 공사의 정지 또는 중지, 소방안전관리자 변경 등 그 밖에 필요한 조치를 명할 수 있다. ⓞⅠⓧ

해설
048
소방관서장은 화재안전조사 결과에 따른 소방대상물의 위치·구조·설비 또는 관리의 상황이 화재예방을 위하여 보완될 필요가 있거나 화재가 발생하면 인명 또는 재산의 피해가 클 것으로 예상되는 때에는 행정안전부령으로 정하는 바에 따라 관계인에게 그 소방대상물의 개수·이전·제거, 사용의 금지 또는 제한, 사용폐쇄, 공사의 정지 또는 중지, 소방안전관리자 변경 등 그 밖에 필요한 조치를 명할 수 있다.

정답
048 ×

제15조 손실보상

해설

049 <u>소방청장</u> 또는 시·도지사는 화재안전조사 결과에 따른 조치명령으로 인하여 손실을 입은 자가 있는 경우에는 대통령령으로 정하는 바에 따라 보상하여야 한다.

050 소방청장 또는 시·도지사가 손실을 보상하는 경우에는 <u>시가</u>로 보상해야 한다.

049 [기출] 소방관서장 또는 시·도지사는 화재안전조사 결과에 따른 조치명령으로 인하여 손실을 입은 자가 있는 경우에는 대통령령으로 정하는 바에 따라 보상하여야 한다. O|X

050 [예상] 소방청장 또는 시·도지사가 손실을 보상하는 경우에는 원가로 보상해야 한다. O|X

051 [기출] 소방청장 또는 시·도지사는 보상금액에 관한 협의가 성립되지 아니한 경우에는 그 보상금액을 지급하거나 공탁하고 이를 상대방에게 알려야 한다. O|X

052 [기출] 보상금의 지급 또는 공탁의 통지에 불복하는 자는 지급 또는 공탁의 통지를 받은 날부터 30일 이내에 「공익사업을 위한 토지 등의 취득 및 보상에 관한 법률」 제49조에 따라 설치된 중앙토지수용위원회 또는 관할 지방토지수용위원회에 재결을 신청할 수 있다. O|X

정답
049 × 050 × 051 ○ 052 ○

제16조 화재안전조사 결과 공개

해설

053 [예상] 소방관서장은 화재안전조사를 실시한 경우 소방대상물의 위치, 연면적, 용도 등 현황, 소방시설등의 설치 및 관리 현황 등의 전부 또는 일부를 인터넷 홈페이지나 전산시스템 등을 통하여 공개할 수 있다. O|X

정답
053 ○

054 소방관서장은 화재안전조사를 실시한 경우 제조소등 설치 현황, 위험물안전관리자 선임 현황의 전부 또는 일부를 인터넷 홈페이지나 전산시스템 등을 통하여 공개할 수 있다. O | X

054 소방관서장은 화재안전조사를 실시한 경우 제조소등 설치 현황, ~~위험물안전관리자 선임 현황~~, **소방안전관리자 선임 현황**의 전부 또는 일부를 인터넷 홈페이지나 전산시스템 등을 통하여 공개할 수 있다.

055 소방관서장은 화재안전조사 결과를 체계적으로 관리하고 활용하기 위하여 전산시스템을 구축·운영하여야 한다. O | X

055 **소방청장**은 화재안전조사 결과를 체계적으로 관리하고 활용하기 위하여 전산시스템을 구축·운영하여야 한다.

056 소방관서장은 화재안전조사 결과를 공개하는 경우 30일 이상 해당 소방관서 인터넷 홈페이지나 전산시스템을 통해 공개해야 한다. O | X

057 소방대상물의 관계인은 공개내용 등을 통보받은 날부터 15일 이내에 소방관서장에게 이의신청을 할 수 있으며, 소방관서장은 이의신청을 받은 날부터 15일 이내에 심사·결정하여 그 결과를 지체 없이 신청인에게 알려야 한다. O | X

057 소방대상물의 관계인은 공개내용 등을 통보받은 날부터 **10일** 이내에 소방관서장에게 이의신청을 할 수 있으며, 소방관서장은 이의신청을 받은 날부터 **10일** 이내에 심사·결정하여 그 결과를 지체 없이 신청인에게 알려야 한다.

정답
054 × 055 × 056 O 057 ×

화재의 예방조치 등

제17조 화재의 예방조치 등

해설

059
② 「고압가스 안전관리법」에 따른 저장소
③ 「액화석유가스의 안전관리 및 사업법」에 따른 액화석유가스의 저장소·판매소

058 기출
소방관서장은 화재 발생 위험이 크거나 소화 활동에 지장을 줄 수 있다고 인정되는 행위나 물건에 대하여 행위 당사자나 그 물건의 소유자, 관리자 또는 점유자에게 모닥불, 흡연 등 화기의 취급, 그 밖에 대통령령으로 정하는 화재발생 위험이 있는 행위의 금지 또는 제한을 할 수 있다. ○|×

059 예상
화재의 예방조치를 해야 하는 장소
① 제조소등 ○|×
② 「고압가스 안전관리법」에 따른 판매소 ○|×
③ 「액화석유가스의 안전관리 및 사업법」에 따른 액화석유가스의 저장소·취급소 ○|×
④ 「수소경제 육성 및 수소 안전관리에 관한 법률」에 따른 수소연료공급시설 및 수소연료사용시설 ○|×
⑤ 「총포·도검·화약류 등의 안전관리에 관한 법률」에 화약류를 저장하는 장소 ○|×

060 예상
화재감시자 등 안전요원이 배치되어 안전조치를 한 장소에서 화기 등을 취급하는 경우, 소화기 등 소방시설을 비치 또는 설치하여 안전조치를 한 장소에서 화기 등을 취급하는 경우에는 화재예방강화지구 및 이에 준하는 대통령령으로 정하는 장소에서 모닥불, 흡연 등 화기의 취급 등의 행위를 할 수 있다. ○|×

정답
058 ○
059 ① ○ ② × ③ × ④ ○ ⑤ ○
060 ○

061 소방관서장은 사전 협의를 위해 협의 신청서를 받은 경우에는 화재예방 안전조치의 적절성을 검토하고 7일 이내에 화재예방 안전조치 협의 결과 통보서를 협의를 신청한 자에게 통보해야 한다. O|X

해설 061 소방관서장은 사전 협의를 위해 협의 신청서를 받은 경우에는 화재예방 안전조치의 적절성을 검토하고 **5일** 이내에 화재예방 안전조치 협의 결과 통보서를 협의를 신청한 자에게 통보해야 한다.

062 소방관서장은 물건의 소유자, 관리자 또는 점유자를 알 수 없는 경우 관계인으로 하여금 그 물건을 옮기거나 보관하는 등 필요한 조치를 하게 할 수 있다. O|X

062 소방관서장은 물건의 소유자, 관리자 또는 점유자를 알 수 없는 경우 **소속 공무원**으로 하여금 그 물건을 옮기거나 보관하는 등 필요한 조치를 하게 할 수 있다.

063 옮긴 물건 등에 대한 보관기간 및 보관기간 경과 후 처리 등에 필요한 사항은 대통령령으로 정한다. O|X

064 소방관서장은 옮긴 물건 등을 보관하는 경우에는 그 날부터 14일 동안 해당 소방관서의 인터넷 홈페이지에 그 사실을 공고해야 한다. O|X

065 옮긴물건 등의 보관기간은 공고기간의 종료일 다음 날부터 7일까지로 한다. O|X

066 소방관서장은 보관기간이 종료되는 때에는 보관하고 있는 옮긴물건 등을 매각해야 한다. O|X

정답
061 × 062 × 063 O 064 O
065 O 066 O

해설

068 소방관서장은 보관하던 옮긴물건 등을 매각한 경우에는 지체 없이 「국가재정법」에 따라 세입조치를 해야 한다.

069 소방관서장은 매각되거나 폐기된 옮긴물건 등의 소유자가 보상을 요구하는 경우에는 보상금액에 대하여 소유자와의 협의를 거쳐 이를 보상해야 한다.

070 보일러, 난로, 건조설비, 가스·전기시설, 그 밖에 화재 발생 우려가 있는 대통령령으로 정하는 설비 또는 기구 등의 위치·구조 및 관리와 화재 예방을 위하여 불을 사용할 때 지켜야 하는 사항은 대통령령으로 정한다.

예상
067 보관하고 있는 옮긴물건 등이 부패·파손 또는 이와 유사한 사유로 정해진 용도로 계속 사용할 수 없는 경우에는 폐기할 수 있다. ☐O☐X

기출
068 소방관서장은 보관하던 옮긴물건 등을 매각한 경우에는 7일 이내에 「국가재정법」에 따라 세입조치를 해야 한다. ☐O☐X

기출
069 시·도지사는 매각되거나 폐기된 옮긴물건 등의 소유자가 보상을 요구하는 경우에는 보상금액에 대하여 소유자와의 협의를 거쳐 이를 보상해야 한다. ☐O☐X

기출
070 보일러, 난로, 건조설비, 가스·전기시설, 그 밖에 화재 발생 우려가 있는 대통령령으로 정하는 설비 또는 기구 등의 위치·구조 및 관리와 화재 예방을 위하여 불을 사용할 때 지켜야 하는 사항은 행정안전부령으로 정한다. ☐O☐X

기출
071 보일러 설치 시 가연성 벽·바닥 또는 천장과 접촉하는 증기기관 또는 연통의 부분은 규조토 등 난연성 또는 불연성 단열재로 덮어씌워야 한다. ☐O☐X

정답
067 O 068 × 069 × 070 ×
071 O

072 보일러 본체와 벽·천장 사이의 거리는 0.6미터 이상이어야 한다. ○ | ×

073 보일러를 실내에 설치하는 경우에는 콘크리트바닥 또는 금속 외의 난연재료로 된 바닥 위에 설치해야 한다. ○ | ×

073 보일러를 실내에 설치하는 경우에는 콘크리트바닥 또는 금속 외의 **불연재료**로 된 바닥 위에 설치해야 한다.

074 고체연료는 보일러 본체와 수평거리 1미터 이상 이격하여 보관하거나 난연재료로 된 별도의 구획된 공간에 보관할 것 ○ | ×

074 고체연료는 보일러 본체와 수평거리 **2미터** 이상 간격을 두어 보관하거나 **불연재료**로 된 별도의 구획된 공간에 보관할 것

075 화목(火木) 등 고체연료를 사용하는 연통의 배출구는 보일러 본체보다 1미터 이상 높게 설치한다. ○ | ×

075 화목(火木) 등 고체연료를 사용하는 연통의 배출구는 보일러 본체보다 **2미터** 이상 높게 설치한다.

076 경유·등유 등 액체연료를 사용하는 경우 연료탱크는 보일러 본체로부터 수평거리 1미터 이상의 간격을 두어 설치하여야 한다. ○ | ×

정답
072 ○   073 ×   074 ×   075 ×
076 ○

해설

077
경유·등유 등 액체연료를 사용하는 경우 연료탱크 또는 보일러 등에 연료를 공급하는 배관에는 **여과장치**를 설치해야 한다.

078
난로를 사용하는 경우 연통은 천장으로부터 **0.6m** 이상 떨어지고, 연통의 배출구는 건물 밖으로 0.6m 이상 나오게 설치해야 한다.

079
난로 설치 시 가연성 벽·바닥 또는 천장과 접촉하는 연통의 부분은 규조토 등 **난연성** 또는 불연성의 단열재로 덮어씌워야 한다.

080
「공연법」 제2조 제4호의 규정에 의한 공연장에서 이동식난로는 **절대** 사용하여서는 아니된다.
→ 난로가 쓰러지지 않도록 받침대를 두어 고정시키거나 쓰러지는 경우 즉시 소화되고 연료의 누출을 차단할 수 있는 장치가 부착된 경우에는 그렇지 않다.

081
건조설비와 벽·천장 사이의 거리는 **0.5미터** 이상이어야 한다.

정답
077 ×   078 ×   079 ×   080 ×
081 ×

---

077 〔예상〕
경유·등유 등 액체연료를 사용하는 경우 연료탱크 또는 보일러 등에 연료를 공급하는 배관에는 청소구를 설치해야 한다. O | X

078 〔기출〕
난로를 사용하는 경우 연통은 천장으로부터 0.5m 이상 떨어지고, 연통의 배출구는 건물 밖으로 0.6m 이상 나오게 설치해야 한다. O | X

079 〔예상〕
난로 설치 시 가연성 벽·바닥 또는 천장과 접촉하는 연통의 부분은 규조토 등 준불연성 또는 불연성의 단열재로 덮어씌워야 한다. O | X

080 〔기출〕
「공연법」 제2조 제4호의 규정에 의한 공연장에서 이동식난로는 절대 사용하여서는 아니된다. O | X

081 〔기출〕
건조설비와 벽·천장 사이의 거리는 0.6미터 이상이어야 한다. O | X

082 건조설비를 실내에 설치하는 경우에 벽·천장 및 바닥은 준불연재료로 해야 한다. ⓞⓧ

082 건조설비를 실내에 설치하는 경우에 벽·천장 및 바닥은 **불연재료**로 해야 한다.

083 용접 또는 용단 작업장에서는 용접 또는 용단 작업장 주변 반경 5m 이내에 소화기를 갖추어두는 것 등의 사항을 지켜야 한다. 다만, 「산업안전보건법」의 적용을 받는 사업장에는 적용하지 않는다. ⓞⓧ

084 용접 또는 용단 작업장 주변 직경 5m 이내에 소화기를 갖추어 두고, 작업장 주변 직경 10m 이내에는 가연물을 쌓아두거나 놓아두지 않는다. 다만, 가연물의 제거가 곤란하여 방화포 등으로 방호조치를 한 경우는 제외한다. ⓞⓧ

084 용접 또는 용단 작업장 주변 **반경** 5m 이내에 소화기를 갖추어 두고, 작업장 주변 **반경** 10m 이내에는 가연물을 쌓아두거나 놓아두지 않는다. 다만, 가연물의 제거가 곤란하여 방화포 등으로 방호조치를 한 경우는 제외한다.

085 시간당 열량이 30만kcal 이상인 노를 설치하는 경우 주요구조부는 불연재료 이상으로 하여야 하고, 창문과 출입구는 「건축법 시행령」 제64조의 규정에 의한 30분 방화문으로 설치하여야 한다. ⓞⓧ

085 시간당 열량이 30만kcal 이상인 노를 설치하는 경우 주요구조부는 불연재료 이상으로 하여야 하고, 창문과 출입구는 「건축법 시행령」 제64조의 규정에 의한 **60+ 방화문 또는 60분 방화문**으로 설치하여야 한다.

086 시간당 열량이 30만kcal 이상인 노를 설치하는 경우 노 주위에는 1m 이상 공간을 확보하여야 한다. ⓞⓧ

087 노 또는 화덕을 설치하는 장소의 벽·천장은 난연재료로 된 것이어야 한다. ⓞⓧ

087 노 또는 화덕을 설치하는 장소의 벽·천장은 **불연재료**로 된 것이어야 한다.

정답
082 ✗ 083 ○ 084 ✗ 085 ✗
086 ○ 087 ✗

해설

089 음식조리를 위하여 설치하는 설비의 경우 열을 발생하는 조리기구는 반자 또는 선반으로부터 **0.6미터** 이상 떨어지게 하고, 열을 발생하는 조리기구로부터 **0.15미터** 이내의 거리에 있는 가연성 주요구조부는 단열성이 있는 불연재료로 덮어씌워야 한다.

090 보일러란 ~~사업장 또는 영업장 등에서 사용하는 것을 말하며, 주택에서 사용하는 가정용 보일러는 제외한다.~~

092 보일러, 난로, 건조설비, 불꽃을 사용하는 용접·용단기구, ~~음식조리를 위하여 설치하는 설비 및~~ 노·화덕설비가 설치된 장소에는 소화기 1개 이상을 갖추어 두어야 한다.

093 고무류·플라스틱류·석탄 및 목탄 등 대통령령으로 정하는 특수가연물이란 면화류 200킬로그램 이상, 나무껍질 및 **대팻밥** 400킬로그램 이상, 볏짚류 1,000킬로그램 이상을 말한다.

정답
088 O 089 × 090 × 091 O
092 × 093 ×

---

088 [기출] 노·화덕의 주위에는 녹는 물질이 확산되지 않도록 높이 0.1m 이상의 턱을 설치해야 한다. O | X

089 [기출] 음식조리를 위하여 설치하는 설비의 경우 열을 발생하는 조리기구는 반자 또는 선반으로부터 0.5미터 이상 떨어지게 하고, 열을 발생하는 조리기구로부터 0.1미터 이내의 거리에 있는 가연성 주요구조부는 단열성이 있는 불연재료로 덮어씌워야 한다. O | X

090 [예상] 보일러란 공동주택 등 세대 내에 설치된 "가정용 보일러"도 포함한다. O | X

091 [예상] 노·화덕설비란 제조업, 가공업에서 사용되는 것을 말하며, 주택에서 조리용도로 사용되는 화덕은 제외한다. O | X

092 [예상] 보일러, 난로, 건조설비, 불꽃을 사용하는 용접·용단기구, 음식조리를 위하여 설치하는 설비 및 노·화덕설비가 설치된 장소에는 소화기 1개 이상을 갖추어 두어야 한다. O | X

093 [예상] 고무류·플라스틱류·석탄 및 목탄 등 대통령령으로 정하는 특수가연물이란 면화류 200킬로그램 이상, 나무껍질 및 나무부스러기 400킬로그램 이상, 볏짚류 1,000킬로그램 이상을 말한다. O | X

094 특수가연물을 저장·취급하는 장소에는 화기취급의 금지의 글씨를 기재한 표지만 설치한다. ⓞ Ⓧ

해설 094
특수가연물을 저장·취급하는 장소에는 화기취급의 금지의 글씨를 기재한 ~~표지만 설치한다.~~
→ 특수가연물을 저장 또는 취급하는 장소에는 품명, 최대저장수량, 단위부피당 질량 또는 단위체적당 질량, 관리책임자 성명·직책, 연락처 및 화기취급의 금지표시가 포함된 특수가연물 표지를 설치해야 한다.

095 특수가연물을 저장 또는 취급하는 장소에는 품명, 최대저장수량, 단위부피당 질량 또는 단위체적당 질량, 관리책임자 성명·직책, 연락처 및 화기취급의 금지표시가 포함된 특수가연물 표지를 설치해야 한다. ⓞ Ⓧ

096 쌓는 부분의 바닥면적은 200m² 이하여야 한다. (발전용으로 저장하는 석탄·목탄류 제외) ⓞ Ⓧ

096
쌓는 부분의 바닥면적은 50㎡ 이하여야 한다. (발전용으로 저장하는 석탄·목탄류 제외)

097 쌓는 높이는 항상 15m 이하로 하여야 한다. ⓞ Ⓧ

097
살수설비를 설치하거나 방사능력 범위에 해당 특수가연물이 포함되도록 대형수동식소화기를 설치하는 경우 쌓는 높이는 15m 이하로 하여야 한다.

098 실외에 쌓아 저장하는 경우 쌓는 부분이 대지경계선, 도로 및 인접 건축물과 최소 6미터 이상 간격을 둘 것. 다만, 쌓는 높이보다 0.9미터 이상 높은 내화구조의 벽체를 설치한 경우는 그렇지 않다. ⓞ Ⓧ

099 실내에 쌓아 저장하는 경우 주요구조부는 내화구조이거나 불연재료여야 하고, 다른 종류의 특수가연물과 같은 공간에 보관하지 않을 것. 내화구조의 벽으로 분리하는 경우에도 같다. ⓞ Ⓧ

099
실내에 쌓아 저장하는 경우 주요구조부는 내화구조이면서 불연재료여야 하고, 다른 종류의 특수가연물과 같은 공간에 보관하지 않을 것. 다만, 내화구조의 벽으로 분리하는 경우에는 그렇지 않다.

정답
094 ✕ 095 ○ 096 ✕ 097 ✕
098 ○ 099 ✕

해설

100
쌓는 부분 바닥면적 사이는 실내의 경우 **1.2미터** 또는 **쌓는 높이의 1/2 중 큰 값 이상**으로 간격을 두어야 하며, 실외의 경우 **3미터** 또는 **쌓는 높이 중 큰 값 이상**으로 간격을 두어야 한다. (발전용으로 저장하는 석탄·목탄류 제외)

101
③ 특수가연물 표지의 바탕은 **흰색**으로, 문자는 **검은색**으로 할 것. 다만, "화기엄금" 표시 부분은 제외한다.

기출

100 쌓는 부분 바닥면적 사이는 실내의 경우 1미터 또는 쌓는 높이의 중 큰 값 이상으로 간격을 두어야 하며, 실외의 경우 2미터 또는 쌓는 높이의 1/2 중 큰 값 이상으로 간격을 두어야 한다. (발전용으로 저장하는 석탄·목탄류 제외) O|X

기출

101 특수가연물의 표지
① 특수가연물 표지 중 화기엄금 표시 부분의 바탕은 붉은색으로, 문자는 백색으로 할 것 O|X
② 특수가연물 표지는 한 변의 길이가 0.3미터 이상, 다른 한 변의 길이가 0.6미터 이상인 직사각형으로 할 것 O|X
③ 특수가연물 표지의 바탕은 검은색으로, 문자는 흰색으로 할 것. 다만, "화기엄금" 표시 부분은 제외한다. O|X

정답
100 ×
101 ① O ② O ③ ×

제18조 화재예방강화지구의 지정 등

LINK 1권 272~274p

해설

102
시·도지사는 소방용수시설 또는 소방출동로가 없는 지역, 시장지역, 목조건물이 **밀집한** 지역, 노후·불량건축물이 밀집한 지역 등에 해당하는 곳을 화재예방강화지구로 지정하여 관리할 수 있다.

기출

102 시·도지사는 소방용수시설 또는 소방출동로가 없는 지역, 시장지역, 목조건물이 있는 지역, 노후·불량건축물이 밀집한 지역 등에 해당하는 곳을 화재예방강화지구로 지정하여 관리할 수 있다. O|X

예상

103 시·도지사는 시장지역 등에 준하는 지역으로서 소방관서장이 화재예방강화지구로 지정할 필요가 있다고 인정하는 지역을 화재예방강화지구로 지정하여 관리할 수 있다. O|X

정답
102 × 103 O

104 시·도지사가 화재예방강화지구를 지정하지 아니하는 경우 소방청장이 지정할 수 있다. O|X

해설

104
시·도지사가 화재예방강화지구를 지정하지 아니하는 경우 소방청장이 **지정을 요청할 수 있다.**

105 시·도지사가 화재예방강화지구로 지정할 필요가 있는 지역을 화재예방강화지구로 지정하지 아니하는 경우 소방관서장은 해당 시·도지사에게 해당 지역의 화재예방강화지구 지정을 요청할 수 있다. O|X

105
시·도지사가 화재예방강화지구로 지정할 필요가 있는 지역을 화재예방강화지구로 지정하지 아니하는 경우 **소방청장**은 해당 시·도지사에게 해당 지역의 화재예방강화지구 지정을 요청할 수 있다.

106 소방관서장은 화재예방강화지구 안의 소방대상물의 위치·구조 및 설비 등에 대한 화재안전조사를 연 1회 이상 실시할 수 있다. O|X

106
소방관서장은 화재예방강화지구 안의 소방대상물의 위치·구조 및 설비 등에 대한 화재안전조사를 연 1회 이상 **실시하여야 한다.**

107 소방관서장은 화재예방강화지구 안의 관계인에 대하여 소방에 필요한 훈련 및 교육을 연 1회 이상 실시할 수 있다. O|X

108 소방관서장은 훈련 및 교육을 실시하려는 경우에는 화재예방강화지구 안의 관계인에게 훈련 또는 교육 30일 전까지 그 사실을 통보하여야 한다. O|X

108
소방관서장은 훈련 및 교육을 실시하려는 경우에는 화재예방강화지구 안의 관계인에게 훈련 또는 교육 **10일** 전까지 그 사실을 통보하여야 한다.

109 시·도지사는 대통령령으로 정하는 바에 따라 화재예방강화지구의 지정 현황, 화재안전조사의 결과, 소방설비 등의 설치 명령 현황, 소방훈련 및 교육 현황 등이 포함된 화재예방강화지구에서의 화재예방에 필요한 자료를 매년 작성·관리하여야 한다. O|X

정답
104 × 105 × 106 × 107 O
108 × 109 O

해설

110
시·도지사는 화재예방강화지구의 지정 현황 등에 관한 사항을 **행정안전부령**으로 정하는 화재예방강화지구 관리대장에 작성하고 관리하여야 한다.

111
② 화재안전조사의 결과

기출

110 소방청장은 화재예방강화지구의 지정 현황 등에 관한 사항을 대통령령으로 정하는 화재예방강화지구 관리대장에 작성하고 관리하여야 한다. ○ | X

기출

111 화재예방강화지구 관리대장 작성 사항
① 화재예방강화지구의 지정 현황 ○ | X
② 실태조사의 결과 ○ | X
③ 소방설비등의 설치 명령 현황 ○ | X
④ 소방훈련 및 교육의 실시 현황 ○ | X

정답
110 ×
111 ① ○ ② × ③ ○ ④ ○

제19조 화재의 예방 등에 대한 지원 LINK 1권 274p

해설

112
소방청장은 소방설비등의 설치를 명하는 경우 해당 관계인에게 소방설비등의 설치에 필요한 지원을 할 수 있다.

예상

112 소방관서장은 소방설비등의 설치를 명하는 경우 해당 관계인에게 소방설비등의 설치에 필요한 지원을 할 수 있다. ○ | X

예상

113 소방청장은 관계 중앙행정기관의 장 및 시·도지사에게 지원에 필요한 협조를 요청할 수 있다. ○ | X

114
시·도지사는 소방청장의 요청이 있거나 화재예방강화지구 안의 소방대상물의 화재안전성능 향상을 위하여 필요한 경우 **시·도의 조례**로 정하는 바에 따라 소방설비등의 설치에 필요한 비용을 지원할 수 있다.

예상

114 시·도지사는 소방청장의 요청이 있거나 화재예방강화지구 안의 소방대상물의 화재안전성능 향상을 위하여 필요한 경우 행정안전부령으로 정하는 바에 따라 소방설비등의 설치에 필요한 비용을 지원할 수 있다. ○ | X

정답
112 × 113 ○ 114 ×

제20조 화재 위험경보

LINK 1권 274~275p

115 [예상]
관계 중앙행정기관의 장은 「기상법」에 따른 기상현상 및 기상영향에 대한 예보·특보·태풍예보에 따라 화재의 발생 위험이 높다고 분석·판단되는 경우에는 행정안전부령으로 정하는 바에 따라 화재에 관한 위험경보를 발령하고 그에 따른 필요한 조치를 할 수 있다. ○ | ✕

해설 115
소방관서장은 「기상법」에 따른 기상현상 및 기상영향에 대한 예보·특보·태풍예보에 따라 화재의 발생 위험이 높다고 분석·판단되는 경우에는 행정안전부령으로 정하는 바에 따라 화재에 관한 위험경보를 발령하고 그에 따른 필요한 조치를 할 수 있다.

116 [기출]
소방관서장은 「기상법」에 따른 기상현상 및 기상영향에 대한 예보·특보에 따라 화재의 발생 위험이 높다고 분석·판단되는 경우에는 화재 위험경보를 발령하고, 보도기관을 이용하거나 정보통신망에 게재하는 등 적절한 방법을 통하여 이를 일반인에게 알려야 한다. ○ | ✕

117 [예상]
화재 위험경보 발령 절차 및 조치사항에 관하여 필요한 사항은 소방관서장이 정한다. ○ | ✕

해설 117
화재 위험경보 발령 절차 및 조치사항에 관하여 필요한 사항은 **소방청장**이 정한다.

정답
115 ✕ 116 ○ 117 ✕

제21조 화재안전영향평가

LINK 1권 275p

118 [예상]
소방관서장은 화재발생 원인 및 연소과정을 조사·분석하는 등의 과정에서 법령이나 정책의 개선이 필요하다고 인정되는 경우 그 법령이나 정책에 대한 화재 위험성의 유발요인 및 완화 방안에 대한 평가를 실시할 수 있다. ○ | ✕

해설 118
소방청장은 화재발생 원인 및 연소과정을 조사·분석하는 등의 과정에서 법령이나 정책의 개선이 필요하다고 인정되는 경우 그 법령이나 정책에 대한 화재 위험성의 유발요인 및 완화 방안에 대한 평가를 실시할 수 있다.

정답
118 ✕

제22조 화재안전영향평가심의회

LINK 1권 276~277p

119 [예상] 소방청장은 화재안전영향평가에 관한 업무를 수행하기 위하여 화재안전영향평가심의회를 구성·운영할 수 있다. O|X

120 [예상] 심의회는 위원장 1명을 포함한 12명 이내의 위원으로 구성한다. O|X

121
해설: 심의회의 위원은 소방기술사, ~~소방시설관리사~~ 등 대통령령으로 정하는 화재안전과 관련된 분야의 학식과 경험이 풍부한 전문가로서 소방청장이 위촉한 사람으로 한다.

121 [예상] 심의회의 위원은 소방기술사, 소방시설관리사 등 대통령령으로 정하는 화재안전과 관련된 분야의 학식과 경험이 풍부한 전문가로서 소방청장이 위촉한 사람으로 한다. O|X

122 [예상] 소방청에서 화재안련 관련 업무를 수행하는 소방준감 이상의 소방공무원 중에서 소방청장이 지명하는 사람은 화재안전영향평가심의회의 위원이 될 수 있다. O|X

[정답]
119 O 120 O 121 × 122 O

제23조 화재안전취약자에 대한 지원

LINK 1권 277~278p

123 [예상] 소방관서장은 어린이, 노인, 장애인 등 화재의 예방 및 안전관리에 취약한 자의 안전한 생활환경을 조성하기 위하여 소방용품의 제공 및 소방시설의 개선 등 필요한 사항을 지원하기 위하여 노력하여야 한다. O|X

124 [예상] 소방관서장은 화재안전취약자에게 소방시설등의 설치 및 개선, 소방시설등의 안전점검, 소방용품의 제공, 전기·가스 등 화재위험 설비의 점검 및 개선을 지원할 수 있다. O|X

[정답]
123 O 124 O

CHAPTER 05 소방대상물의 소방안전관리

제24조 특정소방대상물의 소방안전관리

125 〔예상〕 소방본부장 또는 소방서장은 소방안전관리업무를 수행하기 위하여 소방안전관리자 자격증을 발급받은 사람을 소방안전관리자로 선임하여야 한다. ○│×

125 **소방안전관리대상물의 관계인**은 소방안전관리업무를 수행하기 위하여 소방안전관리자 자격증을 발급받은 사람을 소방안전관리자로 선임하여야 한다.

126 〔예상〕 다른 안전관리자는 소방안전관리대상물 중 소방안전관리업무의 전담이 필요한 대통령령으로 정하는 소방안전관리대상물의 소방안전관리자를 겸할 수 없다. ○│×

127 〔예상〕 소방안전관리업무를 대행하는 관리업자를 감독할 수 있는 사람을 지정하여 소방안전관리자로 선임하는 경우 소방안전관리자로 선임된 자는 선임된 날부터 6개월 이내에 제34조에 따른 교육을 받아야 한다. ○│×

127 소방안전관리업무를 대행하는 관리업자를 감독할 수 있는 사람을 지정하여 소방안전관리자로 선임하는 경우 소방안전관리자로 선임된 자는 선임된 날부터 **3개월** 이내에 제34조에 따른 교육을 받아야 한다.

128 〔기출〕 특정소방대상물(소방안전관리대상물은 제외한다) 관계인의 업무
① 소방계획서의 작성 및 시행 ○│×
② 화기 취급의 감독 ○│×
③ 소방시설이나 그 밖의 소방 관련 시설의 관리 ○│×
④ 피난시설, 방화구획 및 방화시설의 관리 ○│×
⑤ 소방훈련 및 교육 ○│×
⑥ 행정안전부령으로 정하는 바에 따른 소방안전관리에 관한 업무수행에 관한 기록·유지 ○│×
⑦ 자위소방대 및 초기대응체계의 구성, 운영 및 교육 ○│×

128 ①, ⑤, ⑥, ⑦은 소방안전관리대상물의 소방안전관리자의 업무이다.

정답
125 × 126 ○ 127 ×
128 ① × ② ○ ③ ○ ④ ○ ⑤ ×
⑥ × ⑦ ×

해설

129
② 관계인이 소방안전관리 업무를 성실하게 수행할 수 있도록 지도·감독현황
⑤ 예방규정을 정하는 제조소등의 위험물의 저장·취급에 관한 사항

130
② 연면적이 10만제곱미터 이상인 특정소방대상물(아파트는 제외한다)

131
① 지하구
② 동·식물원
④ 철강 등 불연성 물품을 저장·취급하는 창고

132
② 옥내소화전설비, 스프링클러설비, 간이스프링클러설비 또는 물분무등소화설비를 설치해야 하는 특정소방대상물
③ 가연성 가스를 100톤 이상 1천톤 미만 저장·취급하는 시설

---

129 [기출] 소방안전관리대상물의 소방계획서 사항
① 소방안전관리대상물의 위치·구조·연면적·용도 및 수용인원 등 일반 현황 O|X
② 관계인이 소방안전관리 업무를 성실하게 수행할 수 있도록 지도·감독현황 O|X
③ 화재 예방을 위한 자체점검계획 및 대응대책 O|X
④ 소방시설·피난시설 및 방화시설의 점검·정비계획 O|X
⑤ 예방규정을 정하는 제조소등의 위험물의 저장·취급에 관한 사항 O|X

130 [예상] 특급 소방안전관리 대상물
① 50층 이상(지하층은 제외한다)이거나 지상으로부터 높이가 200미터 이상인 아파트 O|X
② 연면적이 20만제곱미터 이상인 특정소방대상물(아파트는 제외한다) O|X

131 [기출] 1급 소방안전관리 대상물
① 지하구 O|X
② 동·식물원 O|X
③ 가연성 가스를 1천톤 이상 저장·취급하는 시설 O|X
④ 철강 등 불연성 물품을 저장·취급하는 창고 O|X
⑤ 30층 이상(지하층은 제외한다)이거나 지상으로부터 높이가 120미터 이상인 아파트 O|X

132 [예상] 2급 소방안전관리 대상물
① 지하구 O|X
② 옥내소화전설비, 스프링클러설비, 간이스프링클러설비 또는 물분무등소화설비를 설치해야 하는 특정소방대상물 O|X
③ 가연성 가스를 1톤 이상 1천톤 미만 저장·취급하는 시설 O|X
④ 옥내소화전설비 또는 스프링클러설비가 설치된 공동주택 O|X
⑤ 보물 또는 국보로 지정된 목조건축물 O|X

정답
129 ① O ② × ③ O ④ O ⑤ ×
130 ① O ② ×
131 ① × ② × ③ O ④ × ⑤ O
132 ① O ② × ③ × ④ O ⑤ O

133 〈예상〉 3급 소방안전관리 대상물
① 간이스프링클러설비(주택전용 간이스프링클러설비 포함)를 설치해야 하는 특정소방대상물 　O｜X
② 자동화재탐지설비를 설치해야하는 특정소방대상물 　O｜X

133
① 간이스프링클러설비(주택전용 간이스프링클러설비 제외)를 설치해야 하는 특정소방대상물

134 〈기출〉
150세대 이상인 아파트, 아파트를 제외한 연면적이 3만m² 이상인 특정소방대상물, 노유자시설, 수련시설에는 소방안전관리보조자를 두어야 한다. 　O｜X

134
300세대 이상인 아파트, 아파트를 제외한 연면적이 1만5천m² 이상인 특정소방대상물, 노유자 시설, 수련시설에는 소방안전관리보조자를 두어야 한다.

135 〈기출〉 특급 소방안전관리대상물의 소방안전관리자 선임 기준
① 소방기술사 또는 소방시설관리사의 자격이 있는 사람 　O｜X
② 소방공무원으로 10년 이상 근무한 경력이 있는 사람 　O｜X
③ 소방설비기사의 자격을 취득한 후 5년 이상 1급 소방안전관리대상물의 소방안전관리자로 근무한 실무경력이 있는 사람 　O｜X
④ 소방설비산업기사의 자격을 취득한 후 7년 이상 1급 소방안전관리대상물의 소방안전관리자로 근무한 실무경력이 있는 사람 　O｜X

135
② 소방공무원으로 20년 이상 근무한 경력이 있는 사람

136 〈예상〉 1급 소방안전관리대상물의 소방안전관리자 선임 기준
① 소방설비기사 또는 소방설비산업기사의 자격이 있는 사람 　O｜X
② 소방공무원으로 7년 이상 근무한 경력이 있는 사람 　O｜X

정답
133 ① × ② O 　134 ×
135 ① O ② × ③ O ④ O
136 ① O ② O

해설

137
③ 경찰공무원으로 **3년** 이상 경력이 있는 자가 소방청장이 실시하는 소방안전관리자 시험에 합격한 때
④ 소방관련학과 졸업자이거나 소방안전관련 교과목을 **6학점** 이상 이수한 자가 소방청장이 실시하는 소방안전관리자시험에 합격한 때
⑤ 소방본부, 소방서에서 **1년** 이상 화재진압 또는 보조업무에 종사한 경력이 있는 자가 소방청장이 실시하는 소방안전관리자 시험에 합격한 때

138
소방안전관리대상물의 소방안전관리자는 소방안전관리업무 수행에 관한 기록을 **월 1회** 이상 작성·관리해야 한다.

정답
137 ① ○ ② ○ ③ × ④ × ⑤ ×
138 ×

137 2급 소방안전관리대상물의 소방안전관리자 선임 기준
① 위험물기능장·위험물산업기사 또는 위험물기능사 자격을 가진 사람 ○│×
② 의용소방대원으로 3년 이상 경력이 있는 자가 소방청장이 실시하는 소방안전관리자 시험에 합격한 때 ○│×
③ 경찰공무원으로 2년 이상 경력이 있는 자가 소방청장이 실시하는 소방안전관리자 시험에 합격한 때 ○│×
④ 소방관련학과 졸업자이거나 소방안전관련 교과목을 5학점 이상 이수한 자가 소방청장이 실시하는 소방안전관리자시험에 합격한 때 ○│×
⑤ 소방본부, 소방서에서 6개월 이상 화재진압 또는 보조업무에 종사한 경력이 있는 자가 소방청장이 실시하는 소방안전관리자 시험에 합격한 때 ○│×

138 소방안전관리대상물의 소방안전관리자는 소방안전관리업무 수행에 관한 기록을 주 3회 이상 작성·관리해야 한다. ○│×

제25조 소방안전관리업무의 대행

해설

139
소방안전관리대상물 중 연면적 등이 일정규모 **미만**인 대통령령으로 정하는 소방안전관리대상물의 관계인은 관리업자로 하여금 소방안전관리업무 중 대통령령으로 정하는 업무를 대행하게 할 수 있다.

정답
139 ×

139 소방안전관리대상물 중 연면적 등이 일정규모 이상인 대통령령으로 정하는 소방안전관리대상물의 관계인은 관리업자로 하여금 소방안전관리업무 중 대통령령으로 정하는 업무를 대행하게 할 수 있다. ○│×

140 연면적 1만5천제곱미터 이상인 특정소방대상물의 관계인은 관리업자에게 소방안전관리업무를 대행하게 할 수 있다. O│X

140 ~~연면적 1만5천제곱미터 이상인~~ 특정소방대상물의 관계인은 관리업자에게 소방안전관리업무를 대행하게 할 수 있다.
→ 소방안전관리 업무의 대행 대상은 지상층의 층수가 11층 이상인 1급 소방안전관리대상물(연면적 1만5천제곱미터 이상인 특정소방대상물과 아파트는 제외한다), 2급 소방안전관리대상물, 3급 소방안전관리대상물이다.

141 관계인은 소방안전관리업무 중 피난시설, 방화구획 및 방화시설의 관리, 소방시설이나 그 밖의 소방 관련 시설의 관리의 업무를 관리업자에게 대행하게 할 수 있다. O│X

142 자동화재탐지설비 또는 간이스프링클러설비가 설치된 3급 소방안전관리대상물의 대행인력 기술등급은 초급점검자 이상 1명 이상으로 한다. O│X

143 연면적 5천m² 미만으로서 스프링클러설비, 물분무등소화설비가 설치된 1급 또는 2급 소방안전관리대상물의 경우에는 초급점검자를 배치할 수 있다. O│X

143 연면적 5천㎡ 미만으로서 스프링클러설비가 설치된 1급 또는 2급 소방안전관리대상물의 경우에는 초급점검자를 배치할 수 있다. 다만, 스프링클러설비 외에 제연설비 또는 물분무등소화설비가 설치된 경우에는 그렇지 않다.

정답
140 × 141 ○ 142 ○ 143 ×

제26조 소방안전관리자 선임신고 등

144 소방안전관리대상물의 관계인이 소방안전관리자 또는 소방안전관리보조자를 선임한 경우에는 행정안전부령으로 정하는 바에 따라 선임한 날부터 14일 이내에 소방본부장 또는 소방서장에게 신고한다. O│X

정답
144 ○

145 소방안전관리대상물의 관계인이 소방안전관리자 또는 소방안전관리보조자를 해임한 경우에는 그 관계인 또는 해임된 소방안전관리자 또는 소방안전관리보조자는 소방본부장이나 소방서장에게 그 사실을 알려 해임한 사실의 확인을 받을 수 있다. O│X

146 소방안전관리대상물의 관계인은 소방안전관리자를 선임사유가 발생한 날부터 30일 이내에 선임해야 한다. O│X

147 특정소방대상물을 양수하거나 경매, 환가 또는 압류재산의 매각이나 그 밖에 이에 준하는 절차에 따라 관계인의 권리를 취득한 경우에는 해당 권리를 취득한 날 또는 관할 소방본부장 또는 소방서장으로부터 소방안전관리자 선임 안내를 받은 날로부터 30일 이내 소방안전관리자를 선임해야 한다. O│X

해설

147 특정소방대상물을 양수하거나 경매, 환가 또는 압류재산의 매각이나 그 밖에 이에 준하는 절차에 따라 관계인의 권리를 취득한 경우에는 해당 권리를 취득한 날 또는 관할 ~~소방본부장 또는~~ 소방서장으로부터 소방안전관리자 선임 안내를 받은 날로부터 30일 이내 소방안전관리자를 선임해야 한다.

148 소방안전관리대상물의 출입자가 쉽게 알 수 있도록 소방안전관리자의 성명 및 선임일자, 소방안전관리대상물의 명칭 및 등급, 소방안전관리자의 연락처, 소방안전관리대상물의 용도 및 수용인원, 소방안전관리자의 근무 위치(화재수신기 또는 종합방재실을 말한다)를 게시하여야 한다. O│X

148 소방안전관리대상물의 출입자가 쉽게 알 수 있도록 소방안전관리자의 성명 및 선임일자, 소방안전관리대상물의 명칭 및 등급, 소방안전관리자의 연락처, ~~소방안전관리대상물의 용도 및 수용인원,~~ 소방안전관리자의 근무 위치(화재수신기 또는 종합방재실을 말한다)를 게시하여야 한다.

정답
145 O 146 O 147 × 148 ×

제27조 관계인 등의 의무
LINK 1권 292-293p

149 특정소방대상물의 관계인은 그 특정소방대상물에 대하여 소방안전관리업무를 수행하여야 한다. O│X

정답
149 O

150 소방안전관리대상물의 관계인은 소방안전관리자가 소방안전관리업무를 성실하게 수행할 수 있도록 지도·감독하여야 한다. O|X

정답
150 O

제28조 소방안전관리자 선임명령 등
LINK 1권 293p

151 소방관서장은 소방안전관리자 또는 소방안전관리보조자를 선임하지 아니한 소방안전관리대상물의 관계인에게 소방안전관리자 또는 소방안전관리보조자를 선임하도록 명할 수 있다. O|X

해설
151
소방본부장 또는 소방서장은 소방안전관리자 또는 소방안전관리보조자를 선임하지 아니한 소방안전관리대상물의 관계인에게 소방안전관리자 또는 소방안전관리보조자를 선임하도록 명할 수 있다.

정답
151 ×

제29조 건설현장 소방안전관리
LINK 1권 293~295p

152 공사시공자가 화재발생 및 화재피해의 우려가 큰 대통령령으로 정하는 특정소방대상물을 신축·증축·개축·재축·이전·용도변경 또는 대수선 하는 경우에는 소방안전관리자로서 교육을 받은 사람을 소방시설공사 착공 신고일부터 건축물 사용승인일까지 소방안전관리자로 선임하고 행정안전부령으로 정하는 바에 따라 소방본부장 또는 소방서장에게 신고하여야 한다. O|X

153 건설현장 소방안전관리대상물의 공사시공자는 건설현장에 소방안전관리자를 선임한 경우에는 선임한 날부터 14일 이내에 건설현장 소방안전관리자 선임신고서에 서류를 첨부하여 소방본부장 또는 소방서장에게 신고해야 한다. O|X

정답
152 O 153 O

해설

154
① 신축을 하려는 부분의 연면적이 5**천제곱미터**인 냉동·냉장창고
④ 증축을 하려는 부분의 연면적이 5천제곱미터이고, 지상층의 층수가 **11층**인 업무시설

154 소방안전관리자를 선임해야 하는 건설현장 소방안전관리대상물에 해당하는 것
① 신축을 하려는 부분의 연면적이 3천제곱미터인 냉동·냉장창고 ⓞⓧ
② 신축을 하려는 부분의 연면적의 합계가 2만제곱미터인 복합건축물 ⓞⓧ
③ 증축을 하려는 부분의 연면적의 합계가 3만제곱미터인 업무시설 ⓞⓧ
④ 증축을 하려는 부분의 연면적이 5천제곱미터이고, 지상층의 층수가 10층인 업무시설 ⓞⓧ

155 화재발생 및 화재피해의 우려가 큰 대통령령으로 정하는 특정소방대상물이란 신축·증축·개축·재축·이전·용도변경 또는 대수선을 하려는 부분의 연면적의 합계가 1만5천제곱미터 이상인 것을 말한다. ⓞⓧ

156
건설현장 소방안전관리대상물의 소방안전관리자의 업무는 건설현장의 소방계획서 작성, 화기취급의 감독, 화재위험작업의 허가 및 관리, 공사진행 단계별 피난안전구역, 피난로 등의 확보와 관리, 건설현장 작업자를 ~~제외한 책임자~~에 대한 소방안전 교육 및 훈련 등이 있다.

156 건설현장 소방안전관리대상물의 소방안전관리자의 업무는 건설현장의 소방계획서 작성, 화기취급의 감독, 화재위험작업의 허가 및 관리, 공사진행 단계별 피난안전구역, 피난로 등의 확보와 관리, 건설현장 작업자를 제외한 책임자에 대한 소방안전 교육 및 훈련 등이 있다. ⓞⓧ

정답
154 ① × ② ○ ③ ○ ④ ×
155 ○   156 ×

제30조 소방안전관리자 자격 및 자격증의 발급 등
LINK 1권 295~296p

해설

157
소방안전관리자 자격증의 발급을 신청받은 소방청장은 **3일** 이내에 자격을 갖춘 사람에게 소방안전관리자 자격증을 발급해야 한다.

157 소방안전관리자 자격증의 발급을 신청받은 소방청장은 7일 이내에 자격을 갖춘 사람에게 소방안전관리자 자격증을 발급해야 한다. ⓞⓧ

정답
157 ×

제31조 소방안전관리자 자격의 정지 및 취소

LINK 1권 296~297p

158 소방청장은 거짓이나 그 밖의 부정한 방법으로 소방안전관리자 자격증을 발급받은 경우, 소방안전관리자 자격증을 다른 사람에게 빌려준 경우에 그 자격을 취소하여야 한다. O | X

159 소방안전관리자 자격이 취소된 사람은 취소된 날부터 2년간 소방안전관리자 자격증을 발급받을 수 없다. O | X

160 소방안전관리자의 자격의 정지 및 취소 기준에 따라 위반행위의 횟수에 따른 행정처분 기준은 최근 1년간 같은 위반행위로 행정처분을 받은 경우에 적용한다. O | X

160 소방안전관리자의 자격의 정지 및 취소 기준에 따라 위반행위의 횟수에 따른 행정처분 기준은 **최근 3년간** 같은 위반행위로 행정처분을 받은 경우에 적용한다.

정답
158 O   159 O   160 ×

제32조 소방안전관리자 자격시험

LINK 1권 297~305p

161 소방청장은 특급·1급 소방안전관리자 자격시험을 연 2회 이상, 2급·3급 소방안전관리자 자격시험은 월 1회 이상 실시하는 것을 원칙으로 한다. O | X

161 소방청장은 특급·1급 소방안전관리자 자격시험을 연 2회 이상, **1급**·2급·3급 소방안전관리자 자격시험은 월 1회 이상 실시하는 것을 원칙으로 한다.

162 소방청장은 특급, 1급, 2급 또는 3급 소방안전관리자 자격시험을 실시하려는 경우에는 응시자격·시험과목·일시·장소 및 응시절차를 모든 응시 희망자가 알 수 있도록 시험 시행일 90일 전에 인터넷 홈페이지에 공고해야 한다. O | X

162 소방청장은 특급, 1급, 2급 또는 3급 소방안전관리자 자격시험을 실시하려는 경우에는 응시자격·시험과목·일시·장소 및 응시절차를 모든 응시 희망자가 알 수 있도록 시험 시행일 **30일** 전에 인터넷 홈페이지에 공고해야 한다.

정답
161 ×   162 ×

해설

163
특급, 1급, 2급 및 3급 소방안전관리자 자격시험은 매과목을 100점 만점으로 하여 매과목 40점 이상, 전과목 평균 **70점** 이상 득점한 사람을 합격자로 한다.

164
소방청장은 소방안전관리자 자격시험을 종료한 날부터 30일(**특급 소방안전관리자 자격시험의 경우에는 60일**) 이내에 인터넷 홈페이지에 합격자를 공고하고, 응시자에게 휴대전화 문자 메시지로 합격 여부를 알려줄 수 있다.

163 〔예상〕
특급, 1급, 2급 및 3급 소방안전관리자 자격시험은 매과목을 100점 만점으로 하여 매과목 40점 이상, 전과목 평균 60점 이상 득점한 사람을 합격자로 한다. O | X

164 〔예상〕
소방청장은 특급 소방안전관리자 자격시험을 종료한 날부터 30일 이내에 인터넷 홈페이지에 합격자를 공고하고, 응시자에게 휴대전화 문자 메시지로 합격 여부를 알려줄 수 있다. O | X

정답
163 × 164 ×

제34조 소방안전관리자 등에 대한 교육
LINK 1권 306~314p

해설

165
소방청장은 실무교육의 대상·일정·횟수 등을 포함한 실무교육의 실시 계획을 매년 수립·시행하고 실무교육 실시 **30일** 전까지 일시·장소, 그 밖에 실무교육 실시에 필요한 사항을 인터넷 홈페이지에 공고하고 교육대상자에게 통보해야 한다.

166
소방안전관리자 및 소방안전관리보조자는 선임된 날부터 6개월 이내에 실무교육을 받아야 하며, 그 이후에는 **2년**마다 1회이상 실무교육을 받아야 한다.

165 〔예상〕
안전원장은 실무교육의 대상·일정·횟수 등을 포함한 실무교육의 실시 계획을 매년 수립·시행하고 실무교육 실시 20일 전까지 일시·장소, 그 밖에 실무교육 실시에 필요한 사항을 인터넷 홈페이지에 공고하고 교육대상자에게 통보해야 한다. O | X

166 〔기출〕
소방안전관리자 및 소방안전관리보조자는 선임된 날부터 6개월 이내에 실무교육을 받아야 하며, 그 이후에는 3년마다 1회이상 실무교육을 받아야 한다. O | X

167 〔기출〕
소방안전관리자 실무교육이나 소방안전관리보조자 실무교육을 받은 후 1년 이내에 소방안전관리자나 소방안전관리보조자로 선임된 사람은 해당 실무교육을 이수한 날에 실무교육을 이수한 것으로 본다. O | X

정답
165 × 166 × 167 O

168 소방청장은 해당 연도의 실무교육이 끝난 날부터 30일 이내에 그 결과를 소방본부장 또는 소방서장에게 통보해야 한다. O X

정답
168 O

제35조 관리의 권원이 분리된 특정소방대상물의 소방안전관리
LINK 1권 314~316p

169 판매시설 중 도매시장, 복합건축물로서 지하층을 제외한 층수가 11층 이상인 것, 복합건축물로서 연면적 3천5백제곱미터 이상인 것 등에 해당하는 특정소방대상물로서 그 관리의 권원이 분리되어 있는 특정소방대상물의 경우 그 관리의 권원별 관계인은 행정안전부령으로 정하는 바에 따라 제24조 제1항에 따른 소방안전관리자를 선임하여야 한다. O X

해설

169
판매시설 중 도매시장, 복합건축물로서 지하층을 제외한 층수가 11층 이상인 것, 복합건축물로서 연면적 **3만 제곱미터 이상**인 것 등에 해당하는 특정소방대상물로서 그 관리의 권원이 분리되어 있는 특정소방대상물의 경우 그 관리의 권원별 관계인은 **대통령령**으로 정하는 바에 따라 제24조 제1항에 따른 소방안전관리자를 선임하여야 한다.

170 하나의 화재수신기 또는 소화펌프가 별도로 설치되어 있는 경우에도 1명의 소방안전관리자로 선임할 수 있다. O X

170
하나의 화재수신기 또는 소화펌프가 별도로 설치되어 있는 경우 **설치된 화재 수신기 또는 소화펌프가 화재를 감지·소화 또는 경보할 수 있는 부분을 각각 하나의 관리 권원으로 보아 각각** 소방안전관리자로 선임할 수 있다.

171 관리의 권원별 관계인은 상호 협의하여 특정소방대상물의 전체에 걸쳐 소방안전관리상 필요한 업무를 총괄하는 소방안전관리자를 선임된 소방안전관리자 중에서 선임하거나 별도로 선임하여야 한다. O X

정답
169 ✕   170 ✕   171 O

해설

172
선임된 소방안전관리자 및 총괄소방안전관리자는 해당 특정소방대상물의 소방안전관리를 효율적으로 수행하기 위하여 공동소방안전관리협의회를 구성하고, 해당 특정소방대상물에 대한 소방안전관리를 공동으로 수행하여야 한다. O|X

173
공동소방안전관리협의회는 소방안전관리대상물의 관계인, 총괄소방안전관리자 및 선임된 소방안전관리자로 구성한다. O|X

173
공동소방안전관리협의회는 <u>소방안전관리대상물의 관계인</u>, 총괄소방안전관리자 및 선임된 소방안전관리자로 구성한다.

정답
172 O 173 ✕

제36조 피난계획의 수립 및 시행
LINK 1권 316~317p

해설

174 (예상)
소방안전관리대상물의 관계인은 그 장소에 근무하거나 거주 또는 출입하는 사람들이 화재가 발생한 경우에 안전하게 피난할 수 있도록 피난계획을 수립·시행하여야 한다. O|X

175
소방안전관리대상물의 관계인은 피난시설의 위치, 피난경로 또는 대피요령이 포함된 피난유도 안내정보를 <u>연 2회</u> 피난안내 교육을 실시하는 방법, 피난안내도를 층마다 보기 쉬운 위치에 게시하는 방법 등으로 근무자 또는 거주자에게 정기적으로 제공하여야 한다.

175 (기출)
소방안전관리대상물의 관계인은 피난시설의 위치, 피난경로 또는 대피요령이 포함된 피난유도 안내정보를 연 1회 피난안내 교육을 실시하는 방법, 피난안내도를 층마다 보기 쉬운 위치에 게시하는 방법 등으로 근무자 또는 거주자에게 정기적으로 제공하여야 한다. O|X

176
피난계획에는 화재경보의 수단 및 방식, 각 거실에서 옥외(옥상 또는 피난안전구역을 <u>포함한다</u>)로 이르는 피난경로, 피난약자 및 피난약자를 동반한 사람의 피난동선과 피난방법 등이 포함되어야 한다.

176 (예상)
피난계획에는 화재경보의 수단 및 방식, 각 거실에서 옥외(옥상 또는 피난안전구역을 제외한다)로 이르는 피난경로, 피난약자 및 피난약자를 동반한 사람의 피난동선과 피난방법 등이 포함되어야 한다. O|X

정답
174 O 175 ✕ 176 ✕

제37조 소방안전관리대상물 근무자 및 거주자 등에 대한 소방훈련 등

177 [예상] 소방안전관리대상물의 관계인은 그 장소에 근무하거나 거주하는 사람 등에게 소화·통보·피난 등의 훈련과 소방안전관리에 필요한 교육을 하여야 한다. O | X

178 [기출] 소방훈련 및 통보훈련은 그 소방대상물에 출입하는 사람을 안전한 장소로 대피시키고 유도하는 훈련을 포함하여야 한다. O | X

> **178** **피난훈련**은 그 소방대상물에 출입하는 사람을 안전한 장소로 대피시키고 유도하는 훈련을 포함하여야 한다.

179 [기출] 소방안전관리대상물의 관계인은 소방훈련과 교육을 연 2회 이상 실시해야 한다. 다만, 소방본부장 또는 소방서장이 화재예방을 위하여 필요하다고 인정하여 2회의 범위에서 추가로 실시할 것을 요청하는 경우에는 소방훈련과 교육을 추가로 실시해야 한다. O | X

> **179** 소방안전관리대상물의 관계인은 소방훈련과 교육을 **연 1회 이상** 실시해야 한다. 다만, 소방본부장 또는 소방서장이 화재예방을 위하여 필요하다고 인정하여 2회의 범위에서 추가로 실시할 것을 요청하는 경우에는 소방훈련과 교육을 추가로 실시해야 한다.

180 [기출] 소방안전관리대상물 중 소방안전관리업무의 전담이 필요한 대통령령으로 정하는 소방안전관리대상물의 관계인은 소방훈련 및 교육을 한 날부터 30일 이내에 소방훈련 및 교육 결과를 행정안전부령으로 정하는 바에 따라 소방본부장 또는 소방서장에게 제출하여야 한다. O | X

181 [기출] 소방본부장 또는 소방서장은 소방안전관리대상물의 관계인이 실시하는 소방훈련과 교육을 지도·감독할 수 있다. O | X

182 [기출] 소방본부장 또는 소방서장은 특급 및 1급 소방안전관리대상물의 관계인으로 하여금 소방훈련을 소방기관과 합동으로 실시하게 할 수 있다. O | X

정답
177 O 178 X 179 X 180 O
181 O 182 O

해설

183
소방안전관리대상물의 관계인은 소방훈련과 교육을 실시 했을 때에는 그 실시 결과를 소방훈련·교육 실시 결과 기록부에 기록하고, 이를 소방훈련 및 교육을 실시한 날부터 **2년간** 보관해야 한다.

184
소방본부장 또는 소방서장은 50층 이상 고층아파트(특급)의 관계인으로 하여금 소방훈련을 소방기관과 합동으로 **실시하게 할 수 있다.**

185
소방본부장 또는 소방서장은 소방안전관리대상물 중 불특정 다수인이 이용하는 대통령령으로 정하는 특정소방대상물의 근무자등에게 불시에 소방훈련과 교육을 실시할 수 있다.

186
불시에 소방훈련과 교육을 실시할 수 있는 대상은 의료시설, 교육연구시설, **노유자 시설**이다.

188
소방본부장 또는 소방서장은 불시 소방훈련과 교육을 실시하려는 경우에는 소방안전관리대상물의 관계인에게 불시 소방훈련·교육 실시 **10일 전까지** 불시 소방훈련·교육 계획서를 통지해야 하고 평가를 실시한 경우 소방안전관리대상물의 관계인에게 불시 소방훈련·교육 종료일부터 **10일 이내**에 불시 소방훈련·교육 평가 결과서를 통지해야 한다.

정답
183 × 184 × 185 ○ 186 ×
187 ○ 188 ×

---

183 [기출] 소방안전관리대상물의 관계인은 소방훈련과 교육을 실시 했을 때에는 그 실시 결과를 소방훈련·교육 실시 결과 기록부에 기록하고, 이를 소방훈련 및 교육을 실시한 날부터 1년간 보관해야 한다. ○ | ×

184 [기출] 소방본부장 또는 소방서장은 50층 이상 고층아파트의 관계인으로 하여금 소방훈련을 소방기관과 합동으로 실시하게 할 수 없다. ○ | ×

185 [기출] 소방관서장은 소방안전관리대상물 중 불특정 다수인이 이용하는 대통령령으로 정하는 특정소방대상물의 근무자등에게 불시에 소방훈련과 교육을 실시할 수 있다. ○ | ×

186 [예상] 불시에 소방훈련과 교육을 실시할 수 있는 대상은 의료시설, 교육연구시설, 근린생활시설이다. ○ | ×

187 [예상] 소방안전관리업무의 전담이 필요한 대통령령으로 정하는 소방안전관리대상물의 관계인은 소방훈련 및 교육을 한 날부터 30일 이내에 소방훈련 및 교육 결과를 행정안전부령으로 정하는 바에 따라 소방본부장 또는 소방서장에게 제출하여야 한다. ○ | ×

188 [예상] 소방본부장 또는 소방서장은 불시 소방훈련과 교육을 실시하려는 경우에는 소방안전관리대상물의 관계인에게 불시 소방훈련·교육 실시 7일 전까지 불시 소방훈련·교육 계획서를 통지해야 하고 평가를 실시한 경우 소방안전관리대상물의 관계인에게 불시 소방훈련·교육 종료일부터 7일 이내에 불시 소방훈련·교육 평가 결과서를 통지해야 한다. ○ | ×

제38조 특정소방대상물의 관계인에 대한 소방안전교육

189 〔예상〕 소방본부장이나 소방서장은 제37조를 적용받지 아니하는 특정소방대상물의 관계인에 대하여 특정소방대상물의 화재예방과 소방안전을 위하여 행정안전부령으로 정하는 바에 따라 소방안전교육을 할 수 있다. O | X

190 〔예상〕 소방안전교육의 교육대상자는 소화기 및 비상경보설비가 설치된 공장·창고 등의 특정소방대상물, 그 밖에 관할 소방본부장 또는 소방서장이 화재에 대한 취약성이 높다고 인정하는 특정소방대상물의 관계인으로서 관할 소방본부장 또는 소방서장이 소방안전교육이 필요하다고 인정하는 사람으로 한다. O | X

해설

190
소방안전교육의 교육대상자는 소화기 및 비상경보설비가 설치된 공장·창고 등의 특정소방대상물, 그 밖에 관할 소방본부장 또는 소방서장이 화재에 대한 취약성이 높다고 인정하는 특정소방대상물의 관계인으로서 관할 ~~소방본부장 또는~~ 소방서장이 소방안전교육이 필요하다고 인정하는 사람으로 한다.

정답
189 O   190 X

CHAPTER 06 특별관리시설물의 소방안전관리

제40조 소방안전 특별관리시설물의 안전관리

191 〔예상〕 소방청장은 화재 등 재난이 발생할 경우 사회·경제적으로 피해가 큰 시설에 대하여 소방안전 특별관리를 하여야 한다. O | X

192 〔예상〕 소방안전 특별관리시설물에는 제조소등, 10개 이상의 영화상영관, 점포가 500개 이상인 전통시장, 연면적 10만제곱미터 이상인 물류창고 등이 있다. O | X

193 〔기출〕 소방청장은 특별관리를 체계적이고 효율적으로 하기 위하여 관계 중앙행정기관의 장과 협의하여 소방안전 특별관리기본계획을 화재의 예방 및 안전관리에 관한 기본계획에 포함하여 수립 및 시행하여야 한다. O | X

194 〔예상〕 시·도지사는 특별관리기본계획을 시행하기 위하여 매년 소방안전 특별관리 시행계획을 수립·시행하고, 그 결과를 다음 연도 1월 31일까지 소방청장에게 통보해야 한다. O | X

해설

192 소방안전 특별관리시설물에는 ~~제조소등~~, **수용인원 1천명** 이상의 영화상영관, 점포가 500개 이상인 전통시장, 연면적 10만제곱미터 이상인 물류창고 등이 있다.

193 소방청장은 특별관리를 체계적이고 효율적으로 하기 위하여 **시·도지사와** 협의하여 소방안전 특별관리기본계획을 화재의 예방 및 안전관리에 관한 기본계획에 포함하여 수립 및 시행하여야 한다.

정답
191 O 192 X 193 X 194 O

제41조 화재예방안전진단

195 대통령령으로 정하는 소방안전 특별관리시설물의 관계인은 화재의 예방 및 안전관리를 체계적·효율적으로 수행하기 위하여 대통령령으로 정하는 바에 따라 한국소방안전원 또는 소방청장이 지정하는 화재예방안전진단기관으로부터 정기적으로 화재예방안전진단을 받아야 한다. □O□X

196 안전원 또는 진단기관의 화재예방안전진단을 받은 연도에는 제37조에 따른 소방훈련과 교육 및 「소방시설 설치 및 관리에 관한 법률」 제22조에 따른 자체점검을 받은 것으로 본다. □O□X

197 안전원 또는 진단기관은 화재예방안전진단 결과를 행정안전부령으로 정하는 바에 따라 소방관서장에게 제출하여야 한다. □O□X

197 안전원 또는 진단기관은 화재예방안전진단 결과를 행정안전부령으로 정하는 바에 따라 **소방본부장 또는 소방서장, 관계인**에게 제출하여야 한다.

198 화재예방안전진단 대상기준
① 발전소 중 연면적이 1천㎡ 이상인 발전소 □O□X
② 항만시설 중 여객이용시설 및 지원시설의 연면적 5천㎡ 이상인 항만시설 □O□X
③ 철도시설 중 역 시설의 연면적 5천㎡ 이상인 철도시설 □O□X
④ 가스공급시설 중 가연성 가스 탱크의 저장용량의 합계가 30톤 이상이거나 저장용량이 10톤 이상인 가연성 가스 탱크가 있는 가스공급시설 □O□X

198
① 발전소 중 연면적이 **5천㎡** 이상인 발전소
④ 가스공급시설 중 가연성 가스 탱크의 저장용량의 합계가 **100톤** 이상이거나 저장용량이 **30톤** 이상인 가연성 가스 탱크가 있는 가스공급시설

정답
195 O 196 O 197 ×
198 ① × ② O ③ O ④ ×

해설

199
소방안전 특별관리시설물의 관계인은 사용승인 또는 완공검사를 받은 날부터 **5년**이 경과한 날이 속하는 해에 최초의 화재예방안전진단을 받아야 한다.

201
화재예방안전진단을 실시한 안전원 또는 진단기관은 화재예방안전진단이 완료된 날부터 **60일** 이내에 소방본부장 또는 소방서장, 관계인에게 화재예방안전진단 결과 보고서를 제출해야 한다.

---

199 [예상] 소방안전 특별관리시설물의 관계인은 사용승인 또는 완공검사를 받은 날부터 6년이 경과한 날이 속하는 해에 최초의 화재예방안전진단을 받아야 한다. ㅇ|X

200 [예상] 안전등급이 우수인 경우 소방안전 특별관리시설물의 관계인은 안전등급을 통보받은 날부터 6년이 경과한 날이 속하는 해에 화재예방안전진단을 받아야 한다. ㅇ|X

201 [예상] 화재예방안전진단을 실시한 안전원 또는 진단기관은 화재예방안전진단이 완료된 날부터 30일 이내에 소방본부장 또는 소방서장, 관계인에게 화재예방안전진단 결과 보고서를 제출해야 한다. ㅇ|X

202 [예상] 화재예방안전진단의 범위에 해당하는 것
① 소방계획 및 피난계획 수립에 관한 사항 ㅇ|X
② 소방시설등의 유지·관리에 관한 사항 ㅇ|X
③ 비상대응조직 및 교육훈련에 관한 사항 ㅇ|X
④ 화재 위험성 평가에 관한 사항 ㅇ|X

정답
199 X 200 O 201 X
202 ① O ② O ③ O ④ O

제42조 진단기관의 지정 및 취소

203 소방청장으로부터 진단기관으로 지정을 받으려는 자는 대통령령으로 정하는 시설과 전문인력 등 지정기준을 갖추어 소방청장에게 지정을 신청하여야 한다. O | X

204 소방청장은 거짓이나 그 밖에 부정한 방법으로 지정을 받은 경우, 업무정지기간에 화재예방안전진단 업무를 한 경우, 지정기준에 미달하게 된 경우에 그 자격을 취소하여야 한다. O | X

204 해설
소방청장은 거짓이나 그 밖에 부정한 방법으로 지정을 받은 경우, 업무정지기간에 화재예방안전진단 업무를 한 경우, ~~지정기준에 미달하게 된 경우에~~ 그 자격을 취소하여야 한다.

205 소방청장은 지정신청서를 접수한 경우에는 지정기준 등에 적합한지를 검토하여 30일 이내에 진단기관 지정 여부를 결정해야 한다. O | X

205 해설
소방청장은 지정신청서를 접수한 경우에는 지정기준 등에 적합한지를 검토하여 **60일** 이내에 진단기관 지정 여부를 결정해야 한다.

206 위반행위의 횟수에 따른 행정처분 기준은 최근 3년간 같은 위반행위로 행정처분을 받은 경우에 적용한다. O | X

정답
203 O 204 X 205 X 206 O

CHAPTER 07 보칙

제43조 화재의 예방과 안전문화 진흥을 위한 시책의 추진

207 소방관서장은 국민의 화재 예방과 안전에 관한 의식을 높이고 화재의 예방과 안전문화를 진흥시키기 위한 활동을 적극 추진하여야 한다. O|X

208 소방관서장은 화재의 예방과 안전문화 활동에 국민 또는 주민이 참여할 수 있는 제도를 마련하여 시행할 수 있다. O|X

209 소방관서장은 국민이 화재의 예방과 안전문화를 실천하고 체험할 수 있는 체험시설을 설치·운영할 수 있다. O|X

해설
209 **소방청장**은 국민이 화재의 예방과 안전문화를 실천하고 체험할 수 있는 체험시설을 설치·운영할 수 있다.

210 국가와 지방자치단체는 지방자치단체 또는 그 밖의 기관·단체에서 추진하는 화재의 예방과 안전문화활동을 위하여 필요한 예산을 지원할 수 있다. O|X

정답
207 O 208 O 209 × 210 O

제44조 우수 소방대상물 관계인에 대한 포상 등

211 소방청장은 소방대상물의 자율적인 안전관리를 유도하기 위하여 안전관리 상태가 우수한 소방대상물을 선정하여 우수 소방대상물 표지를 발급하고, 소방대상물의 관계인을 포상할 수 있다. O|X

정답
211 O

220 건설현장 소방안전관리대상물의 소방안전관리자의 업무를 하지 아니한 소방안전관리자: 300만원 이하의 과태료   O | X

221 소방안전관리업무를 하지 아니한 특정소방대상물의 관계인 또는 소방안전관리대상물의 소방안전관리자: 300만원 이하의 과태료   O | X

222 실무교육을 받지 아니한 소방안전관리자 및 소방안전관리보조자: 200만원 이하의 과태료   O | X

222
실무교육을 받지 아니한 소방안전관리자 및 소방안전관리보조자: **100만원 이하의 과태료**

223 과태료는 대통령령으로 정하는 바에 따라 소방청장, 시·도지사, 소방본부장 또는 소방서장이 부과·징수한다.   O | X

정답
220 O **221** O **222** ✕ **223** O

PART V

소방시설 설치 및 관리에 관한 법률

CHAPTER 01	총칙
CHAPTER 02	소방시설등의 설치·관리 및 방염
CHAPTER 03	소방시설등의 자체점검
CHAPTER 04	소방시설관리사 및 소방시설관리업
CHAPTER 05	소방용품의 품질관리
CHAPTER 06	보칙
CHAPTER 07	벌칙

CHAPTER 01 총칙

제1조 목적

해설

001 이 법은 특정소방대상물 등에 설치하여야 하는 소방시설등의 설치·관리와 **소방용품 성능관리**에 필요한 사항을 규정함으로써 국민의 생명·신체 및 재산을 보호하고 공공의 안전과 복리 증진에 이바지함을 목적으로 한다.

정답
001 ✕

예상

001 이 법은 특정소방대상물 등에 설치하여야 하는 소방시설등의 설치·관리와 소방제품 효율관리에 필요한 사항을 규정함으로써 국민의 생명·신체 및 재산을 보호하고 공공의 안전과 복리 증진에 이바지함을 목적으로 한다. O | X

제2조 정의

해설

002 "소방시설"이란 소화설비, 경보설비, 피난구조설비, 소화용수설비, 그 밖에 소화활동설비로서 **대통령령**으로 정하는 것을 말한다.

003 "소방시설등"이란 소방시설과 비상구, 그 밖에 소방 관련시설로서 **대통령령**으로 정하는 것을 말한다.

004 "특정소방대상물"이란 건축물 등의 규모·용도 및 수용인원 등을 고려하여 소방시설을 설치하여야 하는 소방대상물로서 **대통령령**으로 정하는 것을 말한다.

정답
002 ✕ 003 ✕ 004 ✕

기출

002 "소방시설"이란 소화설비, 경보설비, 피난구조설비, 소화용수설비, 그 밖에 소화활동설비로서 행정안전부령으로 정하는 것을 말한다. O | X

기출

003 "소방시설등"이란 소방시설과 비상구, 그 밖에 소방 관련시설로서 행정안전부령으로 정하는 것을 말한다. O | X

기출

004 "특정소방대상물"이란 건축물 등의 규모·용도 및 수용인원 등을 고려하여 소방시설을 설치하여야 하는 소방대상물로서 행정안전부령으로 정하는 것을 말한다. O | X

005 "화재안전성능"이란 화재를 예방하고 화재발생 시 피해를 최소화하기 위하여 소방대상물의 위치, 공간 및 시설 등에 요구되는 안전성능을 말한다. ○│✕

006 "성능위주설계"란 건축물 등의 재료, 공간, 이용자, 화재 특성 등을 종합적으로 고려하여 공학적 방법으로 화재 위험성을 평가하고 그 결과에 따라 화재안전성능이 확보될 수 있도록 특정소방대상물을 설계하는 것을 말한다. ○│✕

007 "화재안전기준"이란 소방시설 설치 및 관리를 위한 성능기준과 기술기준을 말한다. ○│✕

008 "성능기준"이란 화재안전 확보를 위하여 재료, 공간 및 설비 등에 요구되는 안전성능으로서 소방청장이 고시로 정하는 기준을 말한다. ○│✕

009 "기술기준"은 성능기준을 충족하는 상세한 규격, 특정한 수치 및 시험방법 등에 관한 기준으로서 대통령령으로 정하는 절차에 따라 소방청장의 승인을 받은 기준을 말한다. ○│✕

010 한국소방안전원장은 화재안전기준 중 기술기준을 제정·개정하려는 경우 제정안·개정안을 작성하여 화재안전기술기준위원회의 심의·의결을 거쳐야 한다. ○│✕

해설

005 "화재안전성능"이란 화재를 예방하고 화재발생 시 피해를 최소화하기 위하여 소방대상물의 **재료**, 공간 및 **설비** 등에 요구되는 안전성능을 말한다.

009 "기술기준"은 성능기준을 충족하는 상세한 규격, 특정한 수치 및 시험방법 등에 관한 기준으로서 **행정안전부령**으로 정하는 절차에 따라 소방청장의 승인을 받은 기준을 말한다.

010 **국립소방연구원장**은 화재안전기준 중 기술기준을 제정·개정하려는 경우 제정안·개정안을 작성하여 **중앙소방기술심의위원회**의 심의·의결을 거쳐야 한다.

정답
005 ✕ 006 ○ 007 ○ 008 ○
009 ✕ 010 ✕

해설

011 "소방용품"이란 소방시설등을 구성하거나 소방용으로 사용되는 제품 또는 기기로서 대통령령으로 정하는 것을 말한다. [O | X]

012 "무창층"이란 지상층 중 요건을 모두 갖춘 개구부의 면적의 합계가 해당 층의 바닥면적의 30분의 1 이하가 되는 층을 말한다. [O | X]

013
① 크기는 지름 50센티미터 이상의 원이 통과할 수 있을 것
② 해당 층의 바닥면으로부터 개구부 밑부분까지의 높이가 1.2미터 이내 일 것

013 개구부 기준
① 크기는 지름 60센티미터 이상의 원이 통과할 수 있을 것 [O | X]
② 해당 층의 바닥면으로부터 개구부 윗부분까지의 높이가 1.5미터 이내일 것 [O | X]
③ 도로 또는 차량이 진입할 수 있는 빈터를 향할 것 [O | X]
④ 화재 시 건축물로부터 쉽게 피난할 수 있도록 창살이나 그 밖의 장애물이 설치되지 않을 것 [O | X]
⑤ 내부 또는 외부에서 쉽게 부수거나 열 수 있을 것 [O | X]

정답
011 O   012 O
013 ① × ② × ③ O ④ O ⑤ O

시행령 별표1 **소방시설** LINK 2권 8~9p

해설

014 소화설비란 물 또는 그 밖의 소화약제를 사용하여 소화하는 기계·기구 또는 설비를 말한다.

014 소화설비란 화재를 진압하는 데 필요한 물을 공급하거나 저장하는 설비를 말한다. [O | X]

정답
014 ×

015 경보설비란 화재발생 사실을 통보하는 기계·기구 또는 설비를 말한다.
O | X

016 피난구조설비란 화재를 진압하거나 인명구조활동을 위하여 사용하는 설비를 말한다.
O | X

016 피난구조설비란 화재가 발생할 경우 피난하기 위하여 사용하는 기구 또는 설비를 말한다.

정답
015 O 016 X

시행령 별표2 | 특정소방대상물
LINK 2권 10~18p

017 노인의료복지시설, 정신의료기관, 마약진료소: 의료시설
O | X

017 노인의료복지시설, 정신의료기관, 마약진료소: 의료시설
→ 노인의료복지시설은 노유자시설에 해당한다.

018 의원, 치과의원, 한의원, 침술원, 접골원, 조산원, 산후조리원, 안마원: 근린생활시설
O | X

019 슈퍼마켓과 일용품 등의 소매점으로서 바닥면적의 합계가 1천m² 미만인 것 : 근린생활시설
O | X

020 금융업소로서 바닥면적의 합계가 500m² 미만인 것 : 근린생활시설
O | X

정답
017 X 018 O 019 O 020 O

해설

022
여객자동차터미널, 철도 및 도시철도 시설, 공항시설, 항만시설, ~~항공기 격납고~~ : 운수시설
→ 항공기 격납고는 항공기 및 자동차 관련 시설에 해당한다.

023
학교, 교육원, 직업훈련소, 도서관, ~~병설유치원~~ : 교육연구시설
→ 병설유치원은 노유자시설에 해당한다.

025
관람석의 바닥면적의 합계가 1,000m² 이상인 체육관: **문화 및 집회시설**

---

021 〔기출〕
종교집회장으로서 바닥면적의 합계가 300m²인 것 : 종교시설 O | X

022 〔예상〕
여객자동차터미널, 철도 및 도시철도 시설, 공항시설, 항만시설, 항공기 격납고 : 운수시설 O | X

023 〔예상〕
학교, 교육원, 직업훈련소, 도서관, 병설유치원 : 교육연구시설 O | X

024 〔기출〕
바닥면적의 합계가 500m²일 때 인터넷컴퓨터게임시설제공업: 판매시설 O | X

025 〔기출〕
관람석의 바닥면적의 합계가 1,000m² 이상인 체육관: 운동시설 O | X

026 〔기출〕
어린이회관: 관광 휴게시설 O | X

027 〔기출〕
자동차운전학원: 항공기 및 자동차 관련시설 O | X

정답
021 O 022 × 023 × 024 O
025 × 026 O 027 O

			해설
028 기출 동물원, 식물원: 동물 및 식물 관련시설 O│X			**028** 동물원, 식물원: 문화 및 집회시설

028 기출
동물원, 식물원: 동물 및 식물 관련시설 O│X

028
동물원, 식물원: 문화 및 집회시설

029 기출
「청소년활동 진흥법」에 따른 유스호스텔: 숙박시설 O│X

029
「청소년활동 진흥법」에 따른 유스호스텔: 수련시설

030 기출
요양병원: 노유자시설 O│X

030
요양병원: 의료시설

031 기출
자동차검사장, 여객자동차터미널: 운수시설 O│X

031
~~자동차검사장~~, 여객자동차터미널: 운수시설
→ 자동차검사장은 항공기 및 자동차 관련시설에 해당한다.

032 기출
장례식장, 봉안당: 묘지관련시설 O│X

032
~~장례식장~~, 봉안당: 묘지관련시설
→ 장례식장은 장례시설에 해당한다.

033 기출
지하구
① 전력 또는 통신사업용 지하 인공구조물로서 전력구(케이블 접속부가 없는 경우는 포함한다) 또는 통신구 방식으로 설치된 것 O│X
② 지하 인공구조물로서 폭이 1.5미터 이상이고 높이가 2미터 이상이며 길이가 50미터 이상인 것 O│X

033
지하구
① 전력 또는 통신사업용 지하 인공구조물로서 전력구(케이블 접속부가 없는 경우는 제외한다) 또는 통신구 방식으로 설치된 것
② 지하 인공구조물로서 폭이 1.8미터 이상이고 높이가 2미터 이상이며 길이가 50미터 이상인 것

034 기출
하나의 건축물이 근린생활시설, 판매시설, 업무시설, 숙박시설 또는 위락시설의 용도와 주택의 용도로 함께 사용되는 것은 복합건축물에 해당한다. O│X

정답
028 × 029 × 030 × 031 ×
032 × 033 ① × ② × 034 ○

해설

035
하나의 특정 소방대상물로 보는 경우 (내화구조로 된 연결통로 기준)
① 벽이 없는 구조로서 그 길이가 **6m** 이하인 경우
② 벽이 있는 구조로서 그 길이가 **10m** 이하인 경우

035 기출
하나의 특정 소방대상물로 보는 경우 (내화구조로 된 연결통로 기준)
① 벽이 없는 구조로서 그 길이가 10m 이하인 경우 ○ | ×
② 벽이 있는 구조로서 그 길이가 6m 이하인 경우 ○ | ×

036 기출
내화구조로 된 연결통로의 벽 높이가 바닥에서 천장까지의 높이의 1/2미만인 경우로 그 길이가 6m 이하인 경우 하나의 특정 소방대상물로 본다. ○ | ×

정답
035 ① × ② ×　036 ○

시행령 별표3　소방용품
LINK 2권 19~20p

해설

037 기출
소화설비를 구성하는 제품 또는 기기: 소화기구(소화약제 외의 것을 이용한 간이소화용구 제외), 자동소화장치, 유수제어밸브, 가스관선택밸브 ○ | ×

038
경보설비를 구성하는 제품 또는 기기: 수신기, 감지기, **누전경보기**, 가스누설경보기, 음향장치(경종만 해당)

038 기출
경보설비를 구성하는 제품 또는 기기: 수신기, 감지기, 누전차단기, 가스누설경보기, 음향장치(경종만 해당) ○ | ×

039
피난구조설비를 구성하는 제품 또는 기기: 피난유도선, 완강기(**지지대 포함**), 통로유도등, 휴대용비상조명등

039 기출
피난구조설비를 구성하는 제품 또는 기기: 피난유도선, 완강기(지지대 제외), 통로유도등, 휴대용비상조명등 ○ | ×

040 기출
소화용으로 사용하는 제품 또는 기기: 방염제(방염액·방염도료·방염성 물질을 말한다) ○ | ×

정답
037 ○　038 ×　039 ×　040 ○

소방시설등의 설치·관리 및 방염

제6조 건축허가등의 동의 등

041 건축물 등의 신축·증축·개축·재축(再築)·이전·용도변경 또는 대수선(大修繕)의 허가·협의 및 사용승인의 권한이 있는 행정기관은 건축허가등을 할 때 미리 그 건축물 등의 시공지 또는 소재지를 관할하는 소방본부장이나 소방서장의 동의를 받아야 한다. O | X

042 건축물 등의 신축·증축·개축·재축·이전·용도변경 또는 대수선의 신고를 수리(受理)할 권한이 있는 행정기관은 그 신고를 수리하면 그 건축물 등의 시공지 또는 소재지를 관할하는 소방본부장이나 소방서장에게 지체 없이 그 사실을 알려야 한다. O | X

042 건축물 등의 ~~신축~~·증축·개축·재축·~~이전~~·용도변경 또는 대수선의 신고를 수리(受理)할 권한이 있는 행정기관은 그 신고를 수리하면 그 건축물 등의 시공지 또는 소재지를 관할하는 소방본부장이나 소방서장에게 지체 없이 그 사실을 알려야 한다.

043 건축허가등의 권한이 있는 행정기관과 신고를 수리할 권한이 있는 행정기관은 건축허가등의 동의를 받거나 신고를 수리한 사실을 알릴 때 관할 소방본부장이나 소방서장에게 건축허가등을 하거나 신고를 수리할 때 건축허가등을 받으려는 자 또는 신고를 한 자가 제출한 설계도서 중 건축물의 내부구조를 알 수 있는 설계도면을 제출하여야 한다. O | X

044 건축허가등을 할 때 소방본부장이나 소방서장의 동의를 받아야 하는 건축물 등의 범위는 행정안전부령으로 정한다. O | X

044 건축허가등을 할 때 소방본부장이나 소방서장의 동의를 받아야 하는 건축물 등의 범위는 **대통령령**으로 정한다.

정답
041 O 042 × 043 O 044 ×

해설

045
사용승인에 대한 동의를 할 때에는 「소방시설공사업법」에 따른 소방시설공사의 **완공검사증명서**를 발급하는 것으로 동의를 갈음할 수 있다.

047
③ 차고·주차장으로 사용되는 바닥면적이 **200제곱미터 이상**인 층이 있는 건축물이나 주차시설
⑤ 지하층 또는 무창층이 있는 건축물로서 바닥면적이 **150제곱미터**(공연장의 경우에는 100제곱미터) 이상인 층이 있는 것
⑧ 연면적 **200제곱미터** 이상인 특정소방대상물 중 노유자(老幼者) 시설 및 수련시설
⑨ 연면적 200m² 미만의 노유자시설의 노인관련시설 중 노인주거복지시설(**단독주택 또는 공동주택에 설치되는 시설은 포함**)
⑩ 판매시설 중 도·**소매시장**, 조산원, 산후조리원
⑪ 수련시설: 연면적 200제곱미터 이상인 것
⑫ 공장 또는 창고시설로서 「화재의 예방 및 안전관리에 관한 법률 시행령」에서 정하는 수량의 **750배** 이상의 특수가연물을 저장·취급하는 것
⑬ 가스시설로서 지상에 노출된 탱크의 저장용량의 합계가 **100톤** 이상인 것
⑭ ~~50명 이상의 근로자가 작업하는 옥내작업장~~
⑮ 층수가 **6층 이상**인 건축물

기출

045 사용승인에 대한 동의를 할 때에는 「소방시설공사업법」에 따른 소방시설공사의 사용승인증명서를 발급하는 것으로 동의를 갈음할 수 있다. O X

예상

046 소방본부장 또는 소방서장은 건축허가등의 동의 요구서류를 접수한 날부터 5일(특급 소방안전관리대상물에 해당하는 경우에는 10일) 이내에 건축허가등의 동의 여부를 회신해야 한다. O X

기출

047 건축허가등의 동의대상물 범위
① 항공기격납고, 관망탑, 방송용 송수신탑 O X
② 「학교시설사업 촉진법」 제5조의2 제1항에 따라 건축 등을 하려는 학교시설은 연면적 100제곱미터 이상인 건축물 O X
③ 차고·주차장으로 사용되는 바닥면적이 150제곱미터 이상인 층이 있는 건축물이나 주차시설 O X
④ 장애인 의료재활시설 및 정신의료기관은 연면적 300제곱미터 이상인 건축물 O X
⑤ 지하층 또는 무창층이 있는 건축물로서 바닥면적이 200제곱미터(공연장의 경우에는 100제곱미터) 이상인 층이 있는 것 O X
⑥ 연면적 200m² 미만인 결핵환자나 한센인이 24시간 생활하는 노유자시설(단독주택 또는 공동주택에 설치되는 시설은 제외) O X
⑦ 기계장치에 의한 주차시설로서 자동차 20대 이상 O X
⑧ 연면적 100제곱미터 이상인 특정소방대상물 중 노유자(老幼者) 시설 및 수련시설 O X
⑨ 연면적 200m² 미만의 노유자시설의 노인관련시설 중 노인주거복지시설(단독주택 또는 공동주택에 설치되는 시설은 제외) O X
⑩ 판매시설 중 도·소매시장, 조산원, 산후조리원 O X
⑪ 수련시설로서 수용인원 100인 이상인 것 O X
⑫ 공장 또는 창고시설로서 「화재의 예방 및 안전관리에 관한 법률 시행령」에서 정하는 수량의 1,000배 이상의 특수가연물을 저장·취급하는 것 O X
⑬ 가스시설로서 지상에 노출된 탱크의 저장용량의 합계가 1,000톤 이상인 것 O X
⑭ 50명 이상의 근로자가 작업하는 옥내작업장 O X
⑮ 층수가 11층 이상인 건축물 O X

정답

045 × 046 ○
047 ① ○ ② ○ ③ × ④ ○ ⑤ ×
⑥ ○ ⑦ ○ ⑧ × ⑨ × ⑩ ×
⑪ × ⑫ × ⑬ × ⑭ × ⑮ ×

048 특정소방대상물에 설치되는 소화기구, 자동소화장치, 누전경보기, 단독경보형감지기, 시각경보기, 가스누설경보기, 유도등, 비상조명등이 화재안전기준에 적합한 경우 해당 특정소방대상물은 소방본부장 또는 소방서장의 건축허가등의 동의대상에서 제외된다. ○|×

해설
048 특정소방대상물에 설치되는 소화기구, 자동소화장치, 누전경보기, 단독경보형감지기, ~~시각경보기~~, 가스누설경보기, 유도등, ~~비상조명등~~, **피난구조설비(비상조명등 제외)**이 화재안전기준에 적합한 경우 해당 특정소방대상물은 소방본부장 또는 소방서장의 건축허가등의 동의대상에서 제외된다.

049 건축물의 증축 또는 용도변경으로 인하여 해당 특정소방대상물에 추가로 소방시설이 설치되지 않는 경우 해당 특정소방대상물은 소방본부장 또는 소방서장의 건축허가등의 동의대상에서 제외된다. ○|×

050 「소방시설공사업법 시행령」 제4조에 따른 소방시설공사의 착공신고 대상에 해당하지 않는 경우 해당 특정소방대상물은 소방본부장 또는 소방서장의 건축허가등의 동의대상에서 제외된다. ○|×

정답
048 × 049 ○ 050 ○

제7조 소방시설의 내진설계기준 LINK 2권 27p

051 특정소방대상물에 소방시설을 설치하려는 자는 지진이 발생할 경우 소방시설이 정상적으로 작동될 수 있도록 소방청장이 정하는 내진설계기준에 맞게 소방시설을 설치하여야 한다. ○|×

052 내진설계대상: 옥외소화전설비, 스프링클러설비, 물분무소화설비, 이산화탄소소화설비, 강화액소화설비 ○|×

해설
052 내진설계대상: **옥내소화전설비**, 스프링클러설비, 물분무등소화설비(물분무소화설비, 이산화탄소소화설비, 강화액소화설비)

정답
051 ○ 052 ×

제8조 성능위주설계

LINK 2권 27~31p

해설

053
연면적·높이·층수 등이 일정 규모 이상인 대통령령으로 정하는 특정소방대상물(신축하는 것만 해당한다)에 소방시설을 설치하려는 자는 성능위주설계를 하여야 한다.

예상

053 규모·용도·수용인원 등이 일정 규모 이상인 대통령령으로 정하는 특정소방대상물(신축하는 것만 해당한다)에 소방시설을 설치하려는 자는 성능위주설계를 하여야 한다. O | X

054
소방시설을 설치하려는 자가 성능위주설계를 한 경우에는 「건축법」 제11조에 따른 건축허가를 신청하기 전에 해당 특정소방대상물의 시공지 또는 소재지를 관할하는 ~~소방본부장 또는~~ 소방서장에게 신고하여야 한다.

예상

054 소방시설을 설치하려는 자가 성능위주설계를 한 경우에는 「건축법」 제11조에 따른 건축허가를 신청하기 전에 해당 특정소방대상물의 시공지 또는 소재지를 관할하는 소방본부장 또는 소방서장에게 신고하여야 한다. O | X

055
검토·평가를 요청받은 소방청장 또는 소방본부장은 요청을 받은 날부터 **20일 이내**에 평가단의 심의·의결을 거쳐 해당 건축물의 성능위주설계를 검토·평가하고, 성능위주설계 검토·평가 결과서를 작성하여 관할 소방서장에게 지체 없이 통보해야 한다.

예상

055 검토·평가를 요청받은 소방청장 또는 소방본부장은 요청을 받은 날부터 14일 이내에 평가단의 심의·의결을 거쳐 해당 건축물의 성능위주설계를 검토·평가하고, 성능위주설계 검토·평가 결과서를 작성하여 관할 소방서장에게 지체 없이 통보해야 한다. O | X

056
성능위주설계의 신고 또는 변경신고를 하려는 자는 해당 특정소방대상물이 「건축법」 제4조의2에 따른 건축위원회의 심의를 받아야 하는 건축물인 경우에는 그 심의를 **신청하기 전에** 성능위주설계의 기본설계도서 등에 대해서 해당 특정소방대상물의 시공지 또는 소재지를 관할하는 ~~소방본부장 또는~~ 소방서장의 사전검토를 받아야 한다.

예상

056 성능위주설계의 신고 또는 변경신고를 하려는 자는 해당 특정소방대상물이 「건축법」 제4조의2에 따른 건축위원회의 심의를 받아야 하는 건축물인 경우에는 그 심의를 받은 후 성능위주설계의 기본설계도서 등에 대해서 해당 특정소방대상물의 시공지 또는 소재지를 관할하는 소방본부장 또는 소방서장의 사전검토를 받아야 한다. O | X

정답
053 × 054 × 055 × 056 ×

057 [예상]

소방서장은 성능위주설계의 신고, 변경신고 또는 사전검토 신청을 받은 경우에는 소방청 또는 관할 소방본부에 설치된 성능위주설계평가단의 검토·평가를 거쳐야 한다. 다만, 소방서장은 신기술·신공법 등 검토·평가에 고도의 기술이 필요한 경우에는 지방소방기술심의위원회에 심의를 요청할 수 있다. ○ X

해설 057
소방서장은 성능위주설계의 신고, 변경신고 또는 사전검토 신청을 받은 경우에는 소방청 또는 관할 소방본부에 설치된 성능위주설계평가단의 검토·평가를 거쳐야 한다. 다만, 소방서장은 신기술·신공법 등 검토·평가에 고도의 기술이 필요한 경우에는 **중앙소방기술심의위원회**에 심의를 요청할 수 있다.

058 [기출]

성능위주설계 대상 기준
① 연면적 10만m² 이상인 특정소방대상물 ○ X
② 지하층을 제외한 층수가 30층 이상인 특정소방대상물 ○ X
③ 연면적 3만m² 이상의 철도 및 도시철도 시설 ○ X
④ 하나의 건축물에 영화상영관이 10개 이상인 특정소방대상물 ○ X
⑤ 지하연계 복합건축물에 해당하는 특정소방대상물 ○ X
⑥ 터널 중 수저(水底)터널 또는 길이가 3천미터 이상인 것 ○ X
⑦ 창고시설 중 연면적 10만제곱미터 이상인 것 ○ X
⑧ 지하층의 층수가 2개 층 이상이고 지하층의 바닥면적의 합계가 5만제곱미터 이상인 창고시설 ○ X

058
① 연면적 **20만m² 이상**인 특정소방대상물
② 지하층을 **포함한** 층수가 30층 이상인 특정소방대상물
⑥ 터널 중 수저(水底)터널 또는 길이가 **5천미터** 이상인 것
⑧ 지하층의 층수가 2개 층 이상이고 지하층의 바닥면적의 합계가 **3만제곱미터** 이상인 창고시설

059 [기출]

성능위주설계 대상
① 높이 120미터인 아파트 ○ X
② 연면적 2만제곱미터인 철도역사 ○ X
③ 연면적 10만제곱미터인 특정소방대상물(단, 아파트 등은 제외) ○ X
④ 영화상영관이 10개인 특정소방대상물 ○ X
⑤ 지하층을 포함한 층수가 30층인 복합건축물 ○ X
⑥ 연면적 3만제곱미터, 높이 90미터, 지하층 포함 25층인 종합병원 ○ X
⑦ 지하 5층, 지상 25층인 관광호텔 ○ X

059
① 높이 **200미터 이상**인 아파트
② 연면적 **3만제곱미터 이상**인 철도역사
③ 연면적 **20만제곱미터 이상**인 특정소방대상물(단, 아파트 등은 제외)
⑥ 연면적 **20만제곱미터 이상 또는** 높이 **120미터 이상 또는** 지하층 포함 **30층 이상**인 종합병원

정답
057 ×
058 ① × ② × ③ ○ ④ × ⑤ ○ ⑥ × ⑦ ○ ⑧ ×
059 ① × ② × ③ × ④ ○ ⑤ ○ ⑥ × ⑦ ○

제9조 성능위주설계평가단

해설

060 성능위주설계에 대한 전문적·기술적인 검토 및 평가를 위하여 소방청, 소방본부 ~~또는 소방서~~에 성능위주설계 평가단을 둔다.

061 평가단은 평가단장을 포함하여 50명 이내의 평가단원으로 성별을 고려하여 구성하고 평가단 회의는 평가단장과 평가단장이 회의마다 지명하는 **6명 이상 8명 이하**의 평가단원으로 구성·운영하며, 과반수의 출석으로 개의하고, 출석 평가단원 과반수의 찬성으로 의결한다.

062 위촉된 평가단원의 임기는 2년으로 하되, ~~2회에 한정하여~~ 연임할 수 있다. ~~다만, 전문가가 부족하는 등 특별한 사유가 있는 경우에는 평가단원의 임기를 최대 5년으로 할 수 있다.~~

예상

060 성능위주설계에 대한 전문적·기술적인 검토 및 평가를 위하여 소방청, 소방본부 또는 소방서에 성능위주설계 평가단을 둔다. ○ | X

061 평가단은 평가단장을 포함하여 50명 이내의 평가단원으로 성별을 고려하여 구성하고 평가단 회의는 평가단장과 평가단장이 회의마다 지명하는 7명 이상 9명 이하의 평가단원으로 구성·운영하며, 과반수의 출석으로 개의하고, 출석 평가단원 과반수의 찬성으로 의결한다. ○ | X

062 위촉된 평가단원의 임기는 2년으로 하되, 1회에 한하여 연임할 수 있다. 다만, 전문가가 부족하는 등 특별한 사유가 있는 경우에는 평가단원의 임기를 최대 5년으로 할 수 있다. ○ | X

정답
060 × 061 × 062 ×

제10조 주택에 설치하는 소방시설

예상

063 주택의 소유자는 소방시설 중 소화기, 단독경보형 감지기를 설치하여야 한다. ○ | X

정답
063 ○

064 주택용소방시설의 설치기준 및 자율적인 안전관리 등에 관한 사항은 특별시·광역시·특별자치시·도 또는 특별자치도의 조례로 정한다. O|X

065 국가 및 지방자치단체는 주택용소방시설의 설치 및 국민의 자율적인 안전관리를 촉진하기 위하여 필요한 시책을 마련하여야 한다. O|X

066 주택용 소방시설은 단독주택, 아파트, 기숙사, 공동주택에 설치한다. O|X

해설

066
주택용 소방시설은 단독주택, ~~아파트~~, ~~기숙사~~, 공동주택(아파트 및 기숙사 제외)에 설치한다.

정답
064 O 065 O 066 X

제11조 자동차에 설치 또는 비치하는 소화기

LINK 2권 34~36p

067 「자동차관리법」제3조 제1항에 따른 자동차 중 5인승 이상의 승용자동차를 제작·조립·수입·판매하려는 자 또는 해당 자동차의 소유자는 차량용 소화기를 설치하거나 비치하여야 한다. O|X

068 소방청장은 자동차검사 시 차량용 소화기의 설치 또는 비치 여부 등을 확인하여야 하며, 그 결과를 매년 12월 31일까지 시·도지사에게 통보하여야 한다. O|X

069 승용자동차는 능력단위 1 이상의 소화기 1개 이상을 사용하기 쉬운 곳에 설치 또는 비치한다. O|X

해설

068
국토교통부장관은 「자동차관리법」제43조 제1항에 따른 자동차검사 시 차량용 소화기의 설치 또는 비치 여부 등을 확인하여야 하며, 그 결과를 매년 12월 31일까지 **소방청장**에게 통보하여야 한다.

정답
067 O 068 X 069 O

해설

070
승차정원 36인 이상인 승합자동차에는 능력단위 3 이상인 소화기 1개 이상 **및** 능력단위 2 이상인 소화기 1개 이상을 설치한다. 다만, 2층 대형승합자동차의 경우에는 위층 차실에 능력단위 **3 이상**인 소화기 1개 이상을 추가로 설치한다.

071
중형 이하의 화물자동차 및 특수자동차는 능력단위 **1 이상**인 소화기 1개 이상을 사용하기 쉬운 곳에 설치한다.

---

070 [예상] 승차정원 36인 이상인 승합자동차에는 능력단위 3 이상인 소화기 1개 이상 또는 능력단위 2 이상인 소화기 1개 이상을 설치한다. 다만, 2층 대형승합자동차의 경우에는 위층 차실에 능력단위 2 이상인 소화기 1개 이상을 추가로 설치한다. O | X

071 [예상] 중형 이하의 화물자동차 및 특수자동차는 능력단위 2 이상인 소화기 1개 이상을 사용하기 쉬운 곳에 설치한다. O | X

정답
070 ×   071 ×

제12조 특정소방대상물에 설치하는 소방시설의 관리 등
LINK 2권 36~54p

해설

073
「장애인·노인·임산부 등의 편의증진 보장에 관한 법률」제2조 제1호에 따른 장애인등이 사용하는 소방시설(**경보설비** 및 피난구조설비를 말한다)은 대통령령으로 정하는 바에 따라 장애인등에 적합하게 설치·관리하여야 한다.

074
~~소방청장~~, 소방본부장 또는 소방서장은 소방시설이 화재안전기준에 따라 설치·관리되고 있지 아니할 때에는 해당 특정소방대상물의 관계인에게 필요한 조치를 명할 수 있다.

---

072 [기출] 특정소방대상물의 관계인은 대통령령으로 정하는 소방시설을 화재안전기준에 따라 설치·관리하여야 한다. O | X

073 [예상] 「장애인·노인·임산부 등의 편의증진 보장에 관한 법률」제2조 제1호에 따른 장애인등이 사용하는 소방시설(소화설비 및 피난구조설비를 말한다)은 대통령령으로 정하는 바에 따라 장애인등에 적합하게 설치·관리하여야 한다. O | X

074 [예상] 소방청장, 소방본부장 또는 소방서장은 소방시설이 화재안전기준에 따라 설치·관리되고 있지 아니할 때에는 해당 특정소방대상물의 관계인에게 필요한 조치를 명할 수 있다. O | X

정답
072 O   073 ×   074 ×

075 소방청장, 소방본부장 또는 소방서장은 소방시설의 작동정보 등을 실시간으로 수집·분석할 수 있는 시스템(이하 "소방시설정보관리시스템"이라 한다)을 구축·운영할 수 있다. ☐O☐X

076 소방청장, 소방본부장 또는 소방서장은 작동정보를 해당 특정소방대상물의 관계인에게 통보하여야 한다. ☐O☐X

077 소방시설정보관리시스템 구축·운영할 수 있는 대상: 문화 및 집회시설, 종교시설, 운동시설, 노유자시설, 숙박시설, 위험물 저장 및 처리시설, 지하가 및 지하구 ☐O☐X

해설

077
소방시설정보관리시스템 구축·운영할 수 있는 대상: 문화 및 집회시설, 종교시설, **운동시설**, 노유자시설, 숙박시설, 위험물 저장 및 처리시설, 지하가 및 지하구

정답
075 O 076 O 077 ✕

[시행령 별표4] 특정소방대상물의 관계인이 특정소방대상물에 설치·관리해야 하는 소방시설의 종류 **LINK** 2권 36~52p

078 소화기구
① 연면적 33m² 이상인 것 ☐O☐X
② 가스시설, 발전시설 중 전기저장시설 및 문화재 ☐O☐X
③ 터널 ☐O☐X
④ 지하구 ☐O☐X

079 자동소화장치(주거용 주방자동소화장치를 설치하여야 하는 것)
후드 및 덕트가 설치되어 있는 주방이 있는 아파트등 및 오피스텔의 모든 층 ☐O☐X

정답
078 ① O ② O ③ ④ O
079 O

해설

080
① ~~위험물 저장 및 처리 시설 중 가스시설~~
⑤ 공장 또는 창고시설로서 「화재의 예방 및 안전관리에 관한 법률 시행령」 별표 2에서 정하는 수량의 **750배** 이상의 특수가연물을 저장·취급하는 것

081
③ 영화상영관의 용도로 쓰이는 층의 바닥면적이 지하층 또는 무창층인 경우에는 **500㎡** 이상, 그 밖의 층의 경우에는 **1,000㎡** 이상인 것
⑦ 숙박시설로 사용되는 바닥면적의 합계가 **600㎡** 이상인 경우
⑧ 근린생활시설 중 조산원 및 산후조리원의 용도로 사용되는 시설의 바닥면적 합계가 **600㎡ 이상인** 것

---

080 [예상] 옥내소화전설비

① 위험물 저장 및 처리 시설 중 가스시설 〇 | ✕
② 연면적 3천㎡ 이상인 것 〇 | ✕
③ 지하층·무창층(축사는 제외한다)으로서 바닥면적이 600m² 이상인 층이 있는 것 〇 | ✕
④ 건축물의 옥상에 설치된 차고·주차장으로서 사용되는 면적이 200m² 이상인 경우 해당 부분 〇 | ✕
⑤ 공장 또는 창고시설로서 「화재의 예방 및 안전관리에 관한 법률 시행령」 별표 2에서 정하는 수량의 1,000배 이상의 특수가연물을 저장·취급하는 것 〇 | ✕

081 [예상] 스프링클러설비

① 층수가 6층 이상인 특정소방대상물 〇 | ✕
② 복합건축물로서 연면적 5천㎡ 이상인 경우 〇 | ✕
③ 영화상영관의 용도로 쓰이는 층의 바닥면적이 지하층 또는 무창층인 경우에는 300㎡ 이상, 그 밖의 층의 경우에는 600㎡ 이상인 것 〇 | ✕
④ 창고시설(물류터미널은 제외한다)로서 바닥면적 합계가 5천㎡ 이상인 경우에는 모든 층 〇 | ✕
⑤ 의료시설 중 종합병원, 숙박시설, 숙박이 가능한 수련시설의 바닥면적의 합계가 600m² 이상인 것 〇 | ✕
⑥ 수련시설 내에 있는 학생 수용을 위한 기숙사로서 연면적 5천m²인 경우 〇 | ✕
⑦ 숙박시설로 사용되는 바닥면적의 합계가 500m²인 경우 〇 | ✕
⑧ 근린생활시설 중 조산원 및 산후조리원 〇 | ✕

정답
080 ① ✕ ② 〇 ③ 〇 ④ 〇 ⑤ ✕
081 ① 〇 ② 〇 ③ ✕ ④ 〇 ⑤ 〇
    ⑥ 〇 ⑦ ✕ ⑧ ✕

082 간이스프링클러설비 　　　　　　　　　예상

① 종합병원, 병원, 치과병원, 한방병원 및 요양병원(의료재활시설은 제외한다)으로 사용되는 바닥면적의 합계가 600m² 미만인 시설 　○ ✕

② 정신의료기관 또는 의료재활시설로 사용되는 바닥면적의 합계가 600㎡ 미만이고, 창살이 설치된 시설 　○ ✕

③ 교육연구시설 내에 합숙소로서 연면적 200㎡ 이상인 경우 　○ ✕

④ 숙박시설로 사용되는 바닥면적의 합계가 300m² 이상 600m² 미만인 시설 　○ ✕

082 해설
② 정신의료기관 또는 의료재활시설로 사용되는 바닥면적의 합계가 **300m²** 미만이고, 창살이 설치된 시설
③ 교육연구시설 내에 합숙소로서 연면적 **100㎡** 이상인 경우

083 물분무등소화설비 　　　　　　　　　기출

① 차고, 주차용 건축물 또는 철골 조립식 주차시설. 이 경우 연면적 600㎡ 이상인 것 　○ ✕

② 건축물의 내부에 설치된 차고·주차장으로서 사용되는 면적이 200㎡ 이상인 경우 　○ ✕

③ 기계장치에 의한 주차시설을 이용하여 20대 이상의 차량을 주차할 수 있는 시설 　○ ✕

083 해설
① 차고, 주차용 건축물 또는 철골 조립식 주차시설. 이 경우 연면적 **800㎡** 이상인 것

084 옥외소화전설비 　　　　　　　　　예상

① 지상 1층 및 2층의 바닥면적의 합계가 9천㎡ 이상인 것 　○ ✕

② 연소 우려가 있는 구조: 각각의 건축물이 다른 건축물의 외벽으로부터 수평거리가 1층의 경우에는 6미터 이하, 2층 이상의 층의 경우에는 10미터 이하인 경우 　○ ✕

③ 공장 또는 창고시설로서 지정수량의 1,000배 이상의 특수가연물을 저장·취급 하는 경우 　○ ✕

084 해설
③ 공장 또는 창고시설로서 지정수량의 **750배** 이상의 특수가연물을 저장·취급 하는 경우

정답
082 ① ○　② ✕　③ ✕　④ ○
083 ① ✕　② ○　③ ○
084 ① ○　② ○　③ ✕

해설

085
비상경보설비
① 연면적 **400m²** 이상이거나 지하층 또는 무창층의 바닥면적이 150m²(공연장의 경우 100m²) 이상인 경우
② **50명** 이상의 근로자가 작업하는 옥내 작업장

086
① 연면적 **3천5백m²** 이상인 것

087
① 근린생활시설(목욕장은 제외한다), 의료시설(정신의료기관 또는 요양병원은 제외한다), 위락시설, 장례시설 및 복합건축물로서 연면적 **600m²** 이상인 경우
② 교정 및 군사시설 중 국방·군사시설, 방송통신시설, 발전시설, 관광 휴게시설로서 연면적 **1,000m²** 이상인 경우
⑤ 판매시설 중 **전통시장**, 조산원, 산후조리원

예상

085 비상경보설비
① 연면적 600m² 이상이거나 지하층 또는 무창층의 바닥면적이 150m²(공연장의 경우 100m²) 이상인 경우 O | X
② 100명 이상의 근로자가 작업하는 옥내 작업장 O | X

086 비상방송설비
① 연면적 5천m² 이상인 것 O | X
② 층수가 11층 이상인 것 O | X
③ 지하층의 층수가 3층 이상인 것 O | X

087 자동화재탐지설비
① 근린생활시설(목욕장은 제외한다), 의료시설(정신의료기관 또는 요양병원은 제외한다), 위락시설, 장례시설 및 복합건축물로서 연면적 1,000m² 이상인 경우 O | X
② 교정 및 군사시설 중 국방·군사시설, 방송통신시설, 발전시설, 관광 휴게시설로서 연면적 600m² 이상인 경우 O | X
③ 노유자 생활시설 O | X
④ 노유자 생활시설에 해당하지 않는 노유자 시설로서 연면적 400m² 이상인 노유자 시설 및 숙박시설이 있는 수련시설로서 수용인원 100명 이상인 경우 O | X
⑤ 판매시설 중 도·소매시장, 조산원, 산후조리원 O | X

정답
085 ① × ② ×
086 ① × ② ○ ③ ○
087 ① × ② × ③ ○ ④ ○ ⑤ ×

088 자동화재속보설비
① 노유자 시설, 숙박시설로서 바닥면적이 500㎡ 이상인 층이 있는 것
② 조산원 및 산후조리원, 종합병원, 치과병원
③ 노유자 생활시설

해설 088
① 노유자 시설, **숙박시설이 있는 수련시설**로서 바닥면적이 500㎡ 이상인 층이 있는 것

089 단독경보형 감지기
① 교육연구시설 또는 수련시설 내에 있는 합숙소 또는 기숙사로서 연면적 1천㎡ 미만인 것
② 연면적 400㎡ 미만의 유치원

해설 089
① 교육연구시설 또는 수련시설 내에 있는 합숙소 또는 기숙사로서 연면적 **2천**㎡ 미만인 것

090 피난구조설비
인명구조기구 중 지하층을 포함하는 층수가 5층 이상인 것 중 관광호텔 용도로 사용하는 층에는 방열복 또는 방화복(안전모, 보호장갑 및 안전화를 포함한다), 인공소생기 및 공기호흡기를 설치한다.

해설 090
인명구조기구 중 지하층을 포함하는 층수가 **7층** 이상인 것 중 관광호텔 용도로 사용하는 층에는 방열복 또는 방화복(안전모, 보호장갑 및 안전화를 포함한다), 인공소생기 및 공기호흡기를 설치한다.

091 비상조명등
① 지하층을 포함하는 층수가 5층 이상인 건축물로서 연면적 3천㎡ 이상인 경우
② 지하층 또는 무창층의 바닥면적이 400㎡ 이상인 경우

해설 091
② 지하층 또는 무창층의 바닥면적이 **450㎡** 이상인 경우

092 연결송수관설비
층수가 11층 이상으로서 연면적 6천㎡ 이상인 경우에는 모든 층

해설 092
층수가 **5층** 이상으로서 연면적 6천㎡ 이상인 경우에는 모든 층

정답
088 ① × ② ○ ③ ○
089 ① × ② ○ 090 ×
091 ① ○ ② × 092 ×

해설

093
② 지하층의 층수가 **3층** 이상이고 지하층의 바닥면적의 합계가 1천㎡ 이상인 것은 지하층의 모든 층

094
① 층수가 30층 이상인 것으로서 16층 이상 부분의 모든 층, **지하구 중 공동구**

095
500m 이상 터널
~~비상방송설비~~, 비상경보설비, 비상조명등, 비상콘센트설비, **무선통신보조설비**

097
연면적 1천㎡ 지하가
스프링클러설비, 제연설비, 연결살수설비, ~~자동화재탐지설비~~, **무선통신보조설비**

정답
093 ① ○ ② ×
094 ① × ② ○ ③ ○
095 × 096 ○ 097 ×

---

093 〔예상〕 비상콘센트설비
① 층수가 11층 이상인 특정소방대상물의 경우에는 11층 이상의 층 〔O│X〕
② 지하층의 층수가 5층 이상이고 지하층의 바닥면적의 합계가 1천㎡ 이상인 것은 지하층의 모든 층 〔O│X〕

094 〔기출〕 무선통신보조설비
① 층수가 30층 이상인 것으로서 16층 이상 부분의 모든 층, 지하구 〔O│X〕
② 지하층의 바닥면적의 합계가 3천㎡ 이상인 것 〔O│X〕
③ 지하층의 층수가 3층 이상이고 지하층의 바닥면적의 합계가 1천㎡ 이상인 것은 지하층의 모든 층 〔O│X〕

095 〔예상〕 500m 이상 터널
비상방송설비, 비상경보설비, 비상조명등, 비상콘센트설비 〔O│X〕

096 〔예상〕 1000m 이상 터널
옥내소화전, 자동화재탐지설비, 연결송수관설비 〔O│X〕

097 〔기출〕 연면적 1천㎡ 지하가
간이스프링클러설비, 제연설비, 연결살수설비 〔O│X〕

제13조 소방시설기준 적용의 특례

LINK 2권 54~59p

098 기출

강화된 기준을 적용하여야 하는 소방시설
① 소화기구, 비상경보설비, 자동화재탐지설비, 자동화재속보설비, 피난구조설비 ◯ⅼ✕
② 노유자 시설: 스프링클러설비, 자동화재탐지설비 ◯ⅼ✕
③ 의료시설: 스프링클러설비, 간이스프링클러설비, 자동화재탐지설비, 자동화재속보설비 ◯ⅼ✕
④ 공동구: 소화기, 자동소화장치, 자동화재탐지설비, 통합감시시설, 유도등, 스프링클러설비 ◯ⅼ✕
⑤ 전력 및 통신사업용 지하구: 소화기, 자동소화장치, 자동화재탐지설비, 통합감시시설, 유도등, 연소방지설비 ◯ⅼ✕

해설

098
② 노유자 시설: 간이스프링클러설비, 자동화재탐지설비, 단독경보형 감지기
④ 공동구: 소화기, 자동소화장치, 자동화재탐지설비, 통합감시시설, 유도등, 연소방지설비

099 기출

소방본부장 또는 소방서장은 특정소방대상물이 증축되는 경우에는 증축 부분은 증축 전에 적용되던 소방시설의 설치에 관한 대통령령 또는 화재안전기준을 적용하고 기존 부분은 증축 당시의 소방시설의 설치에 관한 대통령령 또는 화재안전기준을 적용해야 한다. ◯ⅼ✕

099
소방본부장 또는 소방서장은 특정소방대상물이 증축되는 경우에는 기존 부분을 포함한 특정소방대상물의 전체에 대하여 증축 당시의 소방시설의 설치에 관한 대통령령 또는 화재안전기준을 적용해야 한다.

100 기출

소방본부장 또는 소방서장은 특정소방대상물이 증축되는 경우에는 기존 부분을 포함한 특정소방대상물의 전체에 대하여 증축 당시의 소방시설의 설치에 관한 대통령령 또는 화재안전기준을 적용해야 한다. ◯ⅼ✕

101 기출

용도변경으로 인하여 천장·바닥·벽 등에 고정되어 있는 가연성 물질의 양이 줄어드는 경우에는 특정소방대상물 전체에 대하여 용도변경 전에 해당 특정소방대상물에 적용되던 소방시설의 설치에 관한 대통령령 또는 화재안전기준을 적용한다. ◯ⅼ✕

정답
098 ① ◯ ② ✕ ③ ◯ ④ ✕ ⑤ ◯
099 ✕ 100 ◯ 101 ◯

해설

102
소방본부장 또는 소방서장은 특정소방대상물이 용도변경되는 경우에는 특정소방대상물의 **용도변경 되는 부분에 대해서만** 용도변경 당시의 소방시설의 설치에 관한 대통령령 또는 화재안전기준을 적용한다.

102 〔기출〕
소방본부장 또는 소방서장은 특정소방대상물이 용도변경되는 경우에는 특정소방대상물의 전체에 대하여 용도변경 당시의 소방시설의 설치에 관한 대통령령 또는 화재안전기준을 적용한다. ○ | ✕

103
화재 위험도가 낮은 특정소방대상물, 화재안전기준을 적용하기 어려운 특정소방대상물 등에는 소방시설을 설치하지 아니할 수 있다.

103 〔기출〕
화재연소 위험이 다소 작은 특정소방대상물, 화재안전기준을 적용하기 어려운 특정소방대상물 등에는 소방시설을 설치하지 아니할 수 있다. ○ | ✕

104
① 불연성 물품을 저장하는 창고: 옥외소화전, 연결살수설비, **자동화재탐지설비**
③ 정수장, 수영장, 목욕장: **연결송수관설비**, 연결살수설비, **자동화재탐지설비, 상수도소화용수설비**

104 〔기출〕
소방시설을 설치하지 아니할 수 있는 특정소방대상물 및 소방시설
① 불연성 물품을 저장하는 창고: 옥외소화전, 연결살수설비, 자동화재탐지설비 ○ | ✕
② 음료수공장의 세정 또는 충전을 하는 작업장: 스프링클러설비, 상수도소화용수설비, 연결살수설비 ○ | ✕
③ 정수장, 수영장, 목욕장: 연결송수관설비, 연결살수설비 ○ | ✕
④ 원자력발전소: 연결송수관설비, 연결살수설비 ○ | ✕

정답
102 ✕ 103 ✕
104 ① ✕ ② ○ ③ ✕ ④ ○

105 특정소방대상물의 소방시설 설치면제 기준
① 간이스프링클러설비를 설치하여야 하는 특정소방대상물: 분말소화설비를 설치한 경우 O|X
② 비상경보설비를 설치하여야 할 특정소방대상물: 단독경보형 감지기를 2개 이상의 단독경보형 감지기와 연동하여 설치, 자동화재탐지설비, 화재알림설비를 설치한 경우 O|X
③ 비상조명등을 설치하여야 하는 특정소방대상물: 피난구유도등 또는 통로유도등을 설치한 경우 O|X
④ 누전경보기를 설치하여야 하는 특정소방대상물: 아크경보기 또는 전기 관련 법령에 따른 지락차단장치를 설치한 경우 O|X
⑤ 연결살수설비를 설치하여야 하는 특정소방대상물: 송수구를 부설한 스프링클러설비, 간이스프링클러설비, 물분무등소화설비를 설치한 경우 O|X

해설

105
① 간이스프링클러설비를 설치하여야 하는 특정소방대상물: ~~분말소화설비~~ 스프링클러설비, 물분무소화설비, 미분무소화설비를 설치한 경우
⑤ 연결살수설비를 설치하여야 하는 특정소방대상물: 송수구를 부설한 스프링클러설비, 간이스프링클러설비, ~~물분무등소화설비~~ 물분무소화설비, 미분무소화설비를 설치한 경우

정답
105 ① × ② O ③ O ④ O ⑤ ×

제14조 특정소방대상물별로 설치하여야 하는 소방시설의 정비 등
LINK 2권 59~60p

106 대통령령으로 소방시설을 정할 때에는 특정소방대상물의 층수·위치·수용인원 및 이용자 특성 등을 고려하여야 한다. O|X

106
대통령령으로 소방시설을 정할 때에는 특정소방대상물의 규모·용도·수용인원 및 이용자 특성 등을 고려하여야 한다.

107 소방청장은 건축 환경 및 화재위험특성 변화사항을 효과적으로 반영할 수 있도록 소방시설 규정을 2년에 1회 이상 정비하여야 한다. O|X

107
소방청장은 건축 환경 및 화재위험특성 변화사항을 효과적으로 반영할 수 있도록 소방시설 규정을 3년에 1회 이상 정비하여야 한다.

정답
106 × 107 ×

시행령 별표7 수용인원의 산정 방법

LINK 2권 60p

108 수용인원 산정방법

① 침대가 있는 숙박시설은 해당 특정소방대상물의 종사자 수에 침대 수(2인용 침대는 2개로 산정)를 합한 수로 한다. O│X

② 침대가 없는 숙박시설은 해당 특정소방대상물의 종사자 수에 숙박시설 바닥면적의 합계를 4.5m²로 나누어 얻은 수를 합한 수로 한다. O│X

③ 강의실, 휴게실, 실습실 용도로 쓰는 특정소방대상물은 해당 용도로 사용하는 바닥면적의 합계를 1.9m²로 나누어 얻은 수로 한다. O│X

④ 강당은 해당 용도로 사용하는 바닥면적의 합계를 3m²로 나누어 얻은 수로 한다. O│X

⑤ 바닥면적을 산정하는 때에는 복도, 계단 및 화장실의 바닥면적을 포함한다. O│X

⑥ 계산 결과 소수점 이하의 수는 반올림한다. O│X

해설 108
② 침대가 없는 숙박시설은 해당 특정소방대상물의 종사자 수에 숙박시설 바닥면적의 합계를 3m²로 나누어 얻은 수를 합한 수로 한다.
④ 강당은 해당 용도로 사용하는 바닥면적의 합계를 4.6m²로 나누어 얻은 수로 한다.
⑤ 바닥면적을 산정하는 때에는 복도, 계단 및 화장실의 바닥면적을 포함하지 않는다.

정답
108 ① O ② × ③ O ④ ×
⑤ × ⑥ O

제15조 건설현장의 임시소방시설 설치 및 관리

LINK 2권 61~62p

109
공사시공자는 특정소방대상물의 용도변경을 위한 공사 현장에서 인화성(引火性) 물품을 취급하는 작업을 하기 전에 설치 및 철거가 쉬운 임시소방시설을 설치하고 관리하여야 한다. O│X

110
전열기구, 가열전선 등 열을 발생시키는 기구를 취급하는 작업, 용접·용단 등 불꽃을 발생시키거나 화기를 취급하는 작업, 행정안전부령이 정하여 고시하는 작업, 알루미늄, 마그네슘 등 수증기 부유분진을 발생시킬 수 있는 작업등을 하기 전에 설치 및 철거가 쉬운 화재대비시설을 설치하고 관리하여야 한다. O│X

해설 110
전열기구, 가열전선 등 열을 발생시키는 기구를 취급하는 작업, 용접·용단 등 불꽃을 발생시키거나 화기를 취급하는 작업, **소방청장**이 정하여 고시하는 작업, 알루미늄, 마그네슘 등 **폭발성** 부유분진을 발생시킬 수 있는 작업등을 하기 전에 설치 및 철거가 쉬운 화재대비시설을 설치하고 관리하여야 한다.

정답
109 O 110 ×

111 소방본부장 또는 소방서장은 용접·용단 등 불꽃을 발생시키거나 화기(火氣)를 취급하는 작업현장에 임시소방시설 또는 소방시설이 설치 및 관리되지 아니할 때에는 해당 공사시공자에게 필요한 조치를 명할 수 있다. O X

112 임시소방시설의 종류에는 소화기, 간이소화장치, 비상경보장치, 가스누설경보기, 간이피난유도선, 비상조명등, 방화포 등이 있다. O X

113 연면적 2,500m² 인 신축공사 작업현장의 바닥면적 200m² 인 지하층에서 용접작업을 하려고 한다. 이 때 설치하여야 하는 임시소방시설은 소화기, 간이소화장치, 비상경보장치, 가스누설경보기, 간이피난유도선, 비상조명등이다. O X

113 연면적 2,500m² 인 신축공사 작업현장의 바닥면적 200m² 인 지하층에서 용접작업을 하려고 한다. 이 때 설치하여야 하는 임시소방시설은 소화기, ~~간이소화장치~~, 비상경보장치, 가스누설경보기, 간이피난유도선, 비상조명등이다.

114 가연성 가스를 발생시키는 화재위험작업현장에는 소화기를 설치하여야 한다. O X

115 바닥면적 150m² 이상인 지하층 또는 무창층의 화재위험작업현장에는 간이소화장치를 설치하여야 한다. O X

115 바닥면적 600m² 이상인 지하층 또는 무창층의 화재위험작업현장에는 간이소화장치를 설치하여야 한다.

116 바닥면적 150m² 이상인 지하층 또는 무창층의 화재위험작업현장에는 비상경보장치를 설치하여야 한다. O X

정답
111 O 112 O 113 × 114 O
115 × 116 O

117 바닥면적 150m² 이상인 지하층 또는 무창층의 화재위험작업현장에는 간이피난유도선을 설치하여야 한다. ☐O☐X

해설
118 옥내소화전이 설치된 특정소방대상물의 용도변경을 위한 내부 인테리어 변경공사를 시공하는 자는 간이소화장치를 설치한 것으로 본다.

118 옥내소화전이 설치된 특정소방대상물의 용도변경을 위한 내부 인테리어 변경공사를 시공하는 자는 간이소화장치를 설치해야만 한다. ☐O☐X

정답
117 O 118 ×

제17조 소방용품의 내용연수 등 LINK 2권 63p

119 소방용품인 분말형태의 소화약제를 사용하는 소화기의 내용연수는 10년으로 한다. ☐O☐X

정답
119 O

제18조 소방기술심의위원회 LINK 2권 63~65p

해설
120 소방청에 중앙소방기술심의위원회를 두고, **시·도**에 지방소방기술심의위원회를 둔다.

120 소방청에 중앙소방기술심의위원회를 두고, 소방본부와 소방서에 지방소방기술심의위원회를 둔다. ☐O☐X

정답
120 ×

121 중앙소방기술심의위원회는 성별을 고려하여 위원장을 포함한 60명 이내의 위원으로 구성하고, 회의는 13명 이하의 위원으로 한다. ☐O ☐X

해설 121
중앙소방기술심의위원회는 성별을 고려하여 위원장을 포함한 60명 이내의 위원으로 구성하고, 회의는 **위원장과 위원장이 회의마다 지정하는 6명 이상 12명 이하**의 위원으로 한다.

122 지방소방기술심의위원회는 위원장을 포함하여 5명 이상 7명 이하의 위원으로 구성한다. ☐O ☐X

해설 122
지방소방기술심의위원회는 위원장을 포함하여 5명 이상 **9명** 이하의 위원으로 구성한다.

123 중앙소방기술심의위원회 심의사항
① 화재안전기준, 공법이 특수한 설계 및 시공에 관한 사항 ☐O ☐X
② 소방시설에 하자가 있는지의 판단에 관한 사항 ☐O ☐X
③ 연면적 10만m² 이상의 특정소방대상물에 설치된 소방시설의 설계·시공·감리의 하자유무에 관한 사항 ☐O ☐X
④ 소방본부장 **또는** 소방서장이 심의에 부치는 사항 ☐O ☐X
⑤ 소방시설의 설계 및 공사감리의 방법에 관한 사항 ☐O ☐X

해설 123
② **소방시설공사의 하자를 판단하는 기준에 관한 사항**
④ **소방청장**이 심의에 부치는 사항

정답
121 × 122 ×
123 ① O ② × ③ O ④ × ⑤ O

제20조 특정소방대상물의 방염 등
LINK 2권 67~68p

124 대통령령으로 정하는 특정소방대상물에 실내장식 등의 목적으로 설치 또는 부착하는 물품으로서 행정안전부령으로 정하는 물품은 방염성능기준 이상의 것으로 설치하여야 한다. ☐O ☐X

해설 124
대통령령으로 정하는 특정소방대상물에 실내장식 등의 목적으로 설치 또는 부착하는 물품으로서 **대통령령**으로 정하는 물품은 방염성능기준 이상의 것으로 설치하여야 한다.

정답
124 ×

해설

126
③ 노유자 시설, 운동시설(**수영장은 제외**)
④ 층수가 11층 이상 특정소방대상물(**아파트등 제외**), 건축물의 옥내에 있는 문화 및 집회시설
⑤ 건축물의 **옥내**에 있는 시설로서 문화 및 집회시설, 공연장, 종교집회장

127
① **단란주점영업, 유흥주점영업, 노래연습장업의 영업장**에 설치된 섬유류 원료로 제작된 의자, 소파
③ 카펫, 벽지류(두께가 2밀리미터 미만인 종이벽지는 **제외**한다)

128
방염물품은 버너의 불꽃을 제거한 때부터 불꽃을 올리며 연소하는 상태가 그칠 때까지 시간은 **20초** 이내, 탄화 면적 50cm² 이내, 탄화 길이 **20cm** 이내이어야 한다.

정답
125 ○
126 ① ○ ② ○ ③ × ④ × ⑤ ×
127 ① × ② ○ ③ × ④ ○ ⑤ ○
128 ×

예상
125 소방본부장 또는 소방서장은 방염대상물품이 방염성능기준에 미치지 못하거나 방염성능검사를 받지 아니한 것이면 특정소방대상물의 관계인에게 방염대상물품을 제거하도록 하거나 방염성능검사를 받도록 하는 등 필요한 조치를 명할 수 있다. [O|X]

기출
126 방염대상
① 근린생활시설 중 의원, 방송통신시설 중 방송국 및 촬영소 [O|X]
② 근린생활시설 중 체력단련장, 숙박시설, 의료시설 중 종합병원 [O|X]
③ 노유자 시설, 운동시설 중 수영장 [O|X]
④ 층수가 11층 이상 모든 특정소방대상물, 건축물의 옥내에 있는 문화 및 집회시설 [O|X]
⑤ 건축물의 옥외에 있는 시설로서 문화 및 집회시설, 공연장, 종교집회장 [O|X]

기출
127 방염물품
① 영화상영관에 설치된 섬유류 원료로 제작된 의자, 소파 [O|X]
② 「다중이용업소의 안전관리에 관한 특별법 시행령」에 따른 가상체험 체육시설업에 설치하는 스크린 [O|X]
③ 카펫, 벽지류(두께가 2밀리미터 미만인 종이벽지는 포함한다) [O|X]
④ 창문에 설치하는 커튼류(블라인드를 포함한다) [O|X]
⑤ 무대용·전시용 합판·목재 및 섬유판 [O|X]

기출
128 방염물품은 버너의 불꽃을 제거한 때부터 불꽃을 올리며 연소하는 상태가 그칠 때까지 시간은 30초 이내, 탄화 면적 50cm² 이내, 탄화 길이 30cm 이내이어야 한다. [O|X]

129 [예상]
소방본부장 또는 소방서장은 다중이용업소, 의료시설, 노유자시설, 숙박시설 또는 장례식장에서 사용하는 침구류, 소파 및 의자에 대해 방염처리된 물품을 사용하도록 권장할 수 있다. O|X

정답
129 O

제21조 방염성능의 검사
LINK 2권 69p

130 [예상]
전시용 합판·목재 또는 무대용 합판·목재 중 설치 현장에서 방염처리를 하는 합판·목재류는 소방본부장 또는 소방서장이 실시하는 방염성능검사를 받은 것이어야 한다. O|X

해설
130
전시용 합판·목재 또는 무대용 합판·목재 중 설치 현장에서 방염처리를 하는 합판·목재류는 **시·도지사**가 실시하는 방염성능검사를 받은 것이어야 한다.

131 [예상]
특정소방대상물에 사용하는 방염대상물품은 소방청장이 실시하는 방염성능검사를 받은 것이어야 한다. 다만, 설치 현장에서 방염처리를 하는 합판·목재류는 시·도지사가 실시하는 방염성능검사를 받은 것이어야 한다. O|X

정답
130 X　131 O

CHAPTER 03 소방시설등의 자체점검

제22조 소방시설등의 자체점검

해설

132
해당 특정소방대상물의 소방시설등이 신설된 경우에는 「건축법」 제22조에 따라 건축물을 사용할 수 있게 된 날부터 **60일** 이내에 특정소방대상물의 관계인은 그 대상물에 설치되어 있는 소방시설등이 이 법이나 이 법에 따른 명령 등에 적합하게 설치·관리되고 있는지에 대하여 기간 내에 스스로 점검하거나 제34조에 따른 점검능력 평가를 받은 관리업자 또는 행정안전부령으로 정하는 기술자격자로 하여금 정기적으로 점검하게 하여야 한다.

133
관계인, **소방시설업자**, 소방안전관리자로 선임된 소방시설관리사 및 소방기술사, 소방시설관리업에 등록된 기술인력 중 소방시설관리사는 간이스프링클러설비가 설치된 특정소방대상물의 작동점검을 할 수 있다.

예상

132
해당 특정소방대상물의 소방시설등이 신설된 경우에는 「건축법」 제22조에 따라 건축물을 사용할 수 있게 된 날부터 90일 이내에 특정소방대상물의 관계인은 그 대상물에 설치되어 있는 소방시설등이 이 법이나 이 법에 따른 명령 등에 적합하게 설치·관리되고 있는지에 대하여 기간 내에 스스로 점검하거나 제34조에 따른 점검능력 평가를 받은 관리업자 또는 행정안전부령으로 정하는 기술자격자로 하여금 정기적으로 점검하게 하여야 한다.

기출

133
관계인, 소방시설업자, 소방안전관리자로 선임된 소방시설관리사 및 소방기술사, 소방시설관리업에 등록된 기술인력 중 소방시설관리사는 간이스프링클러설비가 설치된 특정소방대상물의 작동점검을 할 수 있다.

기출

134
작동점검이란 소방시설등을 인위적으로 조작하여 소방시설이 정상적으로 작동하는지를 소방청장이 정하여 고시하는 소방시설등 작동점검표에 따라 점검하는 것을 말한다.

정답
132 × 133 × 134 ○

135 〔기출〕 작동점검은 연 1회 이상 실시하며, 최초점검을 제외한 특정소방대상물은 건축물의 사용승인일이 속하는 다음달에 실시한다. O|X

135 작동점검은 연 1회 이상 실시하며, 최초점검을 제외한 특정소방대상물은 건축물의 사용승인일이 **속하는 달의 말일까지** 실시한다.

136 〔기출〕 종합점검이란 소방시설등의 작동점검을 제외하고 소방시설등의 설비별 주요 구성 부품의 구조기준이 화재안전기준과 「건축법」 등 관련 법령에서 정하는 기준에 적합한 지 여부를 소방청장이 정하여 고시하는 소방시설등 종합점검표에 따라 점검하는 것을 말한다. O|X

136 종합점검이란 소방시설등의 작동점검을 **포함하여** 소방시설등의 설비별 주요 구성 부품의 구조기준이 화재안전기준과 「건축법」 등 관련 법령에서 정하는 기준에 적합한 지 여부를 소방청장이 정하여 고시하는 소방시설등 종합점검표에 따라 점검하는 것을 말한다.

137 〔기출〕 「위험물안전관리법」 제2조 제6호에 따른 제조소등은 작동점검 대상에서 제외된다. O|X

138 〔기출〕 종합점검은 특급 소방안전관리대상물을 포함하여 연 1회 이상 실시한다. O|X

138 종합점검은 연 1회 이상(**특급 소방안전관리대상물은 반기에 1회 이상**) 실시한다.

139 〔기출〕 종합점검 대상
① 물분무등소화설비가 설치된 연면적 3,000㎡ 이상인 특정소방대상물 O|X
② 스프링클러설비가 설치된 연면적 5,000㎡ 이상인 특정소방대상물 O|X
③ 「공공기관의 소방안전관리에 관한 규정」에 따른 공공기관 중 연면적이 1,000㎡ 이상인 것으로서 옥내소화전설비 또는 자동화재탐지설비가 설치된 것 O|X
④ 제연설비가 설치된 터널 O|X

139
① 물분무등소화설비가 설치된 연면적 **5,000㎡** 이상인 특정소방대상물
② 스프링클러설비가 **설치된** 특정소방대상물

〔정답〕
135 ✕ 136 ✕ 137 O 138 ✕
139 ① ✕ ② ✕ ③ O ④ O

해설

140 작동점검 및 종합점검(최초점검은 제외한다)은 건축물 사용승인 후 그 다음 해부터 실시한다. ⃞O ⃞X

141 성능위주설계를 한 특정소방대상물을 관리업자가 점검하는 경우 주된 기술인력으로 소방시설관리사 경력 5년 이상 1명 이상이 필요하다. ⃞O ⃞X

142
2급 소방안전관리대상물을 관리업자가 점검하는 경우 보조 기술인력으로 **중급점검자 이상 1명 이상, 초급점검자 이상 1명 이상이 필요하다.**

142 2급 소방안전관리대상물을 관리업자가 점검하는 경우 보조 기술인력으로 초급점검자 이상의 기술인력 2명 이상이 필요하다. ⃞O ⃞X

143
3급 소방안전관리대상물을 관리업자가 점검하는 경우 주된 기술인력으로 특급점검자를 배치할 수 있다.

143 2급 또는 3급 소방안전관리대상물을 관리업자가 점검하는 경우 주된 기술인력으로 특급점검자를 배치할 수 있다. ⃞O ⃞X

144 점검인력 1단위가 하루 동안 점검할 수 있는 특정소방대상물의 연면적은 종합점검은 8,000m², 작동점검은 10,000m²이다. ⃞O ⃞X

정답
140 O 141 O 142 × 143 ×
144 O

145 소방본부장 또는 소방서장은 소방시설등 자체점검에 대한 품질확보를 위하여 필요하다고 인정하는 경우에는 특정소방대상물의 규모, 소방시설등의 종류 및 점검인력 등에 따라 관계인이 부담하여야 할 자체점검 비용의 표준이 될 금액을 정하여 공표하거나 관리업자등에게 이를 소방시설등 자체점검에 관한 표준가격으로 활용하도록 권고할 수 있다. O | X

해설
145 **소방청장**은 소방시설등 자체점검에 대한 품질확보를 위하여 필요하다고 인정하는 경우에는 특정소방대상물의 규모, 소방시설등의 종류 및 점검인력 등에 따라 관계인이 부담하여야 할 자체점검 비용의 표준이 될 금액을 정하여 공표하거나 관리업자등에게 이를 소방시설등 자체점검에 관한 표준가격으로 활용하도록 권고할 수 있다.

146 관계인은 천재지변이나 그 밖에 대통령령으로 정하는 사유로 자체점검을 실시하기 곤란한 경우에는 대통령령으로 정하는 바에 따라 소방청장, 소방본부장 또는 소방서장에게 면제 또는 연기 신청을 할 수 있다. O | X

146 관계인은 천재지변이나 그 밖에 대통령령으로 정하는 사유로 자체점검을 실시하기 곤란한 경우에는 대통령령으로 정하는 바에 따라 ~~소방청장~~, 소방본부장 또는 소방서장에게 면제 또는 연기 신청을 할 수 있다.

정답 145 × 146 ×

제23조 소방시설등의 자체점검 결과의 조치 등
LINK 2권 78~80p

147 특정소방대상물의 관계인은 자체점검 결과 소화펌프 고장 등 대통령령으로 정하는 중대위반사항이 발견된 경우에는 지체 없이 수리 등 필요한 조치를 하여야 한다. O | X

148 관리업자등은 자체점검 결과 중대위반사항을 발견한 경우 즉시 관계인에게 알려야 한다. 이 경우 관계인은 3일 이내에 수리 등 필요한 조치를 하여야 한다. O | X

148 관리업자등은 자체점검 결과 중대위반사항을 발견한 경우 즉시 관계인에게 알려야 한다. 이 경우 관계인은 **지체 없이** 수리 등 필요한 조치를 하여야 한다.

정답 147 O 148 ×

해설

149
② 소화펌프(가압송수장치를 포함한다), 동력·감시 제어반 또는 소방시설용 전원(비상전원을 포함한다)의 고장으로 소방시설이 작동되지 않는 경우

149 중대위반사항
① 화재수신기의 고장으로 화재경보음이 자동으로 울리지 않거나 화재수신기와 연동된 소방시설의 작동이 불가능한 경우 O|X
② 소화용수설비 주변 불법 주정차로 인하여 화재를 진압하는 데 필요한 물을 공급하기 어려운 경우 O|X
③ 소화배관 등이 폐쇄·차단되어 소화수(消火水) 또는 소화약제가 자동 방출되지 않는 경우 O|X
④ 방화문 또는 자동방화셔터가 훼손되거나 철거되어 본래의 기능을 못하는 경우 O|X

150 특정소방대상물의 관계인은 자체점검을 한 경우에는 그 점검 결과를 행정안전부령으로 정하는 바에 따라 소방시설등에 대한 수리·교체·정비에 관한 이행계획을 첨부하여 소방본부장 또는 소방서장에게 보고하여야 한다. O|X

151
관리업자 또는 소방안전관리자로 선임된 소방시설관리사 및 소방기술사는 자체점검을 실시한 경우에는 그 점검이 끝난 날부터 10일 이내에 소방시설등 자체점검 실시결과 보고서에 소방청장이 정하여 고시하는 소방시설등점검표를 첨부하여 관계인에게 제출해야 한다.

151 관리업자 또는 소방안전관리자로 선임된 소방시설관리사 및 소방기술사는 자체점검을 실시한 경우에는 그 점검이 끝난 날부터 15일 이내에 소방시설등 자체점검 실시결과 보고서에 소방청장이 정하여 고시하는 소방시설등점검표를 첨부하여 관계인에게 제출해야 한다. O|X

152 자체점검 실시결과 보고서를 제출받거나 스스로 자체점검을 실시한 관계인은 자체점검이 끝난 날부터 15일 이내에 소방시설등 자체점검 실시결과 보고서에 서류를 첨부하여 소방본부장 또는 소방서장에게 서면이나 소방청장이 지정하는 전산망을 통하여 보고해야 한다. O|X

정답
149 ① O ② X ③ O ④ O
150 O 151 X 152 O

153 소방시설등의 자체점검 결과 이행계획서를 보고받은 소방본부장 또는 소방서장은 소방시설등을 구성하고 있는 기계·기구를 수리하거나 정비하는 경우에는 이행계획의 완료 기간을 보고일부터 20일 이내로 정하여 관계인에게 통보해야 한다. ◯ | ✕

해설 153 소방시설등의 자체점검 결과 이행계획서를 보고받은 소방본부장 또는 소방서장은 소방시설등을 구성하고 있는 기계·기구를 수리하거나 정비하는 경우에는 이행계획의 완료 기간을 보고일부터 **10일 이내**로 정하여 관계인에게 통보해야 한다.

154 시장·상가·복합건축물 등 다수의 관계인으로 구성되어 자체점검 결과의 조치가 어려운 경우에는 이행계획을 연기 신청할 수 있다. ◯ | ✕

해설 154 **재난, 경매, 관계인의 질병, 사고, 장기출장, 중대한 위기가 발생**하여 자체점검 결과의 조치가 어려운 경우에는 이행계획을 연기 신청할 수 있다.

정답
153 ✕   154 ✕

제24조 점검기록표 게시 등   LINK 2권 80~82p

155 소방본부장 또는 소방서장에게 자체점검 결과 보고를 마친 관계인은 보고한 날부터 10일 이내에 소방시설등 자체점검기록표를 작성하여 특정소방대상물의 출입자가 쉽게 볼 수 있는 장소에 30일 이상 게시해야 한다. ◯ | ✕

정답
155 ◯

CHAPTER 04 소방시설관리사 및 소방시설관리업

제25조 소방시설관리사

156 소방시설관리사가 되려는 사람은 소방청장이 실시하는 관리사시험에 합격하여야 한다. O | X

157 관리사시험은 매년 1회 시행하는 것을 원칙으로 하되, 소방청장이 필요하다고 인정하는 경우에는 그 횟수를 늘리거나 줄일 수 있다. O | X

158 소방청장은 소방 관련 분야의 석사 학위를 취득한 사람, 소방안전 관련 학과 조교수 이상으로 3년 이상 재직한 사람, 소방위 이상의 소방공무원, 소방시설관리사, 소방기술사를 시험위원으로 임명하거나 위촉해야 한다. O | X

[해설]

158
소방청장은 소방 관련 분야의 **박사** 학위를 취득한 사람, 소방안전 관련 학과 조교수 이상으로 **2년** 이상 재직한 사람, 소방위 이상의 소방공무원, 소방시설관리사, 소방기술사를 시험위원으로 임명하거나 위촉해야 한다.

[정답]
156 O 157 O 158 X

제26조 부정행위자에 대한 제재

159 소방청장은 시험에서 부정한 행위를 한 응시자에 대하여는 그 시험을 정지 또는 무효로 하고, 그 처분이 있은 날부터 2년간 시험 응시자격을 정지한다. O | X

[정답]
159 O

제27조 관리사의 결격사유

LINK 2권 89~90p

160 〔기출〕 「화재의 예방 및 안전관리에 관한 법률」을 위반하여 금고 이상의 실형을 선고받고 그 집행이 끝나거나 집행이 면제된 날부터 2년이 지나지 아니한 사람은 관리사의 결격사유에 해당한다. O|X

161 〔기출〕 피성년후견인, 금고 이상의 형의 집행유예를 선고받고 그 유예기간 중에 있는 사람, 자격이 취소된 날부터 1년이 지나지 아니한 사람은 소방시설관리사 결격사유에 해당한다. O|X

해설

161 피성년후견인, 금고 이상의 형의 집행유예를 선고받고 그 유예기간 중에 있는 사람, 자격이 취소된 날부터 **2년**이 지나지 아니한 사람은 소방시설관리사 결격사유에 해당한다.

정답 160 O 161 X

제28조 자격의 취소·정지

LINK 2권 90p

162 〔예상〕 시·도지사는 관리사가 자격의 취소·정지 사유에 해당할 때에는 행정안전부령으로 정하는 바에 따라 그 자격을 취소하거나 1년 이내의 기간을 정하여 그 자격의 정지를 명할 수 있다. O|X

해설

162 소방청장은 관리사가 자격의 취소·정지 사유에 해당할 때에는 행정안전부령으로 정하는 바에 따라 그 자격을 취소하거나 1년 이내의 기간을 정하여 그 자격의 정지를 명할 수 있다.

163 〔기출〕 동시에 둘 이상의 업체에 취업하거나 성실하게 자체점검 업무를 수행하지 아니한 경우에는 소방시설관리사의 자격 1차 취소사유에 해당한다. O|X

163 동시에 둘 이상의 업체에 취업하거나 ~~성실하게 자체점검 업무를 수행하지 아니한 경우에는~~ 소방시설관리사의 자격 1차 취소사유에 해당한다.

164 〔예상〕 소방시설관리업자가 피성년후견인인 경우 소방시설관리업의 1차 취소사유에 해당한다. O|X

정답 162 X 163 X 164 O

시행규칙 별표8 — 행정처분 기준

LINK 2권 101~103p

해설

165
위반행위의 횟수에 따른 행정처분의 기준은 최근 **1년간** 같은 위반행위로 행정처분을 받은 경우에 적용한다. 이 경우 적용일은 위반행위에 대한 행정처분일과 그 처분 후에 한 위반행위가 다시 **적발된 날**을 기준으로 한다.

예상

165 위반행위의 횟수에 따른 행정처분의 기준은 최근 3년간 같은 위반행위로 행정처분을 받은 경우에 적용한다. 이 경우 적용일은 위반행위에 대한 행정처분일과 그 처분 후에 한 위반행위가 다시 적발된 다음 날을 기준으로 한다. O|X

166
③ 위반행위가 사소한 **부주의나 오류 등 과실로 인한 것**으로 인정되는 경우

기출

166 행정처분 시 감경 사유
① 경미한 위반사항으로, 유도등이 일시적으로 점등되지 않는 경우 O|X

② 위반 행위자가 처음 해당 위반행위를 한 경우로서 5년 이상 소방시설관리사의 업무, 소방시설관리업 등을 모범적으로 해온 사실이 인정되는 경우 O|X

③ 위반행위가 사소한 부주의나 오류가 아닌 고의에 의한 것으로 인정되는 경우 O|X

정답
165 × 166 ① O ② O ③ ×

제29조 소방시설관리업의 등록 등

LINK 2권 90~93p

해설

167
소방시설등의 **점검 및 관리**를 업으로 하려는 자 또는 소방안전관리업무의 대행을 하려는 자는 대통령령으로 정하는 업종별로 시·도지사에게 소방시설관리업 등록을 하여야 한다.

예상

167 소방시설등의 설계 및 공사를 업으로 하려는 자 또는 소방안전관리업무의 대행을 하려는 자는 대통령령으로 정하는 업종별로 시·도지사에게 소방시설관리업 등록을 하여야 한다. O|X

정답
167 ×

168 초급·중급·고급점검자 이상의 기술인력이 각 2명 이상은 전문 소방시설관리업의 보조 기술인력 등록기준에 해당한다. O X

168
- 전문 소방시설관리업
  (주된 기술인력)
① 소방시설관리사 자격을 취득한 후 소방 관련 실무경력이 5년 이상인 사람 1명 이상
② 소방시설관리사 자격을 취득한 후 소방 관련 실무경력이 3년 이상인 사람 1명 이상

169 등록이 취소되거나 소방시설관리업을 휴·폐업한 때에 관리업자는 지체 없이 시·도지사에게 그 소방시설관리업 등록증 및 등록수첩을 반납해야 한다. O X

169 등록이 취소되거나 소방시설관리업을 **폐업한** 때에 관리업자는 지체 없이 시·도지사에게 그 소방시설관리업 등록증 및 등록수첩을 반납해야 한다.

정답
168 O 169 ×

제31조 등록사항의 변경신고

170 관리업자는 등록사항의 변경이 있는 때에는 변경일부터 30일 이내에 소방시설관리업 등록사항 변경신고서에 그 변경사항별로 서류를 첨부하여 시·도지사에게 제출해야 한다. O X

171 관리업자는 명칭·상호 또는 영업소 소재지, 대표자, 기술인력이 변경되었을 때에는 시·도지사에게 변경사항을 신고하여야 한다. O X

172 관리업자는 기술인력이 변경된 경우 소방시설관리업 등록수첩, 변경된 기술인력의 기술자격증(경력수첩을 포함한다), 소방기술인력대장을 시·도지사에게 제출해야 한다. O X

정답
170 O 171 O 172 O

제33조 관리업의 운영

LINK 2권 96p

해설

173
관리업자는 관리업의 등록취소 또는 영업정지 처분을 받은 경우, ~~과태료 처분을 받은 경우~~ 소방안전관리업무를 대행하게 하거나 소방시설등의 점검업무를 수행하게 한 특정소방대상물의 관계인에게 지체 없이 그 사실을 알려야 한다.

174
등록취소 또는 영업정지 처분을 받은 관리업자는 **그 날부터** 소방안전관리업무를 대행하거나 소방시설등에 대한 점검을 하여서는 아니 된다.

□□□ **예상**
173 관리업자는 관리업의 등록취소 또는 영업정지 처분을 받은 경우, 과태료 처분을 받은 경우 소방안전관리업무를 대행하게 하거나 소방시설 등의 점검업무를 수행하게 한 특정소방대상물의 관계인에게 지체 없이 그 사실을 알려야 한다.   O │ X

□□□ **예상**
174 등록취소 또는 영업정지 처분을 받은 관리업자는 그 다음날부터 소방안전관리업무를 대행하거나 소방시설등에 대한 점검을 하여서는 아니 된다.   O │ X

□□□ **예상**
175 영업정지처분의 경우 도급계약이 해지되지 아니한 때에는 대행 또는 점검 중에 있는 특정소방대상물의 소방안전관리업무 대행과 자체점검은 할 수 있다.   O │ X

정답
173 ✗   174 ✗   175 O

제34조 점검능력 평가 및 공시 등

LINK 2권 96~100p

해설

176
소방청장은 특정소방대상물의 관계인이 적정한 관리업자를 선정할 수 있도록 하기 위하여 **관리업자의 신청이 있는 경우** 해당 관리업자의 점검능력을 종합적으로 평가하여 공시하여야 한다.

□□□ **예상**
176 소방청장은 특정소방대상물의 관계인이 적정한 관리업자를 선정할 수 있도록 하기 위하여 관리업자를 추천하여 해당 관리업자의 점검능력을 종합적으로 평가하여 공시하여야 한다.   O │ X

정답
176 ✗

177 점검능력평가액＝실적평가액＋기술력평가액＋경력평가액±신인도평가액 O│X

정답
177 O

제35조 등록의 취소와 영업정지 등
LINK 2권 100~103p

178 시·도지사는 관리업자가 등록의 취소나 영업정지사유에 해당하는 경우에는 행정안전부령으로 정하는 바에 따라 그 등록을 취소하거나 6개월 이내의 기간을 정하여 이의 시정이나 그 영업의 정지를 명할 수 있다. O│X

179 관리업: 위반행위의 횟수에 따른 행정처분의 기준은 최근 1년간 같은 위반행위로 행정처분을 받은 경우에 적용한다. 이 경우 적용일은 위반행위에 대한 행정처분일과 그 처분 후에 한 위반행위가 다시 적발된 날을 기준으로 한다. O│X

180 점검을 하지 아니하거나 거짓으로 한 경우 관리업의 1차 취소사유에 해당한다. O│X

180
~~점검을 하지 아니하거나 거짓으로 한 경우~~ 관리업의 1차 취소사유에 해당한다.
→ 관리업의 1차 취소사유
1. 거짓이나 그 밖의 부정한 방법으로 등록을 한 경우
2. 결격사유에 해당하게 된 경우
3. 등록증 또는 등록수첩을 빌려준 경우

정답
178 O 179 O 180 ×

제36조 과징금처분

LINK 2권 103~104p

해설

181
시·도지사는 영업정지를 명하는 경우로서 그 영업정지가 이용자에게 불편을 주거나 그 밖에 공익을 해칠 우려가 있을 때에는 영업정지처분을 갈음하여 **3천만원** 이하의 과징금을 부과할 수 있다.

예상

181 소방청장은 영업정지를 명하는 경우로서 그 영업정지가 이용자에게 불편을 주거나 그 밖에 공익을 해칠 우려가 있을 때에는 영업정지처분을 갈음하여 2억원 이하의 과징금을 부과할 수 있다. O | X

정답
181 ×

소방용품의 품질관리

제37조 소방용품의 형식승인 등

182 소방용품을 연구개발 목적으로 제조하거나 수입하려는 자는 소방청장의 형식승인을 받아야 한다. ☐O☐X

해설

182 소방용품을 제조하거나 수입하려는 자는 소방청장의 형식승인을 받아야 한다. 다만, 연구개발 목적으로 제조하거나 수입하는 소방용품은 그러하지 아니하다.

183 형식승인을 받으려는 자는 행정안전부령으로 정하는 기준에 따라 형식승인을 위한 시험시설을 갖추고 소방청장의 심사를 받아야 한다. ☐O☐X

184 소방용품을 수입하는 자가 판매를 목적으로 하지 아니하고 자신의 건축물에 직접 설치하거나 사용하려는 경우에도 시험시설을 갖춰야 한다. ☐O☐X

184 소방용품을 수입하는 자가 판매를 목적으로 하지 아니하고 자신의 건축물에 직접 설치하거나 사용하려는 경우에는 시험시설을 갖추지 아니할 수 있다.

185 형식승인을 받은 자는 그 소방용품에 대하여 소방청장이 실시하는 제품검사를 받아야 한다. ☐O☐X

186 소방용품의 성능이 검증되지 아니한 것, 제품검사를 실시하지 아니하거나 합격표시를 하지 아니한 것은 소방용품으로서 판매, 진열, 공사에 사용할 수 없다. ☐O☐X

186 ~~소방용품의 성능이 검증되지 아니한 것~~, 형식승인을 받지 아니한 것, 형상 등을 임의로 변경한 것, 제품검사를 실시하지 아니하거나 합격표시를 하지 아니한 것은 소방용품으로서 판매, 진열, 공사에 사용할 수 없다.

정답
182 × 183 ○ 184 × 185 ○
186 ×

187 소방청장, 소방본부장 또는 소방서장은 규정을 위반한 소방용품에 대하여는 그 제조자·수입자·판매자 또는 시공자에게 수거·폐기 또는 교체 등 행정안전부령으로 정하는 필요한 조치를 명할 수 있다. O│X

188 소방청장은 외국의 공인기관으로부터 인정받은 신기술 제품은 국내 규정으로 형식승인을 다시 시행하여야 한다. O│X

188
소방청장은 외국의 공인기관으로부터 인정받은 신기술 제품은 **형식승인을 위한 시험 중 일부를 생략하여 형식승인을 할 수 있다.**

189 하나의 소방용품에 두 가지 이상의 형식승인 사항 또는 형식승인과 성능인증 사항이 결합된 경우에는 두 가지 이상의 형식승인 또는 형식승인과 성능인증 시험을 함께 실시하고 하나의 형식승인을 할 수 있다. O│X

190 형식승인 대상 소방용품은 소방용품들 중에서 주거용 주방자동소화장치를 제외한 것을 말한다. O│X

190
형식승인 대상 소방용품은 소방용품들 중에서 **상업용** 주방자동소화장치를 제외한 것을 말한다.

정답
187 O 188 × 189 O 190 ×

제42조 성능인증의 취소 등

LINK 2권 108p

191 소방용품의 성능인증이 취소된 자는 그 취소된 날부터 2년 이내에는 성능인증이 취소된 소방용품과 동일한 품목에 대하여는 성능인증을 받을 수 없다. O|X

정답
191 O

제43조 우수품질 제품에 대한 인증

LINK 2권 109p

192 소방청장은 형식승인의 대상이 되는 소방용품 중 품질이 우수하다고 인정하는 소방용품에 대하여 인증을 할 수 있다. O|X

193 우수품질인증의 유효기간은 3년의 범위에서 행정안전부령으로 정한다. O|X

해설
193
우수품질인증의 유효기간은 5년의 범위에서 행정안전부령으로 정한다.

정답
192 O　193 ×

제45조 소방용품의 제품검사 후 수집검사 등

LINK 2권 110p

194 시·도지사는 소방용품의 품질관리를 위하여 필요하다고 인정할 때에는 유통 중인 소방용품을 수집하여 검사할 수 있다. O|X

해설
194
소방청장은 소방용품의 품질관리를 위하여 필요하다고 인정할 때에는 유통 중인 소방용품을 수집하여 검사할 수 있다.

정답
194 ×

해설

195
소방청장, ~~소방본부장, 소방서장~~은 수집검사 결과 행정안전부령으로 정하는 중대한 결함이 있다고 인정되는 소방용품에 대하여는 그 제조자 및 수입자에게 행정안전부령으로 정하는 바에 따라 회수·교환·폐기 또는 판매중지를 명하고 형식승인 또는 **성능인증**을 취소할 수 있다.

예상

195 소방청장, 소방본부장, 소방서장은 수집검사 결과 행정안전부령으로 정하는 중대한 결함이 있다고 인정되는 소방용품에 대하여는 그 제조자 및 수입자에게 행정안전부령으로 정하는 바에 따라 회수·교환·폐기 또는 판매중지를 명하고 형식승인 또는 제품검사를 취소할 수 있다.

O | X

정답
195 ×

보칙

제46조 제품검사 전문기관의 지정 등

196 소방청장은 형식승인 및 제품검사를 전문적·효율적으로 실시하기 위하여 제품검사 전문기관을 지정할 수 있다. O | X

해설 196
소방청장은 ~~형식승인 및~~ 제품검사를 전문적·효율적으로 실시하기 위하여 제품검사 전문기관을 지정할 수 있다.

정답 196 ×

제47조 전문기관의 지정취소 등

197 소방청장은 전문기관이 정당한 사유 없이 3개월 이상 계속하여 제품검사 또는 실무교육 등 지정받은 업무를 수행하지 아니한 경우 그 지정을 취소하거나 6개월 이내의 기간을 정하여 그 업무의 정지를 명할 수 있다. O | X

해설 197
소방청장은 전문기관이 정당한 사유 없이 **1년** 이상 계속하여 제품검사 또는 실무교육 등 지정받은 업무를 수행하지 아니한 경우 그 지정을 취소하거나 6개월 이내의 기간을 정하여 그 업무의 정지를 명할 수 있다.

정답 197 ×

제49조 청문

198 청문권자는 소방청장 또는 시·도지사이다. O | X

정답 198 O

해설

199
③ 우수품질인증의 ~~취소~~
⑤ ~~소방시설 설계업 및 방염업의 등록 취소 및 영업정지~~
⑥ ~~소방용품 완공성능시험 취소~~ 및 제품검사 중지

정답
199 ① ○ ② ○ ③ × ④ ○ ⑤ ×
⑥ × ⑦ ○

기출

199 청문대상
① 관리사 자격의 취소 및 정지 ○|×
② 관리업의 등록취소 및 영업정지 ○|×
③ 우수품질인증의 자격정지 ○|×
④ 소방용품 성능인증 취소 ○|×
⑤ 소방시설 설계업 및 방염업의 등록취소 및 영업정지 ○|×
⑥ 소방용품 완공성능시험 취소 및 제품검사 중지 ○|×
⑦ 전문기관의 지정취소 및 업무정지 ○|×

제50조 권한 또는 업무의 위임·위탁 등
LINK 2권 113~115p

해설

200
소방청장은 화재안전기준 중 **기술기준**에 대한 관리·운영 권한을 국립소방연구원장에게 위임한다.

201
소방청장은 방염성능검사업무, 형식승인 등의 업무를 **한국소방산업기술원**에 위탁할 수 있으며, 소방시설 및 소방용품에 관한 기술개발·연구 등에 필요한 경비의 일부를 보조할 수 있다.

202
소방청장은 방염대상물품에 대한 방염성능검사(설치현장에서 방염처리를 하는 합판·목재류에 대한 방염성능검사를 **제외**)를 기술원에 위탁할 수 있다.

예상

200 소방청장은 화재안전기준 중 성능기준에 대한 관리·운영 권한을 국립소방연구원장에게 위임한다. ○|×

201 소방청장은 방염성능검사업무, 형식승인 등의 업무를 소방시설업자협회에 위탁할 수 있으며, 소방시설 및 소방용품에 관한 기술개발·연구 등에 필요한 경비의 일부를 보조할 수 있다. ○|×

202 소방청장은 방염대상물품에 대한 방염성능검사(설치현장에서 방염처리를 하는 합판·목재류에 대한 방염성능검사를 포함)를 기술원에 위탁할 수 있다. ○|×

203 소방청장은 제품검사 업무를 기술원 또는 전문기관에 위탁할 수 있다. ○|×

정답
200 × 201 × 202 × 203 ○

제54조 　 조치명령등의 기간연장

LINK 2권 118~119p

204 〔예상〕
조치명령 또는 이행명령의 연기를 신청하려는 관계인 등은 조치명령등의 이행기간 만료일 3일 전까지 조치명령등의 연기신청서를 소방청장, 소방본부장 또는 소방서장에게 제출해야 하며, 신청서를 제출받은 소방청장, 소방본부장 또는 소방서장은 신청받은 날부터 3일 이내에 조치명령등의 연기 신청 승인 여부를 결정하여 조치명령등의 연기통지서를 관계인 등에게 통지해야 한다. O | X

[해설]
204
조치명령 또는 이행명령의 연기를 신청하려는 관계인 등은 조치명령등의 이행기간 만료일 **5일 전까지** 조치명령등의 연기신청서를 소방청장, 소방본부장 또는 소방서장에게 제출해야 하며, 신청서를 제출받은 소방청장, 소방본부장 또는 소방서장은 신청받은 날부터 3일 이내에 조치명령등의 연기 신청 승인 여부를 결정하여 조치명령등의 연기통지서를 관계인 등에게 통지해야 한다.

[정답] 204 ×

제55조 　 위반행위의 신고 및 신고포상금의 지급

LINK 2권 119~121p

205 〔예상〕
시·도지사는 신고를 한 사람에게 예산의 범위에서 포상금을 지급할 수 있다. O | X

[해설]
205
소방본부장 또는 **소방서장**은 신고를 한 사람에게 예산의 범위에서 포상금을 지급할 수 있다.

[정답] 205 ×

07 벌칙

제56조~제61조 벌칙, 과태료

해설

206 방염성능검사에 합격하지 아니한 물품에 합격표시를 하거나 합격표시를 위조하거나 변조하여 사용한 자: 300만원 이하의 벌금

206 [기출] 방염성능검사에 합격하지 아니한 물품에 합격표시를 하거나 합격표시를 위조하거나 변조하여 사용한 자: 3년 이하의 징역 또는 3천만원 이하의 벌금 O | X

207 영업정지처분을 받고 그 영업정지기간 중에 관리업의 업무를 한 자: 1년 이하의 징역 또는 1천만원 이하의 벌금

207 [기출] 영업정지처분을 받고 그 영업정지기간 중에 관리업의 업무를 한 자: 3년 이하의 징역 또는 3천만원 이하의 벌금 O | X

208 [예상] 거짓이나 그 밖의 부정한 방법으로 성능인증 또는 제품검사를 받은 자: 3년 이하의 징역 또는 3천만원 이하의 벌금 O | X

209 [기출] 소방용품 형식승인의 변경승인이나 성능인증의 변경인증을 받지 아니한 사람: 1년 이하의 징역 또는 1천만원 이하의 벌금 O | X

210 [기출] 소방시설관리사증을 다른 사람에게 빌려주거나 빌리거나 이를 알선한 자: 1년 이하의 징역 또는 1천만원 이하의 벌금 O | X

정답
206 ✗ 207 ✗ 208 ○ 209 ○
210 ○

211 방염성능검사를 할 때에 거짓 시료를 제출한 자: 300만원 이하의 벌금 ○ X

212 방염성능검사에 합격하지 아니한 물품에 합격표시를 하거나 합격표시를 위조하거나 변조하여 사용한 자: 300만원 이하의 과태료 ○ X

213 과태료는 대통령령으로 정하는 바에 따라 소방청장, 시·도지사, 소방본부장 또는 소방서장이 부과·징수한다. ○ X

해설

212
방염성능검사에 합격하지 아니한 물품에 합격표시를 하거나 합격표시를 위조하거나 변조하여 사용한 자: 300만원 이하의 **벌금**

정답
211 ○ 212 X 213 ○

PART

VI

위험물안전관리법

CHAPTER 01 총칙
CHAPTER 02 위험물시설의 설치 및 변경
CHAPTER 03 위험물시설의 안전관리
CHAPTER 04 위험물의 운반 등
CHAPTER 05 감독 및 조치명령
CHAPTER 06 보칙
CHAPTER 07 벌칙
CHAPTER 08 위험물안전관리법 시행규칙

CHAPTER 01 총칙

제1조 목적

해설

001 이 법은 위험물 저장·취급 및 **운반**과 이에 따른 안전관리에 관한 사항을 규정함으로써 위험물로 인한 위해를 방지하여 공공의 안전을 확보함을 목적으로 한다.

정답
001 ×

기출

001 이 법은 위험물 저장·취급 및 제조와 이에 따른 안전관리에 관한 사항을 규정함으로써 위험물로 인한 위해를 방지하여 공공의 안전을 확보함을 목적으로 한다. O | X

제2조 정의

해설

003 취급소라 함은 지정수량 이상의 위험물을 **제조** 외의 목적으로 취급하기 위한 대통령령이 정하는 장소로서 「위험물안전관리법」에 따른 허가를 받은 장소를 말한다.

004 제조소라 함은 위험물을 제조할 목적으로 지정수량 이상의 위험물을 **취급**하기 위하여 허가를 받은 장소를 말한다.

정답
002 ○ 003 × 004 ×

기출

002 위험물이라 함은 인화성 또는 발화성 등의 성질을 가지는 것으로서 대통령령이 정하는 물품을 말한다. O | X

003 취급소라 함은 지정수량 이상의 위험물을 저장 외의 목적으로 취급하기 위한 대통령령이 정하는 장소로서 「위험물안전관리법」에 따른 허가를 받은 장소를 말한다. O | X

004 제조소라 함은 위험물을 제조할 목적으로 지정수량 이상의 위험물을 저장하기 위하여 허가를 받은 장소를 말한다. O | X

005 지정수량이라 함은 위험물의 종류별로 위험성을 고려하여 대통령령이 정하는 수량으로서 제조소등의 설치허가 등에 있어서 최대의 기준이 되는 수량을 말한다. O|X

005
지정수량이라 함은 위험물의 종류별로 위험성을 고려하여 대통령령이 정하는 수량으로서 제조소등의 설치허가 등에 있어서 **최저**의 기준이 되는 수량을 말한다.

006 제조소등이라 함은 제조소·저장소 및 취급소를 말한다. O|X

007 저장소라 함은 지정수량 이상의 위험물을 저장하기 위한 대통령령이 정하는 장소로서 「위험물안전관리법」에 따른 허가를 받은 장소를 말한다. O|X

008 저장소는 지정수량 이상의 위험물을 저장하기 위한 대통령령이 정하는 장소로서 규정에 따른 허가를 받은 장소를 말하는 것으로 저장소의 종류에 지하탱크저장소, 이동탱크저장소, 선박탱크저장소, 간이탱크저장소 등이 있다. O|X

008
저장소는 지정수량 이상의 위험물을 저장하기 위한 대통령령이 정하는 장소로서 규정에 따른 허가를 받은 장소를 말하는 것으로 저장소의 종류에 지하탱크저장소, 이동탱크저장소, ~~선박탱크저장소~~, 간이탱크저장소 등이 있다.

009 옥외저장소에는 제2류 위험물 중 황 또는 인화성고체(인화점이 섭씨 0도 이상인 것에 한한다), 제3류 위험물을 저장할 수 있다. O|X

009
옥외저장소에는 제2류 위험물 중 황 또는 인화성고체(인화점이 섭씨 0도 이상인 것에 한한다), **제4류 위험물(특수인화물 제외, 제1석유류 중 인화점 0℃ 미만인 것 제외), 제6류 위험물**을 저장할 수 있다.

010 위험물 취급소의 종류에는 일반취급소, 이동취급소, 주유취급소, 판매취급소가 있다. O|X

010
위험물 취급소의 종류에는 일반취급소, **이송취급소**, 주유취급소, 판매취급소가 있다.

정답
005 × 006 ○ 007 ○ 008 ×
009 × 010 ×

해설

011 주유취급소란 고정된 주유설비에 의하여 자동차·항공기 또는 선박 등의 연료탱크에 직접 주유하기 위하여 위험물을 취급하는 장소를 말한다. ○|✗

012
판매취급소란 점포에서 위험물을 용기에 담아 판매하기 위하여 지정수량의 **40배** 이하의 위험물을 취급하는 장소를 말한다.

012 판매취급소란 점포에서 위험물을 용기에 담아 판매하기 위하여 지정수량의 20배 이하의 위험물을 취급하는 장소를 말한다. ○|✗

013
도로란 일반교통에 이용되는 너비 **2미터** 이상의 도로로서 자동차의 통행이 가능한 것을 말한다.

013 도로란 일반교통에 이용되는 너비 1미터 이상의 도로로서 자동차의 통행이 가능한 것을 말한다. ○|✗

014 가연성고체: 고체로서 화염에 의한 발화의 위험성 또는 인화의 위험성을 판단하기 위하여 고시로 정하는 시험에서 고시로 정하는 성질과 상태를 나타내는 것을 말한다. ○|✗

015 특수인화물: 이황화탄소, 디에틸에테르 그 밖에 1기압에서 발화점이 섭씨 100도 이하인 것 또는 인화점이 섭씨 영하 20도 이하이고 비점이 섭씨 40도 이하인 것 ○|✗

정답
011 ○ 012 ✗ 013 ✗ 014 ○
015 ○

016 제1석유류: 아세톤, 휘발유 그 밖에 1기압에서 인화점이 섭씨 70도 미만인 것

016
제1석유류: 아세톤, 휘발유 그 밖에 1기압에서 인화점이 섭씨 **21도** 미만인 것

017 제3석유류: 중유, 크레오소트유 그 밖에 1기압에서 인화점이 섭씨 70도 이상 섭씨 200도 미만인 것

018 동식물유류: 동물의 지육 등 또는 식물의 종자나 과육으로부터 추출한 것으로서 1기압에서 인화점이 섭씨 250도 미만인 것

019 황: 순도가 60중량퍼센트 이상인 것을 말한다.

020 인화성 고체: 고형알코올 그 밖에 1기압에서 인화점이 섭씨 50도 미만인 고체를 말한다.

020
인화성 고체: 고형알코올 그 밖에 1기압에서 인화점이 섭씨 **40도** 미만인 고체를 말한다.

021 철분: 철의 분말로서 53마이크로미터의 표준체를 통과하는 것이 50중량퍼센트 미만인 것을 말한다.

021
철분: 철의 분말로서 53마이크로미터의 표준체를 통과하는 것이 50중량퍼센트 미만인 것은 **제외한다.**

정답
016 × 017 ○ 018 ○ 019 ○
020 × 021 ×

| 해설 |

022
마그네슘: 2mm의 체를 통과하지 아니하는 덩어리 상태의 것은 **제외한다**.

024
알코올은 1분자를 구성하는 탄소원자의 수가 1개부터 3개까지인 포화1가 알코올(변성알코올 **포함**)을 말한다.

027
특수인화물은 제4류 위험물에 해당되며 인화점이 **낮아** 위험하다. 그 종류에는 이황화탄소, 디에틸에테르 등이 있다.

028
위험물을 저장 또는 취급하는 탱크의 용량은 해당 탱크의 **내용적**에서 **공간용적**을 뺀 용적으로 한다.

| 정답 |
022 ✕ 023 ○ 024 ✕ 025 ○
026 ○ 027 ✕ 028 ✕

---

022 〔기출〕 마그네슘: 2mm의 체를 통과하지 아니하는 덩어리 상태의 것을 포함한다. ○ | ✕

023 〔기출〕 마그네슘: 지름 2mm 이상의 막대 모양의 것은 제외한다. ○ | ✕

024 〔기출〕 알코올은 1분자를 구성하는 탄소원자의 수가 1개부터 3개까지인 포화1가 알코올(변성알코올 제외)을 말한다. ○ | ✕

025 〔기출〕 과산화수소는 그 농도가 36중량% 이상인 것에 한한다. ○ | ✕

026 〔기출〕 질산은 그 비중이 1.49 이상인 것에 한한다. ○ | ✕

027 〔기출〕 특수인화물은 제4류 위험물에 해당되며 인화점이 높아 위험하다. 그 종류에는 이황화탄소, 디에틸에테르 등이 있다. ○ | ✕

028 〔기출〕 위험물을 저장 또는 취급하는 탱크의 용량은 해당 탱크의 공간용적에서 산정용적을 뺀 용적으로 한다. ○ | ✕

제3조 적용제외
LINK 2권 147p

029 기출
항공기·선박·철도 및 차량에 의한 위험물의 저장·취급 및 운반에 있어서는 위험물안전관리법을 적용하지 아니한다. O|X

해설
029
항공기·선박·철도 및 **궤도**에 의한 위험물의 저장·취급 및 운반에 있어서는 위험물안전관리법을 적용하지 아니한다.

정답
029 ×

제4조 지정수량 미만인 위험물의 저장·취급
LINK 2권 147p

030 기출
지정수량 미만인 위험물의 저장 또는 취급에 관한 기술상의 기준은 행정안전부령으로 정한다. O|X

해설
030
지정수량 미만인 위험물의 저장 또는 취급에 관한 기술상의 기준은 **시·도의 조례**로 정한다.

정답
030 ×

제5조 위험물의 저장 및 취급의 제한
LINK 2권 148~159p

031 기출
지정수량 이상의 위험물을 저장소가 아닌 장소에서 저장하거나 제조소등이 아닌 장소에서 취급하여서는 아니된다. O|X

032 기출
시·도의 조례가 정하는 바에 따라 관할 소방서장의 허가를 받아 지정수량 이상의 위험물을 90일 이내의 기간동안 임시로 저장 또는 취급하는 경우에는 제조소등이 아닌 장소에서 지정수량 이상의 위험물을 취급할 수 있다. O|X

해설
032
시·도의 조례가 정하는 바에 따라 관할 소방서장의 **승인**을 받아 지정수량 이상의 위험물을 90일 이내의 기간동안 임시로 저장 또는 취급하는 경우에는 제조소등이 아닌 장소에서 지정수량 이상의 위험물을 취급할 수 있다.

정답
031 O 032 ×

CHAPTER 01 총칙

해설

033
지정수량 이상의 위험물을 저장소가 아닌 장소에서 저장하거나 제조소 등이 아닌 장소에서 50일 동안 임시저장 시 관할 소방서장의 승인을 **받아야 한다**.

기출
033 지정수량 이상의 위험물을 저장소가 아닌 장소에서 저장하거나 제조소 등이 아닌 장소에서 50일 동안 임시저장 시 관할 소방서장의 승인을 받을 필요가 없다. O│X

기출
034 군부대가 지정수량 이상의 위험물을 군사목적으로 임시로 저장 또는 취급할 수 있다. O│X

035
제조소등에서의 위험물의 저장 또는 취급에 관하여는 **행정안전부령**에 의한 중요기준 및 세부기준에 따라야 한다.

기출
035 제조소등에서의 위험물의 저장 또는 취급에 관하여는 대통령령에 의한 중요기준 및 세부기준에 따라야 한다. O│X

기출
036 제1류 위험물은 가연물과의 접촉·혼합이나 분해를 촉진하는 물품과의 접근 또는 과열·충격·마찰 등을 피하는 한편, 알카리금속의 과산화물 및 이를 함유한 것에 있어서는 물과의 접촉을 피하여야 한다. O│X

037
제3류 위험물 중 자연발화성물질에 있어서는 불티·불꽃 또는 고온체와의 접근·과열 또는 공기와의 접촉을 피하고, 금수성물질에 있어서는 물과의 접촉을 피하여야 한다.

기출
037 제2류 위험물 중 자연발화성물질에 있어서는 불티·불꽃 또는 고온체와의 접근·과열 또는 공기와의 접촉을 피하고, 금수성물질에 있어서는 물과의 접촉을 피하여야 한다. O│X

정답
033 ✕ 034 O 035 ✕ 036 O
037 ✕

038 제3류 위험물은 산화제와의 접촉·혼합이나 불티·불꽃·고온체와의 접근 또는 과열을 피하는 한편, 철분·금속분·마그네슘 및 이를 함유한 것에 있어서는 물이나 산과의 접촉을 피하고 인화성 고체에 있어서는 함부로 증기를 발생시키지 아니하여야 한다. O | X

038
제2류 위험물은 산화제와의 접촉·혼합이나 불티·불꽃·고온체와의 접근 또는 과열을 피하는 한편, 철분·금속분·마그네슘 및 이를 함유한 것에 있어서는 물이나 산과의 접촉을 피하고 인화성 고체에 있어서는 함부로 증기를 발생시키지 아니하여야 한다.

039 제6류 위험물은 가연물과의 접촉·혼합이나 분해를 촉진하는 물품과의 접근 또는 과열을 피하여야 한다. O | X

040 제3류 위험물 중 황린 그 밖에 물속에 저장하는 물품과 금수성물질은 동일한 저장소에서 저장하지 아니하여야 한다. O | X

041 옥내저장소에서는 용기에 수납하여 저장하는 위험물의 온도가 100℃를 넘지 아니하도록 필요한 조치를 강구하여야 한다. O | X

041
옥내저장소에서는 용기에 수납하여 저장하는 위험물의 온도가 **55℃**를 넘지 아니하도록 필요한 조치를 강구하여야 한다.

042 옥외저장소에서 위험물을 수납한 용기를 선반에 저장하는 경우에는 10m 이하의 높이로 저장하여야 한다. O | X

042
옥외저장소에서 위험물을 수납한 용기를 선반에 저장하는 경우에는 **6m를 초과하여 저장하지 아니하여야 한다.**

043 보냉장치가 있는 이동저장탱크에 저장하는 아세트알데하이드등 또는 디에틸에테르등의 온도는 당해 위험물의 비점 이하로 유지하여야 한다. O | X

정답
038 × 039 ○ 040 ○ 041 ×
042 × 043 ○

| 해설 |

044 〈예상〉
보냉장치가 없는 이동저장탱크에 저장하는 아세트알데하이드등 또는 디에틸에테르등의 온도는 40℃ 이하로 유지하여야 한다. ◯│✕

045 〈기출〉
제조소등에는 화재발생 시 소화가 곤란한 정도에 따라 그 소화에 적응성이 있는 소화설비를 설치하여야 한다. ◯│✕

046 〈기출〉
제조소등에는 화재발생시 소방공무원이 화재를 진압하거나 인명구조 활동을 할 수 있도록 소화활동설비를 설치하여야 한다. ◯│✕

046
제조소등에는 화재발생시 소방공무원이 화재를 진압하거나 인명구조 활동을 할 수 있도록 소화활동설비를 설치하여야 한다. → 제조소등에는 소화설비, 경보설비, 피난설비를 설치하여야 한다.

047 〈기출〉
주유취급소 중 건축물의 2층 이상의 부분을 점포·휴게음식점 또는 전시장의 용도로 사용하는 것과 옥내주유취급소에는 피난설비를 설치하여야 한다. ◯│✕

048 〈기출〉
지정수량의 10배 이상의 위험물을 저장 또는 취급하는 제조소등(이동탱크저장소 포함)에는 화재발생 시 이를 알릴 수 있는 경보설비를 설치하여야 한다. ◯│✕

048
지정수량의 10배 이상의 위험물을 저장 또는 취급하는 제조소등(이동탱크저장소 제외)에는 화재발생 시 이를 알릴 수 있는 경보설비를 설치하여야 한다.

049 〈기출〉
위험물 제조소등(이동탱크저장소를 제외한다)에 설치하는 경보설비에는 자동화재탐지설비, 자동화재속보설비, 비상경보설비(비상벨장치 또는 경종 포함), 확성장치(휴대용확성기 포함), 비상방송설비가 있다. ◯│✕

| 정답 |
044 ◯   045 ◯   046 ✕   047 ◯
048 ✕   049 ◯

050 둘 이상의 위험물을 같은 장소에서 저장 또는 취급하는 경우에 있어서 당해 장소에서 저장 또는 취급하는 각 위험물의 수량을 그 위험물의 지정수량으로 각각 나누어 얻은 수의 합계가 1 이상인 경우 당해 위험물은 지정수량 이상의 위험물로 본다. O X

050 O

CHAPTER 02 위험물시설의 설치 및 변경

제6조 위험물 시설의 설치 및 변경 등

해설

051 제조소등을 설치하고자 하는 자는 대통령령이 정하는 바에 따라 그 설치장소를 관할하는 시·도지사의 허가를 받아야 한다. O|X

052 지정수량의 **1천배** 이상의 위험물을 취급하는 제조소 또는 일반취급소의 구조·설비에 관한 사항에 대하여 한국소방산업기술원의 기술검토를 받고 그 결과가 행정안전부령으로 정하는 기준에 적합한 것으로 인정되는 경우 시·도지사는 허가를 하여야 한다.

052 지정수량의 3천배 이상의 위험물을 취급하는 제조소 또는 일반취급소의 구조·설비에 관한 사항에 대하여 한국소방산업기술원의 기술검토를 받고 그 결과가 행정안전부령으로 정하는 기준에 적합한 것으로 인정되는 경우 시·도지사는 허가를 하여야 한다. O|X

053 제조소등의 위치·구조·설비 중 행정안전부령으로 정하는 사항을 변경하고자 하는 때는 시·도지사에게 **허가를 받아야 한다.**

053 제조소등의 위치·구조·설비 중 행정안전부령으로 정하는 사항을 변경하고자 하는 때는 시·도지사에게 신고하여야 한다. O|X

054 위험물의 품명·수량 또는 지정수량의 배수를 변경하고자 할 때에는 시·도지사에게 신고하여야 한다. O|X

정답
051 O 052 × 053 × 054 O

055 제조소등의 위치·구조 또는 설비의 변경없이 당해 제조소등에서 저장하거나 취급하는 위험물의 품명·수량 또는 지정수량의 배수를 변경하고자 하는 자는 변경하고자 하는 날의 1일 전까지 행정안전부령이 정하는 바에 따라 소방본부장 또는 소방서장에게 신고하여야 한다. O X

해설 055
제조소등의 위치·구조 또는 설비의 변경없이 당해 제조소등에서 저장하거나 취급하는 위험물의 품명·수량 또는 지정수량의 배수를 변경하고자 하는 자는 변경하고자 하는 날의 1일 전까지 행정안전부령이 정하는 바에 따라 **시·도지사**에게 신고하여야 한다.

056 농예용·축산용 또는 수산용으로 필요한 난방시설 또는 건조시설을 위한 지정수량 30배 이하의 저장소의 경우에는 허가를 받지 아니하고 당해 제조소등을 설치하거나 그 위치·구조 또는 설비를 변경할 수 있으며, 신고를 하지 아니하고 위험물의 품명·수량 또는 지정수량의 배수를 변경할 수 있다. O X

056
농예용·축산용 또는 수산용으로 필요한 난방시설 또는 건조시설을 위한 지정수량 **20배** 이하의 저장소의 경우에는 허가를 받지 아니하고 당해 제조소등을 설치하거나 그 위치·구조 또는 설비를 변경할 수 있으며, 신고를 하지 아니하고 위험물의 품명·수량 또는 지정수량의 배수를 변경할 수 있다.

057 수산용의 난방시설을 위한 지정수량 10배의 저장소는 신고를 하지 아니하고 위험물의 품명·수량 또는 지정수량의 배수를 변경할 수 있다. O X

058 주택의 난방시설을 위한 저장소는 신고를 하지 아니하고 위험물의 품명·수량 또는 지정수량의 배수를 변경할 수 있다. O X

정답
055 X 056 X 057 O 058 O

제7조 군용위험물시설의 설치 및 변경에 대한 특례

LINK 2권 168~169p

해설

059
군사목적 또는 군부대시설을 위한 제조소등을 설치하거나 그 위치·구조 또는 설비를 변경하고자 하는 군부대의 장은 대통령령이 정하는 바에 따라 미리 제조소등의 소재지를 관할하는 **시·도지사**와 협의하여야 한다.

060
군부대의 장은 규정에 따라 협의한 **제조소등에 대하여는 탱크안전성능검사와 완공검사를 자체적으로 실시할 수 있다.**

예상

059 군사목적 또는 군부대시설을 위한 제조소등을 설치하거나 그 위치·구조 또는 설비를 변경하고자 하는 군부대의 장은 대통령령이 정하는 바에 따라 미리 제조소등의 소재지를 관할하는 소방서장과 협의하여야 한다. O | X

060 군부대의 장은 규정에 따라 협의한 제조소등이라도 탱크안전성능검사와 완공검사를 시·도지사에게 받아야 한다. O | X

061 군부대의 장이 규정에 따라 제조소등의 소재지를 관할하는 시·도지사와 협의한 경우에는 규정에 따른 허가를 받은 것으로 본다. O | X

정답
059 × 060 × 061 ○

제8조 탱크안전성능검사

LINK 2권 169~172p

해설

062
위험물을 저장 또는 취급하는 탱크로서 대통령령이 정하는 탱크가 있는 제조소등의 설치 또는 그 위치·구조 또는 설비의 변경에 관하여 허가를 받은 자가 위험물탱크의 설치 또는 그 위치·구조 또는 설비의 변경공사를 하는 때에는 규정에 따른 완공검사를 받기 전에 기술기준에 적합한지의 여부를 확인하기 위하여 **시·도지사**가 실시하는 탱크안전성능검사를 받아야 한다.

예상

062 위험물을 저장 또는 취급하는 탱크로서 대통령령이 정하는 탱크가 있는 제조소등의 설치 또는 그 위치·구조 또는 설비의 변경에 관하여 허가를 받은 자가 위험물탱크의 설치 또는 그 위치·구조 또는 설비의 변경공사를 하는 때에는 규정에 따른 완공검사를 받기 전에 기술기준에 적합한지의 여부를 확인하기 위하여 소방본부장 또는 소방서장이 실시하는 탱크안전성능검사를 받아야 한다. O | X

정답
062 ×

063 시·도지사는 규정에 따른 허가를 받은 자가 탱크안전성능시험자 또는 「소방산업의 진흥에 관한 법률」 제14조에 따른 한국소방산업기술원으로부터 탱크안전성능시험을 받은 경우에는 대통령령이 정하는 바에 따라 당해 탱크안전성능검사의 일부만을 면제할 수 있다. O | X

> **063** 시·도지사는 규정에 따른 허가를 받은 자가 탱크안전성능시험자 또는 「소방산업의 진흥에 관한 법률」 제14조에 따른 한국소방산업기술원으로부터 탱크안전성능시험을 받은 경우에는 대통령령이 정하는 바에 따라 당해 탱크안전성능검사의 **전부 또는 일부를** 면제할 수 있다.

064 시·도지사가 면제할 수 있는 탱크안전성능검사는 충수·수압검사로 한다. O | X

065 탱크안전성능검사에는 기초·지반검사, 충수·수압검사, 용접부검사, 암반탱크검사, 탱크재질검사가 있다. O | X

> **065** 탱크안전성능검사에는 기초·지반검사, 충수·수압검사, 용접부검사, 암반탱크검사, **탱크재질검사**가 있다.

066 옥외탱크저장소의 액체위험물탱크 중 그 용량이 50만L 이상인 탱크는 기초·지반검사를 받아야 한다. O | X

> **066** 옥외탱크저장소의 액체위험물탱크 중 그 용량이 **100만L** 이상인 탱크는 기초·지반검사를 받아야 한다.

067 탱크안전성능검사 중 유류탱크검사는 탱크본체에 관한 공사의 개시 전에 검사를 신청하여야 한다. O | X

> **067** 탱크안전성능검사 중 **용접부검사**는 탱크본체에 관한 공사의 개시 전에 검사를 신청하여야 한다.

정답
063 × 064 ○ 065 × 066 ×
067 ×

해설

068
기초·지반검사는 위험물탱크의 기초 및 지반에 관한 공사의 개시 **전** 탱크안전성능검사를 신청하여야 한다.

정답
068 ×

---

068 〔기출〕 기초·지반검사는 위험물탱크의 기초 및 지반에 관한 공사의 개시 후 탱크안전성능검사를 신청하여야 한다. [O|X]

제9조 완공검사

069 〔예상〕 규정에 따른 허가를 받은 자가 제조소등의 설치를 마쳤거나 그 위치·구조 또는 설비의 변경을 마친 때에는 당해 제조소등마다 시·도지사가 행하는 완공검사를 받아 규정에 따른 기술기준에 적합하다고 인정받은 후가 아니면 이를 사용하여서는 아니된다. [O|X]

070 〔예상〕 제조소등의 위치·구조 또는 설비를 변경함에 있어서 변경허가를 신청하는 때에 화재예방에 관한 조치사항을 기재한 서류를 제출하는 경우에는 당해 변경공사와 관계가 없는 부분은 완공검사를 받기 전에 미리 사용할 수 있다. [O|X]

071 〔기출〕 전체 공사가 완료된 후에 완공검사를 실시하기 곤란한 경우에는 위험물설비 또는 배관의 설치가 완료되어 기밀시험 또는 내압시험을 실시하는 시기에 완공검사를 신청한다. [O|X]

정답
069 O 070 O 071 O

072 이동탱크저장소의 경우에는 이동저장탱크를 완공하고 상치장소를 확보하기 전에 완공검사를 신청한다. O | X

해설 072 이동탱크저장소의 경우에는 이동저장탱크를 완공하고 상치장소를 **확보한 후** 완공검사를 신청한다.

정답 072 ×

제10조 제조소등 설치자의 지위승계
LINK 2권 175p

073 제조소등의 설치자의 지위를 승계한 자는 행정안전부령이 정하는 바에 따라 승계한 날부터 30일 이내에 시·도지사에게 그 사실을 신고하여야 한다. O | X

정답 073 O

제11조 제조소등의 폐지
LINK 2권 175~176p

074 제조소등의 관계인은 당해 제조소등의 용도를 폐지한 때에는 행정안전부령이 정하는 바에 따라 제조소등의 용도를 폐지한 날부터 30일 이내에 시·도지사에게 신고하여야 한다. O | X

해설 074 제조소등의 관계인은 당해 제조소등의 용도를 폐지한 때에는 행정안전부령이 정하는 바에 따라 제조소등의 용도를 폐지한 날부터 **14일** 이내에 시·도지사에게 신고하여야 한다.

정답 074 ×

제11조의2 제조소등의 사용 중지 등

해설

075
제조소등의 관계인은 제조소등의 사용을 중지(경영상 형편, 대규모 공사 등의 사유로 **3개월** 이상 위험물을 저장하지 아니하거나 취급하지 아니하는 것을 말한다. 이하 같다)하려는 경우에는 위험물의 제거 및 제조소등에의 출입통제 등 행정안전부령으로 정하는 안전조치를 하여야 한다.

076
위험물안전관리자가 계속하여 직무를 수행하는 경우에는 제조소등의 사용을 중지하는 기간에는 안전조치를 **아니할 수 있다.**

078
시·도지사는 신고를 받으면 제조소등의 관계인이 안전조치를 적합하게 하였는지 또는 위험물안전관리자가 직무를 적합하게 수행하는지를 확인하고 위해 방지를 위하여 필요한 안전조치의 이행을 명할 수 있다.

정답
075 × 076 × 077 ○ 078 ×

예상 075
제조소등의 관계인은 제조소등의 사용을 중지(경영상 형편, 대규모 공사 등의 사유로 6개월 이상 위험물을 저장하지 아니하거나 취급하지 아니하는 것을 말한다. 이하 같다)하려는 경우에는 위험물의 제거 및 제조소등에의 출입통제 등 행정안전부령으로 정하는 안전조치를 하여야 한다. O | X

예상 076
위험물안전관리자가 계속하여 직무를 수행하는 경우에도 제조소등의 사용을 중지하는 기간에는 안전조치를 하여야 한다. O | X

예상 077
제조소등의 사용을 중지하거나 중지한 제조소등의 사용을 재개하려는 경우에는 해당 제조소등의 사용을 중지하려는 날 또는 재개하려는 날의 14일 전까지 행정안전부령으로 정하는 바에 따라 제조소등의 사용 중지 또는 재개를 시·도지사에게 신고하여야 한다. O | X

예상 078
소방본부장 또는 소방서장은 신고를 받으면 제조소등의 관계인이 안전조치를 적합하게 하였는지 또는 위험물안전관리자가 직무를 적합하게 수행하는지를 확인하고 위해 방지를 위하여 필요한 안전조치의 이행을 명할 수 있다. O | X

제12조 제조소등 설치허가의 취소와 사용정지 등

079 시·도지사는 행정안전부령이 정하는 바에 따라 허가를 취소하거나 6월 이내의 기간을 정하여 제조소등의 전부 또는 일부의 사용정지를 명할 수 있다. O | X

080 위반행위의 횟수에 따른 행정처분기준은 최근 1년간 같은 위반행위로 행정처분을 받은 경우에 적용한다. 이 경우 기간의 계산은 위반행위에 대하여 행정처분을 받은 날과 그 처분 후 다시 같은 위반행위를 하여 적발된 날을 기준으로 한다. O | X

해설

080 위반행위의 횟수에 따른 행정처분기준은 최근 **2년간** 같은 위반행위로 행정처분을 받은 경우에 적용한다. 이 경우 기간의 계산은 위반행위에 대하여 행정처분을 받은 날과 그 처분 후 다시 같은 위반행위를 하여 적발된 날을 기준으로 한다.

정답
079 O 080 ×

제13조 과징금처분

081 위험물안전관리법의 과징금은 3,000만원 이하이다. O | X

해설

081 위험물안전관리법의 과징금은 **2억원** 이하이다.

정답
081 ×

CHAPTER 03 위험물시설의 안전관리

제14조 위험물시설의 유지·관리

082 [예상] 제조소등의 관계인은 당해 제조소등의 위치·구조 및 설비가 규정에 따른 기술기준에 적합하도록 유지·관리하여야 한다. O|X

083 [예상] 소방청장, 소방본부장 또는 소방서장은 규정에 따른 유지·관리의 상황이 규정에 따른 기술기준에 부적합하다고 인정하는 때에는 그 기술기준에 적합하도록 제조소등의 위치·구조 및 설비의 수리·개조 또는 이전을 명할 수 있다. O|X

해설
083 시·도지사, 소방본부장 또는 소방서장은 규정에 따른 유지·관리의 상황이 규정에 따른 기술기준에 부적합하다고 인정하는 때에는 그 기술기준에 적합하도록 제조소의 위치·구조 및 설비의 수리·개조 또는 이전을 명할 수 있다.

정답
082 O 083 ×

제15조 위험물안전관리자

084 [기출] 허가를 받지 아니하는 제조소등의 관계인은 위험물의 안전관리에 관한 직무를 수행하게 하기 위하여 제조소등마다 대통령령이 정하는 위험물의 취급에 관한 자격이 있는 자를 위험물안전관리자로 선임하여야 한다. O|X

해설
084 제조소등(허가를 받지 아니하는 제조소등과 이동탱크저장소를 제외한다)의 관계인은 위험물의 안전관리에 관한 직무를 수행하게 하기 위하여 제조소등마다 대통령령이 정하는 위험물의 취급에 관한 자격이 있는 자를 위험물안전관리자로 선임하여야 한다.

085 [기출] 위험물안전관리자를 선임한 제조소등의 관계인은 그 위험물안전관리자를 해임하거나 위험물안전관리자가 퇴직한 때에는 해임하거나 퇴직한 날부터 30일 이내에 다시 위험물안전관리자를 선임하여야 한다. O|X

정답
084 × 085 O

086 제조소등의 관계인은 위험물안전관리자를 선임한 경우에는 선임한 날부터 14일 이내에 행정안전부령으로 정하는 바에 따라 시·도지사에게 신고하여야 한다. O|X

086
제조소등의 관계인은 위험물안전관리자를 선임한 경우에는 선임한 날부터 14일 이내에 행정안전부령으로 정하는 바에 따라 **소방본부장 또는 소방서장**에게 신고하여야 한다.

087 제조소등의 관계인이 안전관리자를 해임하거나 안전관리자가 퇴직한 경우 퇴직한 날부터 14일 이내에 행정안전부령으로 정하는 바에 따라 소방본부장 또는 소방서장에게 신고하여야 한다. O|X

087
제조소등의 관계인이 안전관리자를 해임하거나 안전관리자가 퇴직한 경우 그 관계인 또는 안전관리자는 소방본부장이나 소방서장에게 그 사실을 알려 해임하거나 퇴직한 사실을 확인받을 수 있다.

088 소방공무원 경력 5년이면 모든 위험물을 취급할 수 있다. O|X

088
소방공무원 경력 **3년 이상**이면 **제4류** 위험물을 취급할 수 있다.

089 소방기술사, 소방시설관리업자는 위험물을 관리할 때 유별에 관계없이 모든 위험물을 취급할 수 있다. O|X

089
위험물기능장, 위험물산업기사, 위험물기능사는 위험물을 관리할 때 유별에 관계없이 모든 위험물을 취급할 수 있다.

090 안전관리자를 선임한 제조소등의 관계인은 안전관리자가 여행·질병 그 밖의 사유로 인하여 일시적으로 직무를 수행할 수 없거나 안전관리자의 해임 또는 퇴직과 동시에 다른 안전관리자를 선임하지 못하는 경우에는 국가기술자격법에 따른 위험물의 취급에 관한 자격취득자 또는 위험물안전에 관한 기본지식과 경험이 있는 자로서 행정안전부령이 정하는 자를 대리자로 지정하여 그 직무를 대행하게 하여야 한다. O|X

정답
086 × 087 × 088 × 089 ×
090 O

해설

091
대리자는 안전관리자를 선임하지 못할 ~~시에만~~ 지정할 수 있다.
→ 대리자를 지정할 수 있는 경우: 안전관리자가 여행·질병 그 밖의 사유로 인하여 일시적으로 직무를 수행할 수 없는 경우, 안전관리자의 해임 또는 퇴직과 동시에 다른 안전관리자를 선임하지 못하는 경우

094
제조소등의 관계인은 위험물의 안전관리에 관한 직무를 수행하게 하기 위하여 제조소등마다 **대통령이 정하는 위험물의 취급에 관한 자격이 있는 자**를 위험물안전관리자로 선임하여야 한다.

095
1인의 안전관리자를 중복 선임할 수 있는 경우
② 동일구내에 있거나 상호 100m 이내에 있는 **10개 이내** 옥내저장소를 동일인이 설치한 경우
④ 동일구내에 있거나 상호 100m 이내에 있는 **30개 이내** 옥외탱크저장소를 동일인이 설치한 경우

---

091 〔기출〕 대리자는 안전관리자를 선임하지 못할 시에만 지정할 수 있다. ○|×

092 〔기출〕 대리자는 경력이 없어도 위험물의 취급에 관한 자격취득자로 선임할 수 있다. ○|×

093 〔기출〕 제조소등에 있어서 위험물취급자격자가 아닌 자는 안전관리자 또는 대리자가 참여한 상태에서 위험물을 취급하여야 한다. ○|×

094 〔기출〕 제조소등의 관계인은 위험물의 안전관리에 관한 직무를 수행하게 하기 위하여 제조소등마다 제4류 위험물과 제6류 위험물의 취급에 관한 자격이 있는 자를 위험물안전관리자로 선임하여야 한다. ○|×

095 〔기출〕 1인의 안전관리자를 중복 선임할 수 있는 경우
① 보일러·버너 또는 이와 비슷한 것으로서 위험물을 소비하는 장치로 이루어진 7개 이하의 일반취급소와 그 일반취급소에 공급하기 위한 위험물을 저장하는 저장소를 동일인이 설치한 경우 ○|×
② 동일구내에 있거나 상호 100m 이내에 있는 11개의 옥내저장소를 동일인이 설치한 경우 ○|×
③ 동일구내에 있거나 상호 100m 이내에 있는 8개의 옥외저장소를 동일인이 설치한 경우 ○|×
④ 동일구내에 있거나 상호 100m 이내에 있는 31개의 옥외탱크저장소를 동일인이 설치한 경우 ○|×
⑤ 동일구내에 있거나 상호 100m 이내에 있는 10개의 옥내탱크저장소를 동일인이 설치한 경우 ○|×
⑥ 동일구내에 있거나 상호 100m 이내에 있는 지하탱크저장소를 동일인이 설치한 경우 ○|×

〔정답〕
091 × 092 ○ 093 ○ 094 ×
095 ① ○ ② × ③ ○ ④ × ⑤ ○
⑥ ○

제16조 탱크시험자의 등록 등

LINK 2권 191~195p

096 [예상] 탱크시험자가 되고자 하는 자는 대통령령이 정하는 기술능력·시설 및 장비를 갖추어 시·도지사에게 등록하여야 한다. ◯ | ✕

097 [기출] 등록기준에 미달하게 된 경우 시·도지사는 탱크시험자의 등록을 취소하여야 한다. ◯ | ✕

해설

097
~~등록기준에 미달하게 된 경우~~ 시·도지사는 탱크시험자의 등록을 취소하여야 한다.
→ 탱크시험자 1차 취소사유
1. 허위 그 밖의 부정한 방법으로 등록을 한 경우
2. 등록의 결격사유에 해당하게 된 경우
3. 등록증을 다른 자에게 빌려준 경우

098 [기출] 영업소 소재지, 기술능력, 보유장비의 변경이 있는 경우에는 30일 이내 시·도지사에게 변경신고를 한다. ◯ | ✕

098
영업소 소재지, 기술능력, **보유장비**, **대표자, 상호 또는 명칭**의 변경이 있는 경우에는 30일 이내 시·도지사에게 변경 신고를 하여야 한다.

정답
096 ◯ 097 ✕ 098 ✕

제17조 예방규정

LINK 2권 195~197p

099 [예상] 대통령령으로 정하는 제조소등의 관계인은 해당 제조소등의 화재예방과 화재 등 재해발생시의 비상조치를 위하여 행정안전부령으로 정하는 바에 따라 예방규정을 정하여 해당 제조소등의 사용을 시작하기 전에 소방본부장 또는 소방서장에게 제출하여야 한다. ◯ | ✕

해설

099
대통령령으로 정하는 제조소등의 관계인은 해당 제조소등의 화재예방과 화재 등 재해발생시의 비상조치를 위하여 행정안전부령으로 정하는 바에 따라 예방규정을 정하여 해당 제조소등의 사용을 시작하기 전에 **시·도지사**에게 제출하여야 한다.

정답
099 ✕

해설

100
예방규정을 정하여야 하는 제조소등
② 지정수량의 **100배** 이상의 위험물을 저장하는 옥외저장소
③ 지정수량의 150배 이상의 위험물을 저장하는 **옥내저장소**
⑤ **암반탱크저장소, 이송취급소**

101
예방규정을 정하여야 하는 제조소등
④ ~~150,000L~~의 경유를 저장하는 옥외탱크저장소

경유의 [제2석유류(비수용성액체)] 지정수량: 1,000L
→ $\dfrac{150,000L}{1,000L} = 150배$
∴ 지정수량이 200배 미만이기 때문에 예방규정을 정하지 않는다.

정답
100 ① ○ ② × ③ × ④ ○ ⑤ ×
101 ① ○ ② ○ ③ ○ ④ ×

---

100 [기출] 예방규정을 정하여야 하는 제조소등
① 지정수량의 10배 이상의 위험물을 취급하는 제조소 ○ | ×
② 지정수량의 50배 이상의 위험물을 저장하는 옥외저장소 ○ | ×
③ 지정수량의 150배 이상의 위험물을 저장하는 옥내탱크저장소 ○ | ×
④ 지정수량의 200배 이상의 위험물을 저장하는 옥외탱크저장소 ○ | ×
⑤ 지하탱크저장소 ○ | ×

101 [기출] 예방규정을 정하여야 하는 제조소등
① 4,000L의 알코올류를 취급하는 제조소 ○ | ×
② 30,000kg의 황을 저장하는 옥외저장소 ○ | ×
③ 2,500kg의 질산에스터류를 저장하는 옥내저장소 ○ | ×
④ 150,000L의 경유를 저장하는 옥외탱크저장소 ○ | ×

제18조 정기점검 및 정기검사

LINK 2권 197~202p

102 [예상]
대통령령이 정하는 제조소등의 관계인은 그 제조소등에 대하여 행정안전부령이 정하는 바에 따라 규정에 따른 기술기준에 적합한지의 여부를 정기적으로 점검하고 점검결과를 기록하여 보존하여야 한다. ○ | ×

103 [예상]
정기점검을 한 제조소등의 관계인은 점검을 한 날부터 30일 이내에 점검결과를 소방본부장 또는 소방서장에게 제출하여야 한다. ○ | ×

해설

103
정기점검을 한 제조소등의 관계인은 점검을 한 날부터 30일 이내에 점검결과를 **시·도지사**에게 제출하여야 한다.

정답
102 ○ 103 ×

104 제조소등의 관계인은 당해 제조소등에 대하여 월 1회 이상 정기점검을 실시하여야 한다. ☐ O | X

해설

104 제조소등의 관계인은 당해 제조소등에 대하여 **연** 1회 이상 정기점검을 실시하여야 한다.

105 정기점검 대상
① 지정수량의 100배 이상의 위험물을 저장하는 옥외저장소 ☐ O | X
② 암반탱크저장소 ☐ O | X
③ 지하탱크저장소 ☐ O | X
④ 위험물을 취급하는 탱크로서 지상에 노출된 탱크가 있는 제조소·주유취급소 또는 일반취급소 ☐ O | X

105 정기점검 대상
④ 위험물을 취급하는 탱크로서 **지하에 매설된** 탱크가 있는 제조소·주유취급소 또는 일반취급소

106 대통령령으로 정하는 제조소등의 관계인은 행정안전부령으로 정하는 바에 따라 소방본부장 또는 소방서장으로부터 해당 제조소등이 기술기준에 적합하게 유지되고 있는지의 여부에 대하여 정기적으로 검사를 받아야 한다. ☐ O | X

107 정기검사의 대상인 제조소등은 액체위험물을 저장 또는 취급하는 100만리터 이상의 옥외탱크저장소를 말한다. ☐ O | X

107 정기검사의 대상인 제조소등은 액체위험물을 저장 또는 취급하는 **50만**리터 이상의 옥외탱크저장소를 말한다.

108 특정옥외탱크저장소는 소방본부장이나 소방서장으로부터 정밀정기검사를 받아야 하며, 최초의 정밀정기검사는 완공검사합격증을 발급받은 날부터 11년 이내에 받아야 한다. ☐ O | X

108 특정옥외탱크저장소는 소방본부장이나 소방서장으로부터 정밀정기검사를 받아야 하며, 최초의 정밀정기검사는 완공검사합격증을 발급받은 날부터 **12년** 이내에 받아야 한다.

109 옥외탱크저장소 중 저장 또는 취급하는 액체위험물의 최대수량이 50만리터 이상인 것은 정기점검 외에 구조안전점검을 해야 한다. ☐ O | X

정답
104 ×
105 ① O ② O ③ O ④ ×
106 O 107 × 108 × 109 O

해설

110
제조소등의 관계인은 특정·준특정옥외탱크저장소의 정기점검(구조안전점검)을 안전관리대행기관에 의뢰하여 실시할 수 **없다**.

☐☐☐ 예상
110 제조소등의 관계인은 특정·준특정옥외탱크저장소의 정기점검(구조안전점검)을 안전관리대행기관에 의뢰하여 실시할 수 있다. O│X

☐☐☐ 예상
111 옥외저장탱크의 구조안전점검에 관한 기록은 25년 동안 보존하여야 한다. O│X

☐☐☐ 예상
112 정밀정기검사를 받아야 하는 특정·준특정옥외탱크저장소의 관계인은 정밀정기검사를 구조안전점검을 실시하는 때에 함께 받을 수 있다. O│X

정답
110 × 111 ○ 112 ○

제19조 자체소방대
LINK 2권 202~204p

☐☐☐ 기출
113 다량의 위험물을 저장·취급하는 제조소등으로서 대통령령이 정하는 제조소등이 있는 동일한 사업소에서 대통령령이 정하는 수량 이상의 위험물을 저장 또는 취급하는 경우 당해 사업소의 관계인은 대통령령이 정하는 바에 따라 당해 사업소에 자체소방대를 설치하여야 한다. O│X

해설

114
포수용액 방사차는 포수용액의 방사능력이 매분 **2,000L** 이상이어야 한다.

☐☐☐ 기출
114 포수용액 방사차는 포수용액의 방사능력이 매분 1,000L 이상이어야 한다. O│X

정답
113 ○ 114 ×

115 분말 방사차는 1,000kg 이상의 분말을 비치할 것 O | X

해설
115 분말 방사차는 **1,400kg** 이상의 분말을 비치할 것

116 이산화탄소 방사차는 1,000kg 이상의 이산화탄소를 비치할 것 O | X

116 이산화탄소 방사차는 **3,000kg** 이상의 이산화탄소를 비치할 것

117 할로젠화합물 방사차는 할로젠화합물의 방사능력이 매초 40kg 이상이어야 한다. O | X

118 최대수량의 합이 지정수량의 3천배 이상인 제4류 위험물을 취급하는 일반취급소, 최대수량이 지정수량의 50만배 이상인 제4류 위험물을 저장하는 옥내탱크저장소에는 자체소방대를 설치하여야 한다. O | X

118 최대수량의 합이 지정수량의 3천배 이상인 제4류 위험물을 취급하는 일반취급소, 최대수량이 지정수량의 50만배 이상인 제4류 위험물을 저장하는 **옥외탱크저장소**에는 자체소방대를 설치하여야 한다.

119 다량의 위험물을 저장·취급하는 제조소등으로서 제4류 위험물을 취급하는 저장소 또는 제조소가 있는 동일한 사업소에서 지정수량의 3천배 이상의 위험물을 저장 또는 취급하는 경우 당해 사업소의 관계인은 대통령령이 정하는 바에 따라 당해 사업소에 자체소방대를 설치하여야 한다. O | X

119 다량의 위험물을 저장·취급하는 제조소등으로서 제4류 위험물을 취급하는 재조소 또는 **일반취급소**가 있는 동일한 사업소에서 지정 수량의 3천배 이상의 위험물을 저장 또는 취급하는 경우 당해 사업소의 관계인은 대통령령이 정하는 바에 따라 당해 사업소에 자체소방대를 설치하여야 한다.

120 제조소 또는 일반취급소에서 취급하는 제4류 위험물의 최대수량의 합이 지정수량의 24만 배 이상 48만 배 미만인 사업소에는 화학소방자동차 2대와 자체소방대원 10인을 두어야 한다. O | X

120 제조소 또는 일반취급소에서 취급하는 제4류 위험물의 최대수량의 합이 지정수량의 24만 배 이상 48만 배 미만인 사업소에는 화학소방자동차 **3대**와 자체소방대원 **15인**을 두어야 한다.

정답
115 × 116 × 117 O 118 ×
119 × 120 ×

> **해설**
> **121**
> ④ 제독차는 가성소다 및 규조토를 각각 **50kg** 이상 비치할 것

□□□ **기출**
121 화학소방자동차에 갖추어야 하는 소화능력 및 설비의 기준
① 포수용액 방사차는 포수용액의 방사능력이 매분 2,000L 이상일 것 O|X
② 이산화탄소의 방사차는 이산화탄소의 방사능력이 매초 40kg 이상일 것 O|X
③ 분말 방사차는 분말의 방사능력이 매초 35kg 이상일 것 O|X
④ 제독차는 가성소다 및 규조토를 각각 3,000kg 이상 비치할 것 O|X

□□□ **예상**
122 이동저장탱크 그 밖에 이와 유사한 것에 위험물을 주입하는 일반취급소와 유압장치, 윤활유순환장치 그 밖에 이와 유사한 장치로 위험물을 취급하는 일반취급소는 자체소방대의 설치 제외대상인 일반취급소이다. O|X

> **정답**
> 121 ① O ② O ③ O ④ ×
> 122 O

제19조의2 제조소등에서의 흡연 금지 LINK 2권 204p

> **해설**
> **123**
> **제조소등의 관계인**은 해당 제조소등이 금연구역임을 알리는 표지를 설치하여야 한다.

□□□ **예상**
123 소방본부장 또는 소방서장은 해당 제조소등이 금연구역임을 알리는 표지를 설치하여야 한다. O|X

□□□ **예상**
124 시·도지사는 제조소등의 관계인이 금연구역임을 알리는 표지를 설치하지 아니하거나 보완이 필요한 경우 일정한 기간을 정하여 그 시정을 명할 수 있다. O|X

> **정답**
> 123 × 124 O

CHAPTER 04 위험물의 운반 등

제20조 위험물의 운반

125 [기출] 위험물에 따라 규정에 의한 주의사항
① 제1류 위험물 중 알칼리금속의 과산화물: 물기주의 ○ ✕
② 제2류 위험물: 화기주의, 인화성고체: 화기엄금 ○ ✕
③ 제2류 위험물(철분): 화기주의, 물기엄금 ○ ✕
④ 제3류 위험물 중 금수성물질: 물기엄금 ○ ✕
⑤ 제3류 위험물 중 자연발화성물질: 화기엄금 ○ ✕
⑥ 제4류 위험물: 화기주의 ○ ✕
⑦ 제5류 위험물: 화기엄금 및 충격주의 ○ ✕

해설 125 위험물에 따라 규정에 의한 주의사항
① 제1류 위험물 중 알칼리금속의 과산화물: **물기엄금**
⑥ 제4류 위험물: **화기엄금**

126 [예상] 위험물이 온도변화 등에 의하여 폭발하지 아니하도록 운반용기를 개봉하여 수납할 것 ○ ✕

126 위험물이 온도변화 등에 의하여 **누설되지** 아니하도록 운반용기를 **밀봉**하여 수납할 것

127 [기출] 하나의 외장용기에는 다른 종류의 위험물을 수납하지 아니할 것 ○ ✕

128 [기출] 고체위험물은 운반용기 내용적의 90% 이하의 수납율로 수납할 것 ○ ✕

128 고체위험물은 운반용기 내용적의 **95%** 이하의 수납율로 수납할 것

정답
125 ① ✕ ② ○ ③ ○ ④ ○ ⑤ ○ ⑥ ✕ ⑦ ○
126 ✕ 127 ○ 128 ✕

해설

129
액체위험물은 운반용기 내용적의 **98%** 이하의 수납율로 수납하되, **55℃**의 온도에서 누설되지 아니하도록 충분한 공간용적을 유지하도록 할 것

132
자연발화성물질 중 알킬알루미늄등은 운반용기의 내용적의 **90%** 이하의 수납율로 수납하되, **50℃**의 온도에서 **5%** 이상의 공간용적을 유지하도록 할 것

133
③ 제3류 위험물 ― ~~제5류 위험물~~
④ ~~제2류 위험물~~ ― 제3류 위험물

---

129 [기출] 액체위험물은 운반용기 내용적의 95% 이하의 수납율로 수납하되, 50℃의 온도에서 누설되지 아니하도록 충분한 공간용적을 유지하도록 할 것 ☐O ☐X

130 [예상] 자연발화성물질에 있어서는 불활성 기체를 봉입하여 밀봉하는 등 공기와 접하지 아니하도록 할 것 ☐O ☐X

131 [예상] 자연발화성물질 외의 물품에 있어서는 파라핀·경유·등유 등의 보호액으로 채워 밀봉하거나 불활성 기체를 봉입하여 밀봉하는 등 수분과 접하지 아니하도록 할 것 ☐O ☐X

132 [기출] 자연발화성물질 중 알킬알루미늄등은 운반용기의 내용적의 95% 이하의 수납율로 수납하되, 55℃의 온도에서 10% 이상의 공간용적을 유지하도록 할 것 ☐O ☐X

133 [기출] 유별을 달리하는 위험물의 혼재기준
① 제1류 위험물 - 제6류 위험물 ☐O ☐X
② 제3류 위험물 - 제4류 위험물 ☐O ☐X
③ 제3류 위험물 - 제5류 위험물 ☐O ☐X
④ 제2류 위험물 - 제3류 위험물 ☐O ☐X
⑤ 제2류 위험물 - 제5류 위험물 ☐O ☐X

134 [예상] 시·도지사는 운반용기를 제작하거나 수입한 자 등의 신청에 따라 운반용기를 검사할 수 있다. ☐O ☐X

정답
129 × 130 ○ 131 ○ 132 ×
133 ① ○ ② ○ ③ × ④ × ⑤ ○
134 ○

제21조 위험물의 운송

135 [예상] 위험물운송자란 이동탱크저장소에 의하여 위험물을 운송하는 자를 말한다. ⓞ ⓧ

136 [기출] 운송책임자의 감독 또는 지원을 받아 운송하여야 하는 위험물로는 알킬알루미늄, 알킬리튬이 있다. ⓞ ⓧ

137 [예상] 운송책임자는 위험물 취급에 관한 국가기술자격을 취득하고 관련 업무에 2년 이상 종사한 경력이 있거나 위험물의 운송에 관한 안전교육을 수료하고 관련 업무에 1년 이상 종사한 경력이 있어야 한다. ⓞ ⓧ

해설

137
운송책임자는 위험물 취급에 관한 국가기술자격을 취득하고 관련 업무에 **1년** 이상 종사한 경력이 있거나 위험물의 운송에 관한 안전교육을 수료하고 관련 업무에 **2년** 이상 종사한 경력이 있어야 한다.

정답
135 ⓞ 136 ⓞ 137 ⓧ

CHAPTER 05 감독 및 조치명령

제22조의2 위험물 누출 등의 사고 조사

해설

138 소방청장, 소방본부장 또는 소방서장은 위험물의 누출·화재·폭발 등의 사고가 발생한 경우 사고의 원인 및 피해 등을 조사하여야 한다.

138 [기출] 시·도지사는 위험물의 누출·화재·폭발 등의 사고가 발생한 경우 사고의 원인 및 피해 등을 조사하여야 한다. O│X

139 [예상] 소방청장, 소방본부장 또는 소방서장은 사고 조사에 필요한 경우 자문을 하기 위하여 관련 분야에 전문지식이 있는 사람으로 구성된 사고조사위원회를 둘 수 있다. O│X

140 [예상] 사고조사위원회는 위원장 1명을 포함하여 7명 이내의 위원으로 구성한다. O│X

정답
138 × 139 O 140 O

보칙

제28조 안전교육

141 안전관리자로 선임된 자, 탱크시험자의 기술인력으로 종사하는 자, 위험물운송자로 종사하는 자, 자체소방대원은 소방청장이 실시하는 교육을 받아야 한다.

해설 141 안전관리자로 선임된 자, 탱크시험자의 기술인력으로 종사하는 자, 위험물운송자로 종사하는 자, ~~자체소방대원~~, **위험물운반자로 종사하는 자**는 소방청장이 실시하는 교육을 받아야 한다.

142 소방청장은 안전교육을 강습교육과 실무교육으로 구분하여 실시한다.

143 기술원 또는 안전원의 원장은 강습교육을 하고자 하는 때에는 매년 1월 5일까지 일시, 장소, 그 밖에 강습의 실시에 관한 사항을 공고한다.

143 ~~기술원 또는~~ 안전원의 원장은 강습교육을 하고자 하는 때에는 매년 1월 5일까지 일시, 장소, 그 밖에 강습의 실시에 관한 사항을 공고한다.

144 기술원 또는 안전원은 실무교육을 하고자 하는 때에는 교육실시 10일 전까지 교육대상자에게 그 내용을 통보한다.

145 탱크시험자의 기술인력의 실무교육은 안전원에서 탱크시험자의 기술인력으로 등록한 날부터 6개월 이내에 교육을 받은 후 2년마다 1회 시행한다.

145 탱크시험자의 기술인력의 실무교육은 **기술원**에서 탱크시험자의 기술인력으로 등록한 날부터 6개월 이내에 교육을 받은 후 2년마다 1회 시행한다.

정답
141 ✕ 142 ○ 143 ○ 144 ○
145 ✕

제29조 청문

LINK 2권 221p

해설

146 **소방청장, 소방본부장, 소방서장** 또는 시·도지사는 제조소등 설치허가의 취소, 탱크시험자의 등록취소 처분을 하고자 하는 경우에는 청문을 실시하여야 한다.

예상

146 소방청장 또는 시·도지사는 제조소등 설치허가의 취소, 탱크시험자의 등록취소 처분을 하고자 하는 경우에는 청문을 실시하여야 한다. O X

정답
146 ×

제29조의2 위험물 안전관리에 관한 협회

LINK 2권 221p

해설

예상

147 제조소등의 관계인, 위험물운송자, 탱크시험자 및 안전관리자의 업무를 위탁받아 수행할 수 있는 안전관리대행기관으로 소방청장의 지정을 받은 자는 위험물의 안전관리, 사고 예방을 위한 안전기술 개발, 그 밖에 위험물 안전관리의 건전한 발전을 도모하기 위하여 위험물 안전관리에 관한 협회를 설립할 수 있다. O X

148 협회에 관하여 이 법에서 규정한 것 외에는 「민법」 중 **사단법인**에 관한 규정을 준용한다.

148 협회에 관하여 이 법에서 규정한 것 외에는 「민법」 중 재단법인에 관한 규정을 준용한다. O X

정답
147 O 148 ×

제30조 권한의 위임·위탁

LINK 2권 222~224p

해설

예상

149 시·도지사는 지정수량의 3천배 이상의 위험물을 취급하는 제조소 또는 일반취급소의 설치 또는 변경에 따른 완공검사를 기술원에 위탁할 수 있다. O X

정답
149 O

150 소방청장은 안전관리자, 위험물운반자, 위험물운송자, 탱크시험자의 기술인력에 대한 안전교육을 안전원에 위탁할 수 있다. ○ⅠX

150
소방청장은 안전관리자, 위험물운반자, 위험물운송자에 대한 안전교육을 안전원에 위탁할 수 있다.
→ 소방청장은 탱크시험자의 기술인력에 대한 안전교육을 기술원에 위탁할 수 있다.

151 시·도지사는 정기검사를 기술원에 위탁한다. ○ⅠX

151
소방본부장 또는 소방서장은 정기검사를 기술원에 위탁한다.

150 ✕ 151 ✕

CHAPTER 07 벌칙

제33조~제39조 벌칙, 과태료

152 제조소등 또는 허가를 받지 않고 지정수량 이상의 위험물을 저장 또는 취급하는 장소에서 위험물을 유출·방출 또는 확산시켜 사람의 생명·신체 또는 재산에 대하여 위험을 발생시킨 자: 1년 이상 10년 이하의 징역 O|X

153 업무상 과실로 제조소등 또는 허가를 받지 않고 지정수량 이상의 위험물을 저장 또는 취급하는 장소에서 위험물을 유출·방출 또는 확산시켜 사람의 생명·신체 또는 재산에 대하여 위험을 발생시킨 자: 7년 이하의 금고 또는 7천만원 이하의 벌금 O|X

해설

154 제조소등의 설치허가를 받지 아니하고 제조소등을 설치한 자: 5년 이하의 징역 또는 1억원 이하의 벌금

154 제조소등의 설치허가를 받지 아니하고 제조소등을 설치한 자: 3년 이하의 징역 또는 3천만원 이하의 벌금 O|X

155 탱크시험자로 등록하지 아니하고 탱크시험자의 업무를 한 자: 1년 이하의 징역 또는 1천만원 이하의 벌금

155 탱크시험자로 등록하지 아니하고 탱크시험자의 업무를 한 자: 1천만원 이하의 벌금 O|X

정답
152 O 153 O 154 X 155 X

156 〈예상〉 운반용기에 대한 검사를 받지 아니하고 운반용기를 사용하거나 유통시킨 자: 1천만원 이하의 벌금 ○ ✕

156 운반용기에 대한 검사를 받지 아니하고 운반용기를 사용하거나 유통시킨 자: **1년 이하의 징역 또는 1천만원 이하의 벌금**

157 〈기출〉 제조소등에 대한 긴급 사용정지·제한명령을 위반한 자: 1년 이하의 징역 또는 1천만원 이하의 벌금 ○ ✕

158 〈기출〉 위험물의 저장 또는 취급에 관한 중요기준에 따르지 아니한 자: 1천 5백만원 이하의 벌금 ○ ✕

159 〈기출〉 안전관리자 또는 그 대리자가 참여하지 아니한 상태에서 위험물을 취급한 자: 1천 5백만원 이하의 벌금 ○ ✕

159 안전관리자 또는 그 대리자가 참여하지 아니한 상태에서 위험물을 취급한 자: **1천만원** 이하의 벌금

160 〈예상〉 규정을 위반하여 관계인의 정당한 업무를 방해하거나 출입·검사 등을 수행하면서 알게 된 비밀을 누설한 자: 1년 이하의 징역 또는 1천만원 이하의 벌금 ○ ✕

160 규정을 위반하여 관계인의 정당한 업무를 방해하거나 출입·검사 등을 수행하면서 알게 된 비밀을 누설한 자: ~~1년 이하의 징역 또는~~ 1천만원 이하의 벌금

161 〈기출〉 500만원 이하의 과태료 부과권자는 시도지사, 소방본부장 또는 소방서장이 된다. ○ ✕

정답
156 ✕ 157 ○ 158 ○ 159 ✕
160 ✕ 161 ○

CHAPTER 08 위험물안전관리법 시행규칙

별표4 제조소의 위치·구조 및 설비의 기준

162 제6류 위험물을 취급하는 제조소는 안전거리 적용제외 대상이다. O | X

163 "위험물 제조소"라는 표시를 한 표지의 바탕은 흑색으로, 문자는 백색으로 하여야 한다. O | X

> **해설**
> **163**
> "위험물 제조소"라는 표시를 한 표지의 바탕은 **백색**으로, 문자는 **흑색**으로 하여야 한다.

164 게시판은 가로의 길이가 0.3m 이상, 세로의 길이가 0.6m 이상인 직사각형으로 한다. O | X

> **164**
> 게시판은 **한 변**의 길이가 0.3m 이상, **다른 한 변**의 길이가 0.6m 이상인 직사각형으로 한다.

165 제조소의 작업공정이 다른 작업장의 작업공정과 연속되어 있어, 제조소의 건축물 그 밖의 공작물의 주위에 공지를 두게 되면 그 제조소의 작업에 현저한 지장이 생길 우려가 있는 경우 당해 제조소와 다른 작업장 사이에 기준에 따라 방화상 유효한 격벽을 설치한 때에는 공지를 보유하지 아니할 수 있다. O | X

정답
162 O 163 × 164 × 165 O

166 위험물의 최대수량이 지정수량의 20배인 경우 제조소 주위에 보유하여야 하는 공지의 너비는 5m 이상이다. O│X

167 제4류 위험물에 있어서는 적색바탕에 백색문자로, "화기엄금"을 표시한다. O│X

168 알칼리금속의 과산화물은 청색바탕에 백색문자로, "물기엄금"을 표시한다. O│X

169 인화성고체에 있어서는 적색바탕에 백색문자로, "화기주의"를 표시한다. O│X

> **해설**
> **169**
> 인화성고체에 있어서는 적색바탕에 백색문자로, "화기엄금"을 표시한다.

170 지하층은 없도록 하여야 한다. O│X

171 지붕은 폭발력이 위로 방출될 정도의 가벼운 불연재료로 덮어야 한다. O│X

정답
166 O 167 O 168 O 169 ×
170 O 171 O

해설

172
~~상대온도가 70% 이상 가열된 곳에 건조설비를 하여야 한다.~~
→ 해당사항 없음

173
출입구 및 비상구에는 60분+방화문·60분방화문 또는 30분방화문을 설치하되, 연소우려가 있는 외벽에 설치하는 출입구에는 수시로 열 수 있는 자동폐쇄식의 **60분+방화문 또는 60분방화문**을 설치하여야 한다.

176
채광설비는 불연재료로 하고, 연소의 우려가 없는 장소에 설치하되, 채광면적은 **최소**로 하여야 한다.

정답
172 × 173 × 174 ○ 175 ○
176 ×

---

172 [기출] 상대온도가 70% 이상 가열된 곳에 건조설비를 하여야 한다. ○|×

173 [기출] 출입구 및 비상구에는 60분+방화문·60분방화문 또는 30분방화문을 설치하되, 연소우려가 있는 외벽에 설치하는 출입구에는 수시로 열 수 있는 자동폐쇄식의 60분+방화문·60분방화문 또는 30분방화문을 설치하여야 한다. ○|×

174 [기출] 위험물을 취급하는 건축물의 창 및 출입구에 유리를 이용하는 경우에는 망입유리로 하여야 한다. ○|×

175 [예상] 액체의 위험물을 취급하는 건축물의 바닥은 위험물이 스며들지 못하는 재료를 사용하고, 적당한 경사를 두어 그 최저부에 집유설비를 하여야 한다. ○|×

176 [기출] 채광설비는 불연재료로 하고, 연소의 우려가 없는 장소에 설치하되, 채광면적을 최대로 하여야 한다. ○|×

177 조명설비의 전선은 내화·내열전선으로 하여야 한다. O | X

178 조명설비의 점멸스위치는 출입구 안쪽부분에 설치하여야 한다. O | X

178
조명설비의 점멸스위치는 출입구 **바깥부분**에 설치하여야 한다.

179 환기설비에서 환기는 기계제연방식으로 하여야 한다. O | X

179
환기설비에서 환기는 **자연배기방식**으로 하여야 한다.

180 환기설비의 급기구는 당해 급기구가 설치된 실의 바닥면적 150m²마다 1개 이상으로 하되, 급기구의 크기는 800cm² 이상으로 한다. O | X

181 바닥면적이 90m²일 경우 급기구의 면적은 450cm² 이상으로 한다. O | X

182 환기설비의 급기구는 높은 곳에 설치하고, 가는 눈의 구리망 등으로 인화방지망을 설치한다. O | X

182
환기설비의 급기구는 **낮은** 곳에 설치하고, 가는 눈의 구리망 등으로 인화방지망을 설치한다.

정답
177 O 178 X 179 X 180 O
181 O 182 X

해설

184
배출설비의 급기구는 높은 곳에 설치하고, 가는 눈의 구리망 등으로 인화방지망을 설치한다.

186
「위험물안전관리법 시행규칙」상 정전기를 제거하는 방법으로는 접지에 의한 방법, 공기 중의 상대습도를 70% 이상으로 하는 방법, 공기를 이온화하는 방법, ~~배풍기를 이용하여 강제배기하는 방법~~이 있다.

188
고인화점위험물이란 인화점이 100℃ 이상인 제4류 위험물을 말한다.

---

183 환기구는 지붕위 또는 지상 2m 이상의 높이에 회전식 고정벤티레이터 또는 루프팬 방식으로 설치한다. ◯ | ✕

184 배출설비의 급기구는 낮은 곳에 설치하고, 가는 눈의 구리망 등으로 인화방지망을 설치한다. ◯ | ✕

185 배출구는 지상 2m 이상으로서 연소의 우려가 없는 장소에 설치한다. ◯ | ✕

186 「위험물안전관리법 시행규칙」상 정전기를 제거하는 방법으로는 접지에 의한 방법, 공기 중의 상대습도를 70% 이상으로 하는 방법, 공기를 이온화하는 방법, 배풍기를 이용하여 강제배기 하는 방법이 있다. ◯ | ✕

187 지정수량의 10배 이상의 위험물을 취급하는 제조소(제6류 위험물을 취급하는 위험물제조소를 제외한다)에는 피뢰침을 설치하여야 한다. ◯ | ✕

188 고인화점위험물이란 인화점이 250℃ 이상인 인화성 액체를 말한다. ◯ | ✕

정답
183 ◯ 184 ✕ 185 ◯ 186 ✕
187 ◯ 188 ✕

별표5 옥내저장소의 위치·구조 및 설비의 기준

LINK 2권 259~266p

189 [예상] 제4석유류 또는 동식물유류의 위험물을 저장 또는 취급하는 옥내저장소로서 그 최대수량이 지정수량의 10배 미만인 것은 안전거리를 두지 아니할 수 있다. O | X

해설 189 제4석유류 또는 동식물유류의 위험물을 저장 또는 취급하는 옥내저장소로서 그 최대수량이 지정수량의 **20배** 미만인 것은 안전거리를 두지 아니할 수 있다.

190 [예상] 저장창고는 지면에서 처마까지의 높이가 6m 미만인 단층건물로 하고, 그 바닥을 지반면보다 높게 하여야 한다. O | X

정답 189 × 190 ○

별표6 옥외탱크저장소의 위치·구조 및 설비의 기준

LINK 2권 267~283p

191 [기출] 지정수량의 650배를 저장하는 옥외탱크저장소의 보유공지는 3m 이상이다. O | X

해설 191 지정수량의 650배를 저장하는 옥외탱크저장소의 보유공지는 **5m** 이상이다.

192 [기출] 저장 또는 취급하는 위험물의 최대수량이 지정수량의 500배 이하인 경우 공지의 너비는 5m 이상으로 하여야 한다. O | X

192 저장 또는 취급하는 위험물의 최대수량이 지정수량의 500배 이하인 경우 공지의 너비는 **3m** 이상으로 하여야 한다.

193 [기출] 압력탱크(최대상용압력이 대기압을 초과하는 탱크를 말한다)외의 탱크는 충수시험, 압력탱크는 최대상용압력의 1.5배의 압력으로 10분간 실시하는 수압시험에서 각각 새거나 변형되지 아니하여야 한다. O | X

정답 191 × 192 × 193 ○

해설

194 옥외탱크저장소 중 그 저장 또는 취급하는 액체위험물의 최대수량이 100만L 이상의 것을 특정옥외탱크저장소라 한다. ⊙|×

195 옥외저장탱크는 위험물의 폭발 등에 의하여 탱크내의 압력이 비정상적으로 상승하는 경우에 내부의 가스 또는 증기를 상부로 방출할 수 있는 구조로 하여야 한다. ⊙|×

196 밸브없는 통기관의 지름은 30mm 이상으로 하고 끝부분은 수평면보다 45도 이상 구부려 빗물 등의 침투를 막는 구조로 한다.

196 밸브없는 통기관의 지름은 45mm 이상으로 하고 끝부분은 수평면보다 45도 이상 구부려 빗물 등의 침투를 막는 구조로 한다. ⊙|×

197 대기밸브부착 통기관은 5kPa 이하의 압력차이로 작동할 수 있어야 한다.

197 대기밸브부착 통기관은 10kPa 이하의 압력차이로 작동할 수 있어야 한다. ⊙|×

198 펌프설비의 주위에는 너비 3m 이상의 공지를 보유해야 한다. 다만, 방화상 유효한 격벽을 설치하는 경우와 제6류 위험물 또는 지정수량의 10배 이하 위험물의 옥외저장탱크의 펌프설비에 있어서는 그러하지 아니하다.

198 펌프설비의 주위에는 너비 5m 이상의 공지를 보유해야 한다. 다만, 방화상 유효한 격벽을 설치하는 경우와 제6류 위험물 또는 지정수량의 10배 이하 위험물의 옥외저장탱크의 펌프설비에 있어서는 그러하지 아니하다. ⊙|×

정답
194 ○ 195 ○ 196 × 197 ×
198 ×

199 옥외저장탱크의 배수관은 탱크의 밑판에 설치하여야 한다. 다만, 탱크와 배수관과의 결합부분이 지진 등에 의하여 손상을 받을 우려가 없는 방법으로 배수관을 설치하는 경우에는 탱크의 옆판에 설치할 수 있다. O | X

> **199**
> 옥외저장탱크의 배수관은 탱크의 **옆판**에 설치하여야 한다. 다만, 탱크와 배수관과의 결합부분이 지진 등에 의하여 손상을 받을 우려가 없는 방법으로 배수관을 설치하는 경우에는 탱크의 **밑판**에 설치할 수 있다.

200 제3류 위험물 중 금수성물질(고체에 한한다)의 옥외저장탱크에는 방수성의 불연재료로 만든 피복설비를 설치하여야 한다. O | X

201 이황화탄소의 옥외저장탱크는 벽 및 바닥의 두께가 0.2m 이상이고 누수가 되지 아니하는 철근콘크리트의 수조에 넣어 보관하여야 한다. O | X

202 방유제의 용량은 방유제안에 설치된 탱크가 하나인 때에는 그 탱크 용량의 110% 이상, 2기 이상인 때에는 그 탱크 중 용량이 최대인 것의 용량의 110% 이상으로 한다. O | X

203 방유제는 높이 0.5m 이상 3m 이하, 두께 0.2m 이상, 지하매설깊이 1m 이상으로 한다. O | X

정답
199 ✕ 200 O 201 O 202 O
203 O

해설		기출
204 방유제내의 면적은 **8만m²** 이하로 한다.	**204**	방유제내의 면적은 10만m² 이하로 한다. O｜X

205
용량이 **1,000만L** 이상인 옥외저장탱크의 주위에 설치하는 방유제에는 탱크마다 간막이 둑을 설치한다.

205 (예상) 용량이 50만L 이상인 옥외저장탱크의 주위에 설치하는 방유제에는 탱크마다 간막이 둑을 설치한다. O｜X

206 (기출) 방유제 내의 간막이 둑은 흙 또는 철근콘크리트로 한다. O｜X

207
높이가 1m를 넘는 방유제 및 간막이 둑의 안팎에는 방유제 내에 출입하기 위한 계단 또는 경사로를 약 **50m**마다 설치한다.

207 (기출) 높이가 1m를 넘는 방유제 및 간막이 둑의 안팎에는 방유제 내에 출입하기 위한 계단 또는 경사로를 약 70m마다 설치한다. O｜X

[정답]
204 ✕ 205 ✕ 206 ○ 207 ✕

별표7 옥내탱크저장소의 위치·구조 및 설비의 기준

208 (예상) 위험물을 저장 또는 취급하는 옥내탱크는 단층건축물에 설치된 탱크전용실에 설치한다. O｜X

[정답]
208 ○

209 옥내저장탱크의 용량은 지정수량의 40배 이하이어야 한다. ⊙ⓧ

210 탱크전용실의 창 및 출입구에는 60분+방화문·60분방화문 또는 30분방화문을 설치하는 동시에, 연소의 우려가 있는 외벽에 두는 출입구에는 수시로 열 수 있는 자동폐쇄식의 60분+방화문 또는 60분방화문을 설치한다. ⊙ⓧ

211 탱크전용실은 상층이 있는 경우에 있어서는 상층의 바닥을 내화구조로 하고, 상층이 없는 경우에 있어서는 지붕을 불연재료로 하며, 천장을 설치한다. ⊙ⓧ

211 탱크전용실은 상층이 있는 경우에 있어서는 상층의 바닥을 내화구조로 하고, 상층이 없는 경우에 있어서는 지붕을 불연재료로 하며, 천장을 **설치하지 아니한다**.

정답 209 ○ 210 ○ 211 ×

별표8 지하탱크저장소의 위치·구조 및 설비의 기준

LINK 2권 288~294p

212 위험물을 저장 또는 취급하는 지하탱크는 지면하에 설치된 탱크전용실에 설치하여야 한다. ⊙ⓧ

213 탱크전용실은 지하의 가장 가까운 벽·피트·가스관 등의 시설물 및 대지경계선으로부터 0.6m 이상 떨어진 곳에 설치하여야 한다. ⊙ⓧ

213 탱크전용실은 지하의 가장 가까운 벽·피트·가스관 등의 시설물 및 대지경계선으로부터 **0.1m** 이상 떨어진 곳에 설치하여야 한다.

정답 212 ○ 213 ×

해설		기출
	214	지하저장탱크와 탱크전용실의 안쪽과의 사이는 0.1m 이상의 간격을 유지하도록 하여야 한다. O|X

215
탱크의 주위에 마른 모래 또는 습기 등에 의하여 응고되지 아니하는 입자지름 **5mm** 이하의 마른 자갈분을 채워야 한다.

215 〔기출〕 탱크의 주위에 마른 모래 또는 습기 등에 의하여 응고되지 아니하는 입자지름 10mm 이하의 마른 자갈분을 채워야 한다. O\|X

216
지하저장탱크의 윗부분은 지면으로부터 **0.6m** 이상 아래에 있어야 한다.

216 〔예상〕 지하저장탱크의 윗부분은 지면으로부터 0.1m 이상 아래에 있어야 한다. O\|X

217
지하저장탱크의 주위에는 당해 탱크로부터의 액체위험물의 누설을 검사하기 위한 관을 4개소 이상 적당한 위치에 설치하여야 하며 상부는 물이 침투하지 아니하는 구조로 하고, 뚜껑은 검사시에 쉽게 열 수 **있도록** 한다.

217 〔기출〕 지하저장탱크의 주위에는 당해 탱크로부터의 액체위험물의 누설을 검사하기 위한 관을 4개소 이상 적당한 위치에 설치하여야 하며 상부는 물이 침투하지 아니하는 구조로 하고, 뚜껑은 검사시에 쉽게 열 수 없도록 한다. O\|X

218 〔기출〕 누설을 검사하기 위한 관의 재료는 금속관 또는 경질합성수지관으로 한다. O\|X

〔정답〕
214 O 215 × 216 × 217 ×
218 O

219 탱크전용실은 벽·바닥 및 뚜껑의 두께는 0.3m 이상으로 한다. O|X

정답
219 O

별표9 간이탱크저장소의 위치·구조 및 설비의 기준

LINK 2권 295~296p

220 하나의 간이탱크저장소에 설치하는 간이저장탱크는 그 수를 3 이하로 하고, 동일한 품질의 위험물의 간이저장탱크를 2 이상 설치하지 아니하여야 한다. O|X

221 간이저장탱크는 움직이거나 넘어지지 아니하도록 지면 또는 가설대에 고정시키되, 옥외에 설치하는 경우에는 그 탱크의 주위에 너비 0.5m 이상의 공지를 두고, 전용실 안에 설치하는 경우에는 탱크와 전용실의 벽과의 사이에 1m 이상의 간격을 유지하여야 한다. O|X

221 간이저장탱크는 움직이거나 넘어지지 아니하도록 지면 또는 가설대에 고정시키되, 옥외에 설치하는 경우에는 그 탱크의 주위에 너비 **1m 이상**의 공지를 두고, 전용실 안에 설치하는 경우에는 탱크와 전용실의 벽과의 사이에 **0.5m 이상**의 간격을 유지하여야 한다.

222 간이저장탱크의 용량은 1,000ℓ 이하이어야 한다. O|X

222 간이저장탱크의 용량은 **600ℓ** 이하이어야 한다.

223 간이저장탱크는 두께 3.2mm 이상의 강판으로 흠이 없도록 제작하여야 하며, 70kPa의 압력으로 10분간의 수압시험을 실시하여 새거나 변형되지 아니하여야 한다. O|X

정답
220 O 221 × 222 × 223 O

별표10 이동탱크저장소의 위치·구조 및 설비의 기준

LINK 2권 297~303p

해설

224
옥외에 있는 상치장소는 화기를 취급하는 장소 또는 인근의 건축물로부터 **5m** 이상(인근의 건축물이 1층인 경우에는 **3m** 이상)의 거리를 확보하여야 한다.

224 [예상]
옥외에 있는 상치장소는 화기를 취급하는 장소 또는 인근의 건축물로부터 3m 이상(인근의 건축물이 1층인 경우에는 5m 이상)의 거리를 확보하여야 한다. [O | X]

225 [예상]
옥내에 있는 상치장소는 벽·바닥·보·서까래 및 지붕이 내화구조 또는 불연재료로 된 건축물의 1층에 설치하여야 한다. [O | X]

226 [예상]
압력탱크 외의 탱크는 70kPa의 압력으로, 압력탱크는 최대상용압력의 1.5배의 압력으로 각각 10분간의 수압시험을 실시하여 새거나 변형되지 아니하여야 한다. [O | X]

227
이동저장탱크는 그 내부에 4,000L 이하마다 **3.2mm** 이상의 강철판 또는 이와 동등 이상의 강도·내열성 및 내식성이 있는 금속성의 것으로 칸막이를 설치하여야 한다.

227 [기출]
이동저장탱크는 그 내부에 4,000L 이하마다 2.3mm 이상의 강철판 또는 이와 동등 이상의 강도·내열성 및 내식성이 있는 금속성의 것으로 칸막이를 설치하여야 한다. [O | X]

228 [예상]
하나의 구획부분에 2개 이상의 방파판을 이동탱크저장소의 진행방향과 평행으로 설치하되, 각 방파판은 그 높이 및 칸막이로부터의 거리를 다르게 한다. [O | X]

정답
224 × 225 ○ 226 ○ 227 ×
228 ○

229 방호틀의 정상부분은 부속장치보다 10mm 이상 높게 하거나 이와 동등 이상의 성능이 있는 것으로 한다. O|X

해설 229 방호틀의 정상부분은 부속장치보다 **50mm** 이상 높게 하거나 이와 동등 이상의 성능이 있는 것으로 한다.

정답 229 ✕

별표11 옥외저장소의 위치·구조 및 설비의 기준
LINK 2권 304~306p

230 옥외저장소는 규정에 준하여 안전거리를 둔다. O|X

231 옥외저장소에 선반을 설치하는 경우 선반의 높이는 4m를 초과하지 아니한다. O|X

231 옥외저장소에 선반을 설치하는 경우 선반의 높이는 **6m**를 초과하지 아니한다.

232 과산화수소 또는 과염소산을 저장하는 옥외저장소에는 불연성 또는 난연성의 천막 등을 설치하여 햇빛을 가려야 한다. O|X

233 옥외저장소에는 60분+방화문·60분방화문 또는 30분방화문을 설치한다. O|X

233 ~~옥외저장소에는 60분+방화문·60분방화문 또는 30분방화문을 설치한다.~~
→ 해당사항 없음

234 황, 인화성고체, 질산, 특수인화물은 옥외저장소에 저장할 수 있다. O|X

234 황, 인화성고체, 질산, **특수인화물**은 옥외저장소에 저장할 수 있다.
→ 옥외저장소에는 제2류 위험물 중 황 또는 인화성고체, 제4류 위험물(특수인화물 제외, 제1석유류 중 인화점 0℃ 미만인 것 제외), 제6류 위험물을 저장할 수 있다.

정답
230 ○ **231** ✕ **232** ○ **233** ✕
234 ✕

별표13 주유취급소의 위치·구조 및 설비의 기준

LINK 2권 309~322p

해설

235
주유취급소의 고정주유설비의 주위에는 주유를 받으려는 자동차 등이 출입할 수 있도록 너비 **15m** 이상, 길이 **6m** 이상의 콘크리트 등으로 포장한 공지를 보유하여야 한다.

235 기출
주유취급소의 고정주유설비의 주위에는 주유를 받으려는 자동차 등이 출입할 수 있도록 너비 6m 이상, 길이 15m 이상의 콘크리트 등으로 포장한 공지를 보유하여야 한다. O | X

236 기출
고정급유설비를 설치하는 경우에는 고정급유설비의 호스기기의 주위에 필요한 공지를 보유하여야 한다. O | X

237
규정에 의한 공지의 바닥은 주위 지면보다 **높게** 하여야 한다.

237 기출
규정에 의한 공지의 바닥은 주위 지면보다 낮게 하여야 한다. O | X

238 기출
공지의 바닥표면을 적당하게 경사지게 하여 새어나온 기름 그 밖의 액체가 공지의 외부로 유출되지 아니하도록 배수구·집유설비 및 유분리장치를 하여야 한다. O | X

239
황색바탕에 **흑색문자**로 "주유중엔진정지"라는 표시를 한 게시판을 설치하여야 한다.

239 기출
흑색바탕에 황색문자로 "주유중엔진정지"라는 표시를 한 게시판을 설치하여야 한다. O | X

240
"주유중엔진정지"라는 게시판의 한 변의 길이는 **0.3m** 이상, 다른 한 변의 길이는 **0.6m** 이상으로 한다.

240 기출
"주유중엔진정지"라는 게시판의 한 변의 길이는 6m 이상, 다른 한 변의 길이는 1.5m 이상으로 한다. O | X

정답
235 × 236 ○ 237 × 238 ○
239 × 240 ×

241 고정주유설비 또는 고정급유설비의 주유관의 길이는 5m 이내로 한다. ○|×

242 고정주유설비와 고정급유설비의 사이에는 5m 이상의 거리를 유지한다. ○|×

242 고정주유설비와 고정급유설비의 사이에는 **4m** 이상의 거리를 유지한다.

243 고정주유설비는 고정주유설비의 중심선을 기점으로 하여 도로경계선까지 2m 이상의 거리를 유지하여야 한다. ○|×

243 고정주유설비는 고정주유설비의 중심선을 기점으로 하여 도로경계선까지 **4m 이상**의 거리를 유지하여야 한다.

244 주유취급소의 주위에는 자동차 등이 출입하는 쪽 외의 부분에 높이 3m 이상의 내화구조 또는 불연재료의 담 또는 벽을 설치하여야 한다. ○|×

244 주유취급소의 주위에는 자동차 등이 출입하는 쪽 외의 부분에 높이 **2m** 이상의 내화구조 또는 불연재료의 담 또는 벽을 설치하여야 한다.

245 주유원 간이대기실의 바닥면적은 3㎡ 이하여야 한다. ○|×

245 주유원 간이대기실의 바닥면적은 **2.5㎡** 이하여야 한다.

246 고속국도의 도로변에 설치된 주유취급소에 있어서는 탱크의 용량을 60,000L까지 할 수 있다. ○|×

정답
241 ○   242 ×   243 ×   244 ×
245 ×   246 ○

해설

247
셀프용 고정주유설비의 주유노즐이 자동차 등의 주유구로부터 이탈된 경우 주유를 **자동적**으로 정지시키는 구조여야 한다.

247 〔기출〕
셀프용 고정주유설비의 주유노즐이 자동차 등의 주유구로부터 이탈된 경우 주유를 수동적으로 정지시키는 구조여야 한다. O X

248
주유취급소에는 ~~볼링장·다수가 이용하는 체육시설~~, 자동차 등의 세정을 위한 작업장, 주유취급소에 출입하는 사람을 대상으로 한 점포·휴게음식점 또는 전시장 등을 설치할 수 있다.

248 〔예상〕
주유취급소에는 볼링장·다수가 이용하는 체육시설, 자동차 등의 세정을 위한 작업장, 주유취급소에 출입하는 사람을 대상으로 한 점포·휴게음식점 또는 전시장 등을 설치할 수 있다. O X

정답
247 × 248 ×

별표14 판매취급소의 위치·구조 및 설비의 기준
LINK 2권 323~324p

해설

249 〔예상〕
제1종 판매취급소는 저장 또는 취급하는 위험물의 수량이 지정수량의 20배 이하인 판매취급소를 말한다. O X

250
제2종 판매취급소는 **제1종** 판매취급소보다 더 강화된 기준을 적용한다.
→ 제1종 판매취급소: 지정수량 20배 이하
  제2종 판매취급소: 지정수량 40배 이하

250 〔기출〕
제1종 판매취급소는 제2종 판매취급소보다 더 강화된 기준을 적용한다. O X

251 〔기출〕
제2종 판매취급소는 건축물의 1층에 설치하여야 한다. O X

252
판매취급소에 설치하는 위험물을 배합하는 실의 출입구 문턱의 높이는 바닥면으로부터 **0.1m** 이상으로 한다.

252 〔기출〕
판매취급소에 설치하는 위험물을 배합하는 실의 출입구 문턱의 높이는 바닥면으로부터 0.15m 이상으로 한다. O X

정답
249 O 250 × 251 O 252 ×

| 별표17 | 소화설비, 경보설비 및 피난설비의 기준 | LINK 2권 351~363p |

253 위험물은 지정수량의 20배를 1소요단위로 하여야 한다. O | X

해설
253
위험물은 지정수량의 **10배**를 1소요단위로 하여야 한다.

254 저장소의 건축물은 외벽이 내화구조인 것은 연면적 100㎡를 1소요단위로 하여야 한다. O | X

254
저장소의 건축물은 외벽이 내화구조인 것은 연면적 **150㎡**를 1소요단위로 하여야 한다.

255 제조소등에 전기설비(전기배선, 조명기구 등은 제외한다)가 설치된 경우에는 당해 장소의 면적 100㎡ 마다 소형수동식소화기를 1개 이상 설치하여야 한다. O | X

256 옥내소화전은 제조소등의 건축물의 층마다 당해 층의 각 부분에서 하나의 호스접속구까지의 수평거리가 25m 이하가 되도록 설치하여야 한다. O | X

정답
253 × 254 × 255 O 256 O

기타

257 보유공지란 건축물 주위에 소방활동 및 피난 공간의 확보, 점검·보수 등에 필요한 공지를 말한다. O | X

정답
257 O

258 이동탱크저장소는 보유공지를 보유하지 않아도 된다. ⭕❌

259 위험물제조소는 보유공지를 보유하지 않아도 된다. ⭕❌

해설

259 위험물제조소는 보유공지를 **보유하여야 한다**.

260 도로는 보유공지를 보유하지 않아도 된다. ⭕❌

정답
258 ⭕ 259 ❌ 260 ⭕

Silvitail